Siyasetin Sefaleti

•

OSMAN PAMUKOĞLU

Siyasetin Sefaleti / Osman Pamukoğlu

© 2012, İnkılâp Kitabevi
Yayın Sanayi ve Ticaret A.Ş.

Sertifika No: 10614

Bu kitabın her türlü yayın hakları Fikir ve Sanat Eserleri Yasası gereğince
İnkılâp Kitabevi Yayın Sanayi ve Ticaret A.Ş.'ye aittir.

Kapak tasarım Zühal Üçüncü
Sayfa tasarım Mebruke Bayram
Yayıma hazırlayan Burcu Bilir
Editör Ahmet Bozkurt

ISBN: 978-975-10-3278-2

13 14 15 16   5 4 3 2 1

Baskı
İNKILÂP KİTABEVİ BASKI TESİSLERİ

İNKILÂP
Çobançeşme Mah. Sanayi Cad. Altay Sk. No. 8
34196 Yenibosna - İstanbul
Tel: (0212) 496 11 11 (Pbx)
Fax: (0212) 496 11 12
posta@inkilap.com
www.inkilap.com

Siyasetin Sefaleti

TÜRKİYE, KARANLIK VE SIKICI BİR GECE GİBİ

OSMAN PAMUKOĞLU

Yazarın Yayımlanmış Diğer Kitapları

Unutulanlar Dışında Yeni Bir Şey Yok, 2004; *Ey Vatan*, 2004; *Kara Tohum*, 2005; *Ayandon*, 2006; *Yolcu*, 2007; *İnsan ve Devlet*, 2007; *Angut*, 2008; *Akıllı Ol!*, 2012.

osmanpamukoglu@tr.net

İÇİNDEKİLER

- ÖNSÖZ 9
- İYİ DEVLET, İYİ İNSANLARA MUHTAÇTIR 13
- EN BÜYÜK KUSUR SIĞLIKTIR 15
- DÜNYA EMPERYALİZMİNİN ADAMLARI 17
- ONUR, ÖLÜMDEN ÜSTÜNDÜR 20
- LA HAVLE (YA SABIR!) 22
- BU COĞRAFYADA DÜŞMAN KITLIĞI ÇEKİLMEZ 23
- ADAM ALDIRMA DA, GEÇ GİT DİYEMESİN 25
- KORKAK VE PISIRIK TOPLUMLARIN GELECEĞİ YOKTUR 26
- KAŞAĞI İSTİYOR! 28
- NE KADAR YIKARSAN YIKA, BİR SİYAH BEYAZLAŞMAZ 29
- APTALLA VATANI BİR ARADA DURMAZ 30
- YALAN DOLAN, DÜMEN VE YAPMACIKLIK 31
- İDARE-İ MASLAHAT EDİN! 32
- MARTAVALCILAR 34
- TÜRKİYE'DEKİ POLİTİKACILARDAN, KURBAĞA GİBİ ÖTMEYİ VE SÖVÜP SAYMAYI ÖĞRENİRSİNİZ 35
- ÜLKE YANIYOR, KANIYOR VE İNLİYOR 37
- AĞLA "30 AĞUSTOS", HAKKINDIR! 39
- YURDUMU SALDIM ÇAYIRA 41
- "KÜÇÜK DEMOKRASİ" ÜLKESİ 43
- AĞIZLARI FIRIN KAPAĞI GİBİ 45
- SİYASİ VE EKONOMİK BAĞIMSIZLIK OLMADAN DEVLETE GÜÇ VE SAYGINLIK KAZANDIRILAMAZ 46
- EĞER DİNLEYİCİ SAĞIRSA, MÜZİK HİÇBİR ŞEYDİR 50
- HER TARAF UYKUDA 52
- HEDEFLERİ BİRLEŞİK KÜRDİSTAN'MIŞ, OLUR! 54
- VİCDANI OLAN NAMUSLUDUR 55
- TEPEDE KALINTI, DİPTE YIKINTI! 56
- SİZ KEÇİLERİ KAYBETTİNİZ, ELOĞLU USTA ÇOBAN 58
- EZİYETLİ ROTA 60
- DEMOKRASİ KÜLÜSTÜRÜ 62

- SON ÇALILIĞA GELDİK 64
- KOYUNLARA KRAL OLMAK 65
- BİR MEMLEKET Kİ AKLA ZİYAN 66
- GEL VATANDAŞ, GEL! MEMLEKET PAZARININ KELEPİR MALLARI BUNLAR 69
- KARNE 71
- USKURU KIRIK DIŞ SİYASET 73
- ETAP ETAP KIÇTAN KARA 76
- KÜRESELLEŞME EMPERYALİZMİN EN YÜKSEK AŞAMASIDIR 79
- BİR ULUDERE ANALİZİ 81
- MASALLARLA ÜLKE YÖNETİLİYOR, AHALİ DE ÇOCUK GİBİ DİNLİYOR 84
- TEK KELİMEYLE MUHTEŞEMDİ 87
- TÜRKİYE'DE SİYASETÇİLER, SADECE ÇIKARLARINI KOLLAYAN BİRER FIRSATÇIDIR 89
- KALBİNDE YURTSEVERLİK ATEŞİ VE O SEVGİ YOKSA, HER ŞEY BOŞUNADIR. İNSANA BÜYÜK İŞLER YAPTIRAN ODUR 91
- CUMHURİYET KÖTÜ İDARE EDİLMEKTE, İNSANLARA BUĞDAY YERİNE SAMAN SUNUYORLAR 92
- HERKESTEN KORKAN, HERKESİ VURUR 94
- ADAMLAR ÇOK APTALCA ŞEYLER YAPMAK İÇİN BÜYÜK ÇABA HARCIYOR 96
- HİÇ KİMSENİN YARINI DAHA GÜVENCEDE DEĞİL 98
- KATLİAM 100
- ORTADOĞU YANACAK 103
- HEMŞERİM! CUMHURİYETTE VAZİYET NASIL? 105
- KİM BUNLAR? 106
- İNSANI VATANSEVERLİK KORUR 108
- ÇANAKKALE; RUHUN, ÇELİKLE SINAVA TABİ TUTULDUĞU TOPRAKLAR 109
- YAZILAR, (ŞİİRLER) İNSANLARI DÜŞÜNDÜRMEKTEN ÇOK, HAREKETE GEÇMEYE DAVET ETMELİDİR 112
- SEN OLMAZSAN, DÜNYA BİR ŞEY KAYBETMEZ 113
- AL BİRİNİ, VUR ÖTEKİNE 115
- ÖZGÜRLÜK VE CESARET 118
- TÜRK ULUSU İKİ TUZAKLA YÜZ YÜZESİN 120
- SOSYAL VE POLİTİK DÜZEN ÇÜRÜMÜŞTÜR 124
- EN BÜYÜK FAKİRLİK AHMAKLIKTIR 125
- DEMOKRASİ Mİ, HANİ NEREDE? 127
- BOYUN EĞİŞİN MÜKÂFATI ESARETTİR 129
- BİLİNÇLİ YURTTAŞ OLUNMADAN, İYİ CUMHURİYET OLUNMAZ 131
- LİDER VE TOPLUM 133
- SİZE VİZE BİLE VERMEYENLERE SİZ TOPRAK VERİN 136

- DEMOKRASİ ÇAKALLARI VE YARALI 19 MAYIS **138**
- ŞU ŞAKLABANLARA BAK! **140**
- YOZLAŞMIŞ DEMOKRASİLERİN SONU DİKTATÖRLÜKTÜR **142**
- ÇEKİÇ VE ATEŞ **145**
- TUTARSIZLIK, LAF EBELİĞİ VE ŞARLATANLIK ALTINDA KALAN HALK **148**
- ONUR MUHTACI **151**
- BÜYÜK ŞEF VE DALTONLAR PKK'YA KARŞI **152**
- BİR LEOPARIN BENEKLERİ GİBİ HER YERDELER **154**
- EN BÜYÜK GÜÇ DURUŞTUR **158**
- KULAĞI OLAN İŞİTSİN **161**
- SURİYE NEDEN VURDU? **163**
- UTANMAZ ADAMLAR **165**
- KALABALIKLAR ÜLKESİ **167**
- MEMLEKETİM VARSA, BEN VARIM; YOKSA, BEN DE YOKUM! **169**
- SİZ ÜLKENİZİN ŞEREFİNİ KORUYUN, O SİZİN GELECEĞİNİZİ KORUR **171**
- ŞEMDİNLİ'DE NE OLUYOR? **176**
- ÜLKE HER GEÇEN GÜN ZAMAN VE KAN KAYBEDİYOR **181**
- MEDYA PATRONLARINA **183**
- ERDEMLİ YAŞAM **185**

Uyuttular, Avuttular ve Soydular

- BİZ DE MUSUL'U KONUŞURUZ **191**
- EŞKIYA'YA ADA TAHSİS EDEN TEK ÜLKEYİZ **194**
- OTLAKÇILAR **196**
- HER TARAF UYKUDA **198**
- TIRMALAYIP GEÇMEK **200**
- CAHİLLİK, SAĞDUYUYU KAYBETTİRİR **205**
- PAZARDAN ŞAN ALINMAZ **208**
- RÜZGÂRLA SALINAN SAZLAR GİBİLER **210**
- ZAMAN, ŞİKÂYET ZAMANI DEĞİL **215**
- İŞGAL YOK, SATIN ALMA VAR **216**
- AĞABEYİN SENİN İÇİN ÇOK ÇİĞDEM TOPLADI **218**
- EFSANEDEN MASALA **227**
- KOZMİK ODADA YAZILI SUİKAST EMRİ OLUR MU? **230**
- BEN ORDUMU TUTARIM, ŞAHISLAR BENİ İLGİLENDİRMEZ **233**
- YOLSUZLUK YAPAN MİLLETVEKİLLERİNİN MALLARINA EL KOYACAĞIZ **235**
- ÜLKEYE DELİ GÖMLEĞİ GİYDİRDİLER **237**
- BU YOL, ÇIKMAZ YOL **241**
- KALABALIKTAN FAYDA GELMEZ **243**

- BEKLEMEK YAŞLILARIN İŞİDİR **245**
- DOĞA BOŞLUK KALDIRMAZ "PAMUKOĞLU" DOLDURUR **247**
  - ÜLKENİN KADERİ BU MU? **250**
- BU DÜNYANIN KANUNU, SÜREKLİ MÜCADELEDİR **251**
  - DEVLETİ MASALCI NİNELER YÖNETİYOR **253**
  - VATAN, TAŞ VE TOPRAK DEĞİL, ŞEREFTİR **260**
    - YAZIKLAR OLSUN! **267**
    - HER TARAF UYKUDA **269**
    - HAYRA YORMA, ÇIKMAZ **271**
    - DÜRÜSTLÜKTEN BAHSEDENE BAK! **273**
    - İNKÂR FELSEFESİ **276**
    - NEME LAZIM **279**
  - SİLAHSIZ İŞGALİN ADI "ÖZELLEŞTİRME" OLDU **281**
    - TOPRAK, AĞALARIN ELİNDEN ALINACAK **283**
    - DEREBEYLİKLERİN SONU **285**
    - KESER DÖNER, SAP DÖNER **286**
    - BUNLAR DEVLET Mİ YÖNETECEK? **288**
    - UYUTTULAR, AVUTTULAR VE SOYDULAR **290**
    - BİRİ TENCERE, ÖBÜRÜ DE KAPAK **293**
- ÜLKENİN SATILDIĞINI GÖRMEYENİN ALNINI KARIŞLARIM **296**
  - ACEMİ MARANGOZUN YONGASI ÇOK OLUR **298**
  - ASKER DE GENERAL DE GENÇ OLACAK **303**
  - TİTREK VE ÜRKEK ADIMLARLA YOL GİDİLMEZ **307**
    - AH, TÜRKİYE! **313**
  - BEDELİNİN, BEDELİ **336**

ÖNSÖZ

Gürültü eden kıpırdıyordur. Kıpırdayan oynaktır ve sağlam değildir. Donmamış sıvıdır; ağırlığa dayanamaz. Trakyalılar binlerce yıl evvel, buz tutmuş bir ırmağın üstünden geçmeden önce, onun donup donmadığını anlamak için, önden bir tilki salıyorlardı. Tilki ırmağı geçmeye başlamadan önce, buzların üzerine kulağını dayar ve sesi dinlerdi. Gürültü duyarsa, tehlike ve risk var diye ırmağın üzerinden geçmeye kalkmaz geri dönerdi! Tabii ki tilki, bunu Traklar için değil kendisi için yapıyordu. Tehlikeyi görmek, sezmek ve önceden fark edebilmek; tilkide bu yetenek ve zekâ halen var!...
 İnsan yetindiği zaman, bu ya aklın azalmasına ya da yorulma ve usanmasına işarettir. Güçlü bir akıl kendiliğinden durmaz. Her zaman ister ve kendi gücünün ötesini arar. Eğer ilerlemezse, zorlanmazsa, çarpmazsa, o zaman yarı canlıdır; peşine düştüklerinin sınırı ve şekli yoktur. Onun besini, hayrete düşmektir, belirsizliktir, avdır...
 Hep sallantıda kalan insandan daha korkağı yoktur. Bir kez düşmek çok daha iyidir. Şu bilinmelidir, zamanın etkili gücü bedeni parçalayacaktır. Yaşam sana aittir, çok akıllıca kullanılmalıdır, bir gün toprak, gölge, boş bir söz olacaksın. Gelecek nesillerin hatıralarında kalacak kadar büyük işlerin içinde olunmadığı sürece de ha olmuşsun ha olmamışsın, kimin umurunda.
 Yürekli insan olmak, kol ve bacak işi değildir, cesaret ve sağlam ruh işidir. Hiçbir şey yapmamak, her konuda en büyük tehlikedir. Bir insanın düşünme gücü rehin veya satın alındığında, o ya bütünlüğünü yitirir, ya az özgür olur ya da kaçınılmaz nankör olur.

Ruhsal istek ve sağlamlık her şeyin özüdür. Ruh gevşek ve az dirençliyse üzerine bir şeyler basmak daha kolaydır ve bu insanlar her duyduklarına kolay inanırlar. Yargılama gücü ve içtenlik olmadan doğru yol kestirelemez. Ruh korktuğu sürece rahat yüzü de görmez.

Baş eğen zayıf toplum, büyük saygı göstermeye ve korkuya daha açıktır. Tam insan, savsaklama ile korkaklık arasında gidip gelmez. Özgürlüğün gerçek mutluluk, cesaretin de özgürlük olduğunu bilir. Yüzyıllar boyunca itaat eden toplumlarda, itaat alışkanlık haline geldiğinden, hak aramayı öğrenemezler, yolunu da bilmezler. Güçlü bir fikre veya kitle hareketine ancak ölüm kalım meselesi olduğunda değil, hemen kulak verilmelidir.

Türkiye'de politika, günlük heves ve halkın basit çıkarlarına göre siyaset yapmak, rüşvet, adam kayırma, devlet gelirinin yağmalanması, yeteneksiz insanların çok önemli mevkilere getirilmesi, tutarsızlıklar, laf ebeliği ile sürüp gitmektedir. Acı ve açlık iyi birer öğretmendir ama bunlar da henüz halkta, "Yetti artık!" dedirtecek etkiyi sağlayamamıştır.

Gelecek üzerine kaygılı olan akıl, kötü haldedir ve çare arayışına girer. Ancak kavrayış yoksa, bilgi de bir işe yaramaz. Türkiye'nin hali, rüzgârın bulutları önüne katması gibi. Ülke, karanlık ve sıkıcı bir geceden farksız.

Siyasetin Sefaleti isimli bu kitap, Türkiye'nin son dört yılında olup bitenleri gözler önüne sermektedir. Halen yaşayanlar ile gelecek kuşakların da geçmişte Türkiye Cumhuriyeti Devleti'nde nelerin olup bittiğini öğrenebilmeleri için yazılmıştır. Herkes ve her şey gelip geçicidir, kitaplar hariç...

Günlerden bir gün, Diyojen'e bir yurttaşı selam verir. Diyojen selamı almaz ve onu görmemezliğe gelir. Adam gider, Diyojen'in yolunu keser ve selamını neden almadığını sorar; Diyojen'in cevabı hazırdır: "Böyle acı çekerek yaşayan ve kurtulmak için hiçbir şey yapmayan birine selam yok!"

Osman PAMUKOĞLU
9 Eylül 2012, Ankara

Siyasetin Sefaleti

İYİ DEVLET,
İYİ İNSANLARA MUHTAÇTIR

Devlet cihan kavgasıdır. Kazanacak ve yaşatacağız. Ülkede en az ekonomik sorunlar kadar, ikinci bir konu da 25 yıldır devam eden ve adına resmi olarak "terör" denilen, aslında dünyada herkesin bildiği üzere "silahlı bir kalkışmadan" başka bir şey olmayan PKK ile sürdürülen mücadelenin gelmiş olduğu noktadır.

Devlet, güç ve kudretin timsalidir. Her mücadelede her şey güçlüden yanayken, gelin görün ki beceriksiz insanların kaba ve günlük siyasetle yürüttükleri hatalı politikalar, stratejiler ve taktikler sonunda, zayıf güçlüye eşitlenmiş, denk hale getirilmiştir. Millet yıllardır yalandan dolandan bıktığı, artık oynayacak ipleri kalmayan eski siyaset cambazlarının kendilerine yeni bir cambazhane bulmasıyla ilgilenmiyor. Milletin böyle bir derdi de yok. Fakat şunda ısrarlı, "Yurt demek için bir toprakta önce doğmalı, sonra doymalı ve mutlaka huzurlu olmalıdır." Halkımızın muhakeme yeteneğini bulandırıp, görüş mesafesini azaltmak için, kesinlikle planlı, yoğun bir propagandayı tüm iletişim araçları ve kendilerine hizmet edenler vasıtasıyla topraklarımızda yürütüyorlar.

Bunun sonunda da bir kısım insanlar, etrafta olup bitenlere "Yorgun manda gibi" boş bakar hale geldiler. Allah aşkına, şu aşağıdaki akla ziyan laflara bir bakar mısınız: "Türkiye'nin himayesinde kurulacak Kürdistan!", " Bölgenin su ve enerji kaynaklarına biz bakalım!", "Bizim için TÜSİAD'la görüşmek önemli!", "Ülkenin geleceğinde söz sahibi olmak istiyorsak, İmralı'ya önem verelim!", "Silahları bırakacak. Hayır bırakmayacak!", "PKK dikkate alınması gereken aktördür!", "TÜSİAD çözüme tam destek veriyor!", "Türklerin de gerçekçi olması gerekiyor!", "Tarihî fırsat yakaladık, kaçırmayalım!", "Süreç yürüyor, karşılıklı!", "Ankara-İmralı pazarlığı!", "Ankara, İmralı'nın önüne geçmek için paket hazırlıyor, öncelik alırsa galip gelecek!", "Açılım reddedilirse, çok kan dökülür!", "İmralı'ya statü!", "İmralı hükümete yol gösteriyor!", "Tecrit bitiyor, İmralı'ya dokuz arkadaş geliyor. TV olursa dünyada ve Türkiye'deki gelişmeleri daha iyi izleyebilecek!", "İmralı'nın avukatları yeni aldıkları talimatları açıkladılar!", "İmralı 25'inci yıldönümü (Şemdinli, Eruh baskınları 15 Ağustos 1984) nedeniyle çözüm için yol haritası verecek!"

Açıklamanın tarihinin 15 Ağustos olarak seçilmesi bile Türkiye Cumhuriyeti Devleti'ne hâlâ meydan okumaya devam etmesinden başka bir şey değildir. Aklınca, yarın bu tarihî "bağımsızlığımızın ilk adımı veya mücadelenin başlangıcı" diye bayram olarak kutlamayı da düşünmektedir. Safsataları uzatmanın âlemi yok. Pes, bin defa pes! Bunun adı: "Misafir olarak git, ev sahibi olarak dön"dür.

Bu ulusal meselenin "kargaların kılavuzluk misyonu" ile bir yere ulaşacağını sananlara şaşarım. Mücadelenin nasıl sonuçlanacağına, kalbinde kurşun deliği olan bebeğin annesiyle babası karar verecektir. Mesele üzerinde AB ve ABD adına düşünce açıklamayı görev edinen romantik ütopyacılar, gayretleriniz nafile.

Biz Türk ulusu olarak, "Çaresiz koyunun güler yüzlü kasabı yeğlemesi" tarzındaki politikaları reddediyoruz. Görünen odur ki; memlekette akıl çağı sona ermiş, içgüdüler çağına geri dönülmüş, siyaset insanlarımızı yozlaştırmıştır.

EN BÜYÜK KUSUR SIĞLIKTIR

Tam 25 yıl süren, binlerce cana, yüz milyarlarca dolara, bir bölgenin mezra, köy, belde ve ilçe olarak altüst olmasına sebep olan ve bütün bunları Anadolu topraklarında bağımsız bir Kürdistan kurmak için yola çıkıp, şimdi de daha alt statülere razıymış gibi görünerek saf ve hafif akıllılara yutturmaya kalkan köy kurnazları...

Devlete silahla başkaldırın ve meseleyi 25 yıl sonunda, şu son bir aydır "kürt açılımı" seviyesine getirin. Siz aslında ipleri Batı'da olan Türkiye'deki tahta oyuncaklarsınız. Asla ve kat'a Türkiye'de yaşayan kürt kökenli vatandaşları temsil etmiyorsunuz. Silah, ölüm, korku ve baskı ile onları sindirdiniz. Bütün gücünüz 1995'ten itibaren 5500 civarındaki dağ kadronuz ile arkanızdaki Batılı siyasi dayılarınız. Siz hiçbir şekilde Türkiye Cumhuriyeti'ne kesinlikle bir üstünlük sağlayamadınız ve bunu da göremeyeceksiniz...

Aslında devlete diye yaptıklarınız, ikimiz de biliyoruz ki Türk milletine karşıdır. Mücadelenin dışındakiler bunu bilmez. Siz değil misiniz yıllarca dağlardan, telsizlerle bize, "Emperyalist Türkler Kürdistan'ı terk edin," diyen. Siz aslında ne Türkiye Cumhuriyeti Devleti'ni ne de Türk milletinin tırnağını bile yenemezsiniz...

Siz; taklitçi, buyrukla iş yapan, ufukları dar, kopyacı, statükocu siyasi yönetimler sayesinde şimdiki şımarıklık düzeyinize geldiniz. Her mücadele bir üstünlük kompleksiyle, yenilgi ve denkliği kabul etmemekle kazanılır. İç destekçileriniz ile siz bunu görmediniz. "Kürt açılımıymış!" Bu söz *Küçük Trampetçi Kız* romanını okuyanlar ile keçi boynuzu yemeye şükreden, orta kırat adamlara iyi gelir. Hendek kazarak yorulmayın. Hangi çalışma yapılırsa yapılsın, tüm gayretler beş para etmez bir yığın zırvadan ibarettir.

Şu dönemde her şey baştankara ve harman yeri düz olduğu için sap yığınları dağ gibi görünmektedir. Şu meseleyi Türk milletinin kararına götürün ve sonucun ne olduğunu suratınıza yiyeceğiniz yumrukla görün. Bir ulusun dayanacağı en son hat onurudur ve Türk ulusunu elbirliği ile o hale getirdiniz. Tebrikler! Ateş yakar, insan bunu telkinle öğrenir. Kimse ateşte yananlar kadar emin olamaz. Bu mücadelenin içinde olmayan bir kimse asla gerçekle ilgili bir şey de bilemez. Türk milleti doğrudan ve dolaylı olarak ilk günden beri meselenin takipçisiydi.

Dağdaki, hapisteki, içerdeki, dışarıdaki teröristler son zamanlarda bir "akil adamlar" lafı türetti. Bunun sevdalıları da Zaloğlu Rüstem gibi yalın pala ortaya atıldı. Bizim halen yürürlükteki ceza kanunlarımızda, "bölücülere ve teröristlere yardım ve yataklık" diye suçlar mevcut. "Akil adam" sıfatına dalanlar, size sadece şunu hatırlatalım: "Anayasa ve Türk Ceza Kanunları'na karşı bu suçu işleyenler, günü geldiğinde yaptıklarının hesabını verecek!"

Türkiye Cumhuriyeti Devleti ve Türk ulusunun şerefi her şeyimizdir.

"Bütün ülke uçurumun kenarındaydı, ömrümüz pahasına onu kurtardık. Burada yatıyoruz şimdi," diyenler, ruhunuz şad olsun.

Türk ulusu kadirşinas ve vefalı bir ulustur. Bakma sen onun şimdi sakin ve tevekkülle beklediğine. İlk hesabı günü gelince vekâlet verdiklerinden soracaktır...

DÜNYA EMPERYALİZMİNİN ADAMLARI

Avrupa konseyinin insan hakları komiseri Thomas Hammarberg imzasıyla 1 Ekim 2009 tarihli "Türkiye'deki Azınlıklar" raporunun 4. bölümünde yer alan 73. maddede yetkililerden şu talep edildi: "Özellikle 2008 yılının Eylül ayında kurulan Hak ve Eşitlik Partisi adındaki yeni partinin açıktan misyonerleri hedef alması en ciddi endişe kaynağıdır. Türk yetkililere, azınlıklara yönelik ciddi hoşgörüsüzlük ve manifestoların ortaya konmasına karşı dikkatli olması ve bunları ortadan kaldıracak gerekli tedbirleri alması çağrısını yapıyoruz." Peki, kim bu İsveçli Thomas Hammarberg denilen adam?

1. Okullarda öğrenci andının okunmasını istemeyen ve eleştiren,
2. "Ne Mutlu Türküm Diyene!" yazılarının ayrımcılık olduğunu önceki raporlara yazan,
3. Alevi ve Kürt kökenli vatandaşlarımızı ayrımcılık ve azınlık olmaya körükleyen metinler düzenleyen,
4. Terör örgütü propagandası yapanlar için öngörünen yasaların kaldırılmasını isteyen,
5. PKK için "Devlet dışı silahlı güçler" ifadesi kullanan,
6. Ve bu zat, azınlıklar raporunu hazırlamadan önce, her defasında cumhurbaşkanı, adalet bakanı, dışişleri bakanı, içişleri bakanı gibi sorumlularla da görüşmeler yapıyor. Sömürge, dominyon ve koloni yönetimi kültürün uzantısı bu İsveçli ne

oldu da böyle nişadır sürmüşler gibi yandı, tutuştu ve ciyaklamaya başladı?

Düzenbaz, daha ortada parti yokken iki ay öncesinden Osman Pamukoğlu'nun şahsi sitesinde yer alan bir açıklamanın sadece birkaç cümlesini alarak partinin resmi programıymış gibi kullanıyor. Kaldı ki onu rahatsız eden bu değil, partinin ana hedefleri ve halka açık söylemleri. Yani şunlar;

1. Hak ve Eşitlik Partisi dağları eşkıyadan 365 günde temizleyip, bölgeyi hızlı ekonomik düzenlemelerle normalleştirip huzura kavuşturacak.
2. Avrupa Birliği ile ilişkileri donduracak.
3. Madenlere verilen ruhsat ve lisansları yeniden gözden geçirecek.
4. 1996 yılında imzalanan "Gümrük Birliği"ni incelemeye alacak.
5. Özelleştirme adı altında elimizden çıkan stratejik kurumlar bir plan dahilinde geri alınacak.
6. İstanbul'da Vatikan benzeri bir Ortodoks devletinin kurulmasına müsaade edilmeyecek.
7. Terör örgütü lider ve kurucu kadroları için idam geri getirilecek.

İşte İsveçli Thomas, sen ve senin gibilerin canını bunlar sıkıyor, ama söylemeye cesaret edemiyorsun. Korkarak yaşamanız sonucu değiştirmeyecek. Meclis içinde ve dışında bu kadar parti ile hiç ilgilenmeyip Hak ve Eşitlik Partisi'nin raporlarını almakta başınıza gelecekleri iyi kestirmenizden ve Türk milletinin partimize olan teveccühünü çabuk fark etmenizden anlaşılıyor.

Aferin, geleceği tahmin etmişsiniz. Siz hukuk dahil, siyasi parti yasaları dahil, parti açma kapatma dahil Türkiye Cumhuriyeti Hükümeti'ne siyasi dayatmalar yapmayı sürdürün. Bakalım, bu efendilik taslamanız daha ne kadar sürecek?

Siz serbestsiniz, biz de serbestiz...
Bir Türk-Moğol atasözü vardır: "Ardından yüz köpek havlamayan kurt, kurt sayılmaz."
Henüz birkaçı geçmedi...

ONUR, ÖLÜMDEN ÜSTÜNDÜR

Devletin kurumsal yapısını tahrip edip, toplumsal uyumu bozarak, kültürümüzü yozlaştırıp, Türk gençliğini işe yaramaz hale getirerek, Süleymaniye çuvalından başlayıp bir sıra cambazlıklarla Türk ordusunun itibarını düşürerek, "Kürdistan'ın sınırlarını çizdik," diyenlere hiçbir işlem yapmayarak, memleketin üstündeki yıldızlar hariç toprağı, suyu ve geleceği haraç mezat satarak, rejimi düşman sayıp her fırsatta onu zayıflatmak için çalışarak ülkeyi umutsuz ve çaresiz hale düşürdünüz.

Bütün bunları iktidar ve muhalefet olarak elbirliği ile yaptınız. "Askerlere sivil mahkemelerde yargı yolunun açılması" hakkındaki yasayı bile her işte olduğu gibi, karanlıkta yaptınız. Yarasalar ışığı sevmez. Devleti ve ordusu olmayanların başına nelerin geleceğini Doğu Kürdistan'da gördünüz mü? Siyaset dünyada bir güçler mücadelesidir.

O nedenle siyasette güçlülere ihtiyaç vardır. Gelecek; terörizm, propaganda savaşları, gerilla hareketleri, bilişim ve denetim sistemlerine saldırılar şeklindeki savaş türleriyle baş edebilen ve bu savaşları kazanacak olanlarındır. Bugün ne dünya devleti hâkimiyeti, ne hükümeti ne de Avrupa devletleri ve hükümeti kurulup işletilemez. Çok uzaktır. Dünya politikalarının temel birimi ulustur ve ulus egemenliğini herhangi bir biçimde kısıtlayabilecek bir kararı, uluslararası alanda uygulama imkânı da yoktur. Ülkede çöküntü, ümitsizlik, gayesizlik ve yenilgi havası hâkim.

Devrine ve geleceğe sahip çık. Güçlü rüzgârlar, kartallara komşu; kara komşu, güneşe komşudur, böyle yaşarlar. Toplum ideallerini kaybettiğinde bir memlekette var olan her şey hiç olur. Çocuklarının geleceğini kurtarmak istiyorsan bizim ayak izlerimizi takip et.

Artık bu zincir bileğimizi sıkıyor, kıracak ve kurtulacağız...

LA HAVLE (YA SABIR!)

Eşkıya başı artık sayın oldu. PKK'nın siyasi amaçları "Kürt Açılımı" haline geldi. Çetecilerin meclisteki uzantısı olan parti, sanki kürt vatandaşlarımızın temsilcisiymiş gibi algılar yaratıldı. Milletimizi her gün görsel ve yazılı basınla seri bir propaganda altında tutarak bilincini kör etme çalışmaları ayyuka çıktı.

Ülke siyasetiyle, ekonomisiyle 25 yıldır süren, on binlerce cana mal olan, silahlı mücadeleyle tam bir kuşatma altındadır. Halkımız avutulmaya, uyutulmaya, soyulmaya devam edilmektedir. Devletin ve milletin bağımsızlık ve özgürlük sembolü olan bayrağımızı taşımayı ar sayanlara gözlerini ve kulaklarını kapamış olan, "İzmir evlerine Türk bayrağı niye asılıyor," diye şikâyet eden, sahibinin sesi gazetelere tünemiş "zamane uşakları" tarihî bir bilginin halka açıklanmasına bile tahammül edemeyerek salya sümük "Türk bölücübaşılığı" yapılıyor diye ortaya atılmaktadır.

Millet sevgisinden nasipsiz, seviyeleri yazdıkları yazılara yansımış bu zevatı Türk ulusunun takdir ve değerlendirmelerine sunuyoruz. Anadolu'da bağımsızlık mücadelesi sürerken, tıpkı bugünkü gibi İstanbul'da işbirlikçi mütareke basını kimden para alıyorsa, onun türküsünü söylüyordu. Köçeklik bir sanattır, ne kadar kıvırırsanız o kadar çok para toplarsınız ve sahipleriniz de sizi o kadar çok besler...

BU COĞRAFYADA DÜŞMAN KITLIĞI ÇEKİLMEZ

1877-1878 (93 Harbi) Türk-Rus Savaşı'ndan itibaren devlete karşı Doğu Anadolu'da dış destekli ve örgütlü, silahlı Ermeni isyanlarının ardı arkası kesilmedi.

Biz, Birinci Dünya Savaşı'nda (1914-1918) yedi ayrı cephede harbe girdik. Bu cephelerden biri de Doğu Anadolu'ydu. Ermenilerin Taşnak ve Hınçak siyasi örgütleri de askeri tertiplerle Rus orduları ile birlikte bölgeye girdiler.

İşgal ettikleri yerlerde bulunan diğer Ermenilerle birlikte Türklere yaptıklarını, Rus subayları, "Yüzümüz kızardı, anlatılamaz şeyler oldu," diye anılarında yazmışlardır. Savaşın koşulları, coğrafyanın sertliği, dönemin tıbbi yetersizlikleri, önü alınamayan salgın hastalıkları, zamanın hükümetini hem Müslüman Türklerin hem de Osmanlı tebaası Ermenilerin yine Osmanlı toprakları içerisinde yer değiştirme mecburiyetinde bırakan karara götürmüştür.

Bir tarih araştırmacısına ilk öğretilen ilke: "Tarihî olayları yaşanılan dönemin siyasi, kültürel, sosyal ve askeri koşulları çerçevesinde ele alıp inceleyeceksiniz. Yaşadığınız zamanı dikkate alarak sakın geçmiş devirleri yorumlamaya kalkmayanız"dır. Gelelim "Ermenilerden özür dileyicilere", siz Osmanlı hükümetinin temsilcileri misiniz? O dönemi yaşayan halk mısınız?

Bugün Türkiye Cumhuriyeti'nde yaşayan halkın savaş döneminde alınan kararlarda ne derece sorumluluğu var? Neyi? Kime kabul ettirmeye çalışıyorsunuz? Bu tezgâh kimin? Ermeni diasporasının dünyada neler çevirdiğini ve sonunda oyunun Türkiye'den toprak talebine dayanacağını niçin kafanız almıyor? Siz kimsiniz? Aydınlarmış! Neyin adına? Kim verdi size bu unvanı? Halk size böyle bir sıfat takmadan, bu hakkı nereden alıyor ve kullanmaya kalkıyorsunuz? Siz sadece kendinizsiniz ve o kadarsınız...

Türk tarihini yargılamak ve hüküm vermek sizin gibi haddini bilmezlere düşmez, bu uysal milletin sabrını zorlamayın.

ADAM ALDIRMA DA, GEÇ GİT DİYEMESİN

TRT-6 Türkiye Cumhuriyeti Devleti'nin, bölünme ve parçalanması ile 1918'lere dönüşüdür. Bu zihniyetle TRT-7, TRT-8, TRT-9'lar da, "Biz de etnik grubuz," diyenlere verilecektir. Devlet etnik bir gruba televizyon açamaz. Bu ülkenin eritilme yoluna girmesi demektir. "Televizyonumuzu ve dilimizi ele geçirdik. Şimdi sıra topraklarımızın geri alınmasına gelmiştir," diyen kamu görevlileri sokaklarda elini kolunu sallayarak gezebiliyorsa, devletin güvenlik hizmetini artık savsakladığının işaretidir.

ABD ve AB istemiş, bugünkü yönetim de istekleri severek yerine getirmiş, getirmeye de devam edecektir...

Sonuçta varmak istedikleri yol net ve açıktır, Irak'ın kuzeyi olan sözde Kürdistan'la bizim Güneydoğu Anadolu'yu birleştirip, özlemle yanıp tutuştukları Kürdistan'ı, koşullara bağlı olarak mümkün olabilecek en kısa sürede kurmaktır. Onların bu aymazlık ve acul planları kursaklarında bırakılmalıdır.

KORKAK VE PISIRIK TOPLUMLARIN GELECEĞİ YOKTUR

Biliyoruz. Biliyoruz, ülkende demokrasinin vesayet altında olmasından, yabancı temsilci misyonerlerin müstemlekelerindeymiş gibi topraklarımızda dolaşmalarından, doğrudan ve dolaylı talimatlar vermelerinden bıktığını.

Biliyoruz, dinin bir vicdan işi olmaktan çıkarılıp siyasetin bir aracı haline getirilerek çıkar metaı haline sokulmasından, cehalet ve yoksulluk batağındaki insanlarımızın da dilenci durumuna düşürülmesinden endişe duyduğunu. Biliyoruz, devlet yönetiminde, sanki birkaç hükümet varmış gibi algı yaratılmasına sebep olan beyan ve davranışların seni nasıl çıkmazlara sürüklediğini...

Biliyoruz, eşkıya halen dağlarda ve şehirlerde kan dökmeye devam ederken, 1984'ten beri sorumluların halka bahane anlatan ve kendilerini savunan beylik laflarından bıkıp usandığını... Biliyoruz, devletin ve halkın tefeci faizcilerin eline düşürülmesine, gençliğin aç, çaresiz ve umutsuz olmasına, para karşılığı kaybettiğin topraklara, kaynaklara, bankalara, postahanelere, pazarlara yanıyorsun.

Cumhuriyet'in "imtiyazsız, sınıfsız, kaynaşmış bir kitleyiz" hedefinden çok uzaklaşmasına, rejimin sıkıntıya girmesine üzülüyorsun. Bu sorunlarının her birinin onlarca çözüm yolu vardır. Memleketin meseleleri kuyunun derinliğinden ziyade, iplerin kısalığından ileri gelmektedir. Sen sabırlı ve tevekkül sahibi bir milletsin ama, "Yetti artık gayri!" dediğin zamanlardaki yiğitliğini de bütün dünya bilir. "Yiğidin altında at tökezlemez" sözünü kanıtlama zamanı geldi. Her şey senin ülkenin sorunlarına sahip çıkmada göstereceğin kararlılık ve azme bağlı. Atalarımızın şu sözünü hatırla: "Toroslar üzerinde ocağı yanan bir yörük çadırı görürseniz, rahat uyuyun, daha her şey bitmemiştir..."

KAŞAĞI İSTİYOR!

Savaş hukuku, yetişkin insanların savaş için örgütlenmesi ve silahlarla donatılmasını ister. Gerekçe ne olursa olsun, Gazze'de 10 günü aşan sürede insanlığın gözü önünde sergilenenler, savaş değil, cinayettir. Yapanlar ise savaşçı değil, katildir...

İsrail başbakanının harekâttan birkaç gün önce Türkiye'ye gelip, beş saati aşkın bir zaman görüşüp, Hamas'ı desteklediği bilinen Türkiye Cumhuriyeti Başbakanı'na yapacakları operasyonu bildirmediğine inanmak saflığın da ötesindedir.

Arapların suskunluğu, ABD ve Batı'nın cinayetleri görmezlikten gelmesi, BM'lerin çaresizliği, Türkiye Cumhuriyeti Hükümeti'nin kendi kulağı için konuşması sürdükçe, bugün Gazze'de, yarın da Ortadoğu'nun başka bölgelerinde olması muhtemel olaylara herkes hazır olmalıdır.

NE KADAR YIKARSAN YIKA, BİR SİYAH BEYAZLAŞMAZ

"Ergenekon Davası" adı altında yürütülen hukuki faaliyetlerdeki son arama ve gözaltılar ile siyasetin hukukla iç içe girdiği ve adalet mekanizmasının tetiğinin politikacılar tarafından çekildiği ayan beyan ortaya çıkmıştır.

Yürütülen dava, artık masumane bir adalet anlayışı değil, toplumun refleksini kırmaktır. Türkiye'de politik liderlik çökmüştür. Ulusal ve yaşamsal alanlardaki gücümüz, düzeltilmesi zor ölçülerde bozulmuştur. Her şeyimiz küçük şeylere boyun eğilerek kaybedilmeye başlanmıştır. Sorumlular, hiçbir önleyici tedbiri düşünmeyen zayıf ve beceriksiz koltuk politikacılarıdır.

Milletimizi önce rahatsızlık ve tedirginlik, sonra yılgınlık ve bezginlik, sonunda da teslimiyet çizgisine getirecek ne lazımsa ellerinden gelen her şeyi yapmışlardır. İçerde ve dışarıda kim varsa şunu bilsin ki, Türkiye Cumhuriyeti Devleti laik, demokrat, çağdaş ve en ileri adalet anlayışı ile ulu önderin gösterdiği medeniyet ufkuna, önüne çıkmaya yeltenen tüm gafil, bağnaz ve küçük ruhluları çiğneyerek yürüyecektir. Var olmak demek, yollarda olmak demektir.

APTALLA VATANI BİR ARADA DURMAZ

İnsanoğlunun toplumsal düzeni sağlamada bulduğu ve eriştiği kurumun adı devlettir. Devlet; hazine, ordu ve adil çalışan mahkemeleridir.

Devlet cesur, dürüst, zeki, çok yetenekli ve çok çalışkan insanlar tarafından yönetildiği takdirde ana vazifelerini yerine getirebilir, aksi halde yozlaşır ve demagojilerle zayıflatılarak yıkılır.

Tarih bunun sayısız örnekleri ile doludur.

YALAN DOLAN, DÜMEN VE YAPMACIKLIK

Sokaklarda ayaklanma provaları yapılan, adalı eşkıyadan yol öğrenen, açıl susam açıla, açıldıkça batan, eşkıyaya söz verip hâkim ve savcı ayarlayan, ordusuyla boks yapan, adliyesiyle çelikçomak oynayan, dağları eşkıya, kentleri çetelerden geçilmeyen, irticadan ve bölücülükten mahkûm olmuş partileriyle demokrasi arayan, Kuzey Irak'ta Kürdistan'ı kurmaya memur edilen, bölgede Batı'nın çantacılığını yapan, meclisi bitirim kahvehanelerine benzeyen, suçlu sayısı üç yılda yüzde yüz yirmi artan, siyasi bağımsızlığını zincire vuran, ekonomisini yabancılara peşkeş çeken, iflas etmiş tarımıyla halkını besleyemeyecek hale gelen, halkın servetini eşe dosta dağıtan, yanaşma medya besleyip büyüten, bankaları, limanları, hayati üretim tesislerini satıp savan, sonuçta da 213 milyar dolarlık dış borcu 5 yılda 530 milyar dolara çıkaran, dünyada yolsuzluk ve rüşvet yarışında üçüncü sıraya yükseleni, insanlarını işsizlik, yoksulluk ve parasızlık nedeniyle utanç içinde yaşatan, esnafı, çiftçiyi, memur ve işçi emeklileri yok sayan...

Bir uçtan diğer uca yalan kesilmiş, utanma ve ar duygusundan mahrum, çıkar talancılarının ülkeyi getirdikleri durum budur...

İDARE-İ MASLAHAT EDİN!

Olay, Birinci Dünya Harbi öncesinde cereyan eder. Ermenilerin Trabzon'daki taşkınlıklarıyla baş edemeyen Trabzon valisi, İstanbul'daki Osmanlı Hükümeti'nden yardım talep eder. Gelen telgraf metninde cümle şöyledir: "İdare-i maslahat eyleyin." Ermeni komitacılar şehri ve civarı altüst edip, iş işten geçtikten sonra, hâlâ hükümet, "İdare-i maslahat eyleyin," diye cevap verince, valinin tepesi atar ve İstanbul'a mahrem gizlilik derecesiyle şu telgrafı çeker: "Gitti idare, elimizde kaldı maslahat!" Yolsuzluktan batmış maliyesiyle, sahiplerinin kim olduğu bilinmeyen madenleriyle, üretimi elinden alınmış insanlarıyla, askerdeki oğluna para gönderemediği için utancından ölüme yürüyen babaları, çocuğunun dershane borcunu ödeyemediği için hem hapsolan hem de oğlunu kaybeden anneleriyle, gazi ve şehit babasını mahkemeye veren kafayla, neden tutuklandığı bile kendisine tebliğ edilmeyen, aylarca hatta yıllarca cezaevlerinde tutuklu bulunan fikir ve düşünce sahibi insanlarıyla, terör gün geçmez birer ikişer can alırken "Bedelli Askerlik" diye silah altına alınmaktan nasıl kaçarız derdine düşünlerle, tutsak düşen medyasıyla, anayasa değişikliği altında yüksek yargıyı siyasallaştırma gayretlerinin ayyuka çıkmasıyla, ABD'nin bölgedeki çantacısı misyonuyla dış politika çevirdiğini köpüre köpüre anlatan hükümetiyle, adalet ve güvenlik kavramları ülkeden kovulduğu için, yurttaşlarımızın yıllardır yapılan tahrikler sonucunda gurur ve haysiyetlerini korumak için öfke nöbetleriyle yumruklarına sarıldıkları bu memlekette halk yorgun, yılgın, fakir ve yaralı ruhlarıyla canını dişine takmış yaşam mücadelesi vermektedir. Ne bu hal, haldir ne de bu yol, yoldur...

Ülkenin başına gelen ve kötü giden her şey sonuçta ve de kesinlikle tüm yurttaşların da yazısı olacaktır. İdare-i maslahat edin...

MARTAVALCILAR

Son 3 haftada gün geçmiyor ki birkaç asker ve polisimiz şehit düşmesin. 30 Nisan 2010 gecesi Tunceli-Nazimiye Sarıyayla ve Diyarbakır-Lice Karakolu'na yapılan saldırı ise, terör örgütünün hükümete meydan okuma ve şımarıklığının açık göstergesidir.

Olaylar her geçen gün ne kadar haklı olduğumuzu ispatlamaktadır. Ülkenin güvenliğinin nerelere geldiği ortadadır. 26 yıldır bu milleti "Terörle mücadelemiz kararlılıkla yürütülecektir" masalıyla avutan, dış siyaset yoksunu, strateji bilmez, taktik anlamaz, teknikten habersiz yönetimlere, Türk milletinin gösterdiği sabra şaşırmamak mümkün değil!

TÜRKİYE'DEKİ POLİTİKACILARDAN, KURBAĞA GİBİ ÖTMEYİ VE SÖVÜP SAYMAYI ÖĞRENİRSİNİZ

İsrail'in insani yardım konvoyuna müdahalesi:
Dış siyasette başkalarına bağımlı ve onlardan aldıkları talimatlarla politika ve diplomasi yürüten mevcut iktidarın, İsrail Devleti'nin ne zaman, nasıl hareket edebileceğinden habersiz ve gaflet halinde olması bu vahim ve aynı zamanda acıklı sonucu yaratmıştır.

İsrail'in günlerdir yaptığı açıklamaları kulak arkası edip, korumasız gemilerdeki insanları İsrail'in savaş gücü üzerine sevk eden ve bunu da sivil toplum kuruluşlarının dokunulmazlığı diye yorumlayıp öyle sanan saflar, ölümlerin müsebbipleri ve suçlularıdır. Gemi Türk bayrağı ve bandırası taşıdığı için de saldırılar düşük akıllıların sandığı gibi sivil toplum kuruluşlarına falan değil, dış politikadaki fiyasko ve becerisizlikleri sebebiyle doğrudan Türk Hükümeti'ne karşı yapılmış ve yürütülmüştür.

PKK'nın İskenderun saldırısı:
Hatay bölgesinde bir özel maden ocağına yapılan baskın, PKK'nın Antakya bölgesinde Amanos Dağları'nda üstlendiğinin açık göstergesiydi. Bu gece İskenderun'daki deniz birliğine yapılan saldırı da aynı grubun bir unsuruydu. Üstelik haftalardır o birlik civarında keşifler yaptıkları da hedefin yer ve zaman olarak seçilmesinden anlaşılmaktadır. PKK şehir içinde araçla ve ağır silahlarla cirit atıyor ve bu ülkede bir zat da içişleri bakanı diye ortalarda dolaşıyor. Mesele artık Hakkari, Şırnak ve Siirt dağlarından da taştı. Her gün iki, üç, beş, altı şehit Türkiye'nin

her ilçesi ve köyünde toprağa veriliyor ve bu ülkede bir hükümet var öyle mi? Hothotlar öyle sansın (hothot kuşların en aptalının adıdır).

Bundan sonra ne mi olacak?

Meselelerin kökü ve saçağı söküp atılarak ülkenin huzura kavuşacağını sananlar boşuna beklemeyin. Böyle bir şey olmayacak. Yurtdışında gezenler dönecek (sanki içerdeyken bir şey yapabilmişler gibi), kriz masası kuracaklar, kınayacaklar, sert protestolar (sevsinler protestolarını) yayınlayacaklar, cümlelerine, "Benim açımdan," diye başlayan hothotlar ile çenebazlar yorumlar ve açıklamalarda bulunacaklar, kendilerini ve milleti aldatmaya, avutmaya devam edecekler. Bu ülke köhnemiş ve rant sisteminin birer parçası olan meclisteki ve dışındaki partiler ile bunların dar kafalı ve taklitçi siyasetçilerinden kurtulmadığı sürece hiç ama hiçbir şey asla düzelmeyecektir...

ÜLKE YANIYOR, KANIYOR VE İNLİYOR

Türk halkı, bu düzen içinde kendisine yapılan adaletsizlikten, haksızlıklardan, yoksulluk çekmekten ve alenen yapılan yolsuzluklardan yılmış, yorulmuş ve mücadele gücünü de kaybetmiştir. Halk ithal malı yiyen ve giyen, mutsuz ve umutsuz yaşayan bir toplum haline getirildi.

Enerji, petrol, doğalgaz ve elektrikte yabancılara bağlı yaşarsan, onlardan talimat almaya alışırsın. Paran yok, yabancının parasını alırsın. Sonra da borcunu ödemek için bu hükümet gibi ülkeni satarsın. AB yalanı ile köylü ve çiftçiyi perişan eder, tarlalarımızı taş yığınına çevirirsiniz. Adalet ve güvenlik meselelerinin asli sorumlusu olan devlet, her iki konuda da beceriksizliğin doruğuna erişmiştir. Sebep; siyaseten yozlaşma, her fırsatta yalan söyleme, çenebazlık, cila ve riyadır.

Bugün gerçek ve temiz İslam düşünürleri bunlar için, "Devlet ve Belediye bütçelerini iç ettiniz. Arsa ve arazileri kapıştınız. İhalelere fesat karıştırdınız. Haram yolla süper zengin oldunuz. Allah bin kere belanızı versin, bre uğursuzlar, iki yakanız bir araya gelmesin, başınız beladan kurtulmasın," diye yazılar yazmaktadır. Eşkıyanın siyasi unsurunun genel başkanı ile başbakanlıkta değil, partisinin genel merkezinde görüşünce, sanki farklı bir kişilik olduğunu sanan, kendisine ada tahsisli eşkıya ile referandum öncesi pazarlığa bürokrat gönderip de, "Ben sorumlu değilim," diyerek "devleti" işaret eden hükümetin başındaki zat, tam bir evlere şenlik. Vah benim memleketim. Kadersiz milletim.

Türk ulusu! Senin aklını ve fikrini bu derece aşağılayan bir zihniyet, bu topraklarda daha önce hiç görülmedi. "Devlet teröristle diplomasiyle görüşürmüş", "Hükümet teröristle görüşmemiş, devlet görüşmüş." Bırakın demagogluğu. Karşılığında ne pazarlığı yapıp, neyi taahhüt ettiniz onu söyleyin. Diyarbakır belediye başkanı herkesin içinde size küfür ediyor, çıt yok. Eşkıyanın siyasi unsuru partinin genel başkanı, "Kıvırtma köçek," diyor ses yok. Ama Antep'te oğlunun cenazesini kaldırırken öfkeden sen, "Türk müsün?" diye bağırdığında onu mahkemeye ver ve mahkeme de onu mahkûm etsin. Güneydoğu'da "bayrak" lafları, "özerk Kürdistan" lafları salyalar akarak haykırılırken, kafalarınızı kuma sokun. Bu yılın sonbaharında ABD, AB ile birlikte var ettiğiniz Irak'ın kuzeyindeki kukla devlet Güney Kürdistan'ın ABD sonrası güvenliğini sağlamak için bölgeye asker gönderme konusundaki anlaşmanız için meclise ne zaman tezkere getireceksiniz?

Hükümetin eşkıya başı ile pazarlığı yetmiyormuş gibi, CHP genel başkanı da inciler döktürmeye başladı. "Kan kanla temizlenmez", "Genel af çıkarılmalı." Olur, bir sen eksiktin hemşeri. Bu laflar yıllardır PKK'nın söylemleri. CHP'de operasyon yapanların kimi, neden, nereye getirdikleri ne kadar erken su yüzüne çıktı. Bu zat yarın, "PKK silahlarını BM'ye teslim etmeli," derse hiç kimse şaşırmasın. Armut dibine düşer çünkü. Referandum görünenin ötesinde bir araçtır.

Eski sömürge imparatorluklarına yaranmak, BOP başkanına yardımcı olmak kolay iş değil. Bu nedenle gölgesiyle bile kavga eden, otokontrolü kaybetmiş, iktidardayken bile endişe ve korkuyla yaşayan, güven duygusunu yitiren bir zat, tehditler ve şantajlar savurarak dipsiz bir kuyuda debeleniyor. Çaresizlik basit kurnazlıkları da getiriyor. Memura biraz referandum zammı, esnaf kredilerine biraz faizden puan kesme ve 40 derece sıcakta kömür dağıtma. AKP, CHP, adalı eşkıya, Kandil, Barzani... Karanlıkta yol alan bu hikâye gene karanlıkta bitecek. Ve bunu yaşayan herkes görecek...

AĞLA "30 AĞUSTOS", HAKKINDIR!

Mustafa Kemal Atatürk'ü, İslamı, milliyetçiliği yıllardır sömüren ve suistimal eden siyasi cambazlar hâlâ iplerin üzerinde entrikalar çevirmeye yüzleri kızarmadan devam ettikleri için, ağla "30 Ağustos", hakkındır!

Kürt açılımı demagogları, devşirme sivil toplum örgütleri, yandaş ve yanaşma akıl daneleri, dört koldan milletin aklını bulandırmak amacıyla tünedikleri yerlerden köpeksiz köyde çomaksız oynadıkları için, ağla "30 Ağustos", hakkındır! İçeride tutuklu eşkıya, dışarıda serbest eşkıya, "ABD ve AB" Türkiye'ye olan baskısını artırsın, "Türkler adam gibi adam olsun... Yoksa dağdaki silahlarla ben yapacağımı bilirim" meydan okumalarından hiç gururu kırılmayan siyasetçi ve bürokratlar olduğu için, ağla "30 Ağustos", hakkındır!

Memlekette toprak satma, liman satma, maden satma, hayati kurumları satma, hazineyi soyma ve sülalece zengin olma furyası dörtnal gittiği için, ağla "30 Ağustos," hakkındır! Üç yıl içinde ülkedeki hapishanelerde bulunan insan sayısı yüzde yüz on sekiz arttığı, bağımsız ve hızlı işleyen bir hukuk düzeni olmadığı, cezai ve idari davaların göbeğine kadar siyaset bulaştırıldığı için, ağla "30 Ağustos", hakkındır !

Bizim kanunlarımızda, "silahlı eşkıya düşmandır. Düşman gibi işlem yapılır" hükmü varken, dağlarımız ve hemen yanı başımızdaki topraklar eşkıya gruplarından geçilmezken, caddelerde törenler düzenleyip kendi kendimize propaganda yaparak işlerin iyi gittiği sanıldığı için de, ağla "30 Ağustos", hakkındır! Bu ülkede gün doğmadan nelerin doğacağını, ilk genel seçimde herkes görecek. Sana yakışan ağlamak değil, beylik siyasetçi ve bürokrat tüm meydancılara, "Yeter artık!" demektir, "30 Ağustos"...

YURDUMU SALDIM ÇAYIRA

Üretmeyen, kendini bile besleyemeyen tarım ve hayvancılığıyla, banka ve limanlarını, hatta kıymetli topraklarını ecnebilere peşkeş çeken siyasetçileriyle; hapishanelerdeki tutuklu ve hükümlü sayısı son üç yılda %116 artan garabetiyle...

Uluslararası ekonomik rekabet sırasında dünyada 62'nci sırada olup, bundan hiç bahsetmeyip ilk 10'a gireceğiz diye halka martaval anlatanlarıyla, kör topal işleyen, sonucu alınamayan davalar ve siyasete bulaşmış hukuk sistemiyle; rüşvet ve talan düzeninin birer parçası olan siyasi ve oligarşik bürokratik yapısıyla; topraklarımız ve hemen yakınımızda konuşlanmış, sayıları 6000'i geçmeyen silahlı grupların, hiçbir eksik ve noksanı olmadığı halde bir türlü haklarından gelemeyen, gelmek istemeyenlerle yönetilmesiyle...

ABD ve AB'nin bölgedeki temsilcisi ve hizmetçisi hükümetiyle; bir dediği bir dediğini tutmayan, ana muhalefetin başına süslü kaydırmayla konuşlandırılan zatın "genel af", "kan kanla temizlenmez" lafları İmralı'da karşılık bulduğu için, "CHP de sürece katılsın" emir buyurmalarıyla; dış temaslar, iç temaslar, İmralı, Kandil, Erbil görüşme ve yalvar yakarmalarıyla, ülkenin "siyasi birliğini" bozarak sonunda ülkeyi kaosa sürükleme gayretleriyle; yanaşma (kâhyanın hizmetçileri) ve patronlarını tehlikeden korumak, onlara kâr sağlamak amacıyla haysiyeti ve vicdanı yok edilmiş bir kısım köçeğin güya medyacılık yaptığı; "bölünme, özerklik, sayın Öcalan" laflarıyla çalışmalarına başlanacak olan "Federasyon Anayasası"na medyası, sivil toplum kuruluşları ve akademisyenleriyle kolların sıvandığı bu ülkeye, bütün bunlardan sonra doğal olarak, "Yurdumu saldım çayıra!..." denir.

Anlayamadıkları, kestiremedikleri şu; bütün gayretleriniz nafile ve boş. Bu ülkenin ne rejimi ne de topraklarında en küçük bir saçma ve kayma olmayacak. Hiçbir şeyde bu devletin ve milletin başına çorap örmeye kalkışanların yanına kalmayacaktır. Siyasi mücadelede siz serbestsiniz. Biz de serbestiz...

"KÜÇÜK DEMOKRASİ" ÜLKESİ

Yönetimi; monarşi, oligarşi, aristokrasi ve yurttaşları iyi veya kötü "kendisini yönetecekleri seçtiği" için de, içine bir parça demokrasi, yani "salça" katılmış yapıdan oluşturulmuş. Siyasi partiler ve seçim kanunları sayesinde halkın dörtte birinin oyunu almasına rağmen, kendisi ve partisinin "milleti temsil ettiğini" sanan andavalların yaşadığı memleket.

21. yüzyılda halen, 20 milyonu okuma yazma bilmeyen, okuryazar, ilkokul terk, ilkokul mezunu ve aynı sayıda yurttaşı açlık sınırının altında bulunan bir devlet. Rejimi derece derece irtifa kaybeden, "siyasi birliği" erozyona uğramış bir ülke. "Küçük demokrasi"nin en muhteşem göstergelerinden biri olan, siyasi meydanı "küçük, orta ve cücük" politika demagoglarından geçilmeyen.

Toprağının ne altına ne de üstündeki kaynaklara sahip olmayı beceremeyen, hak arayıp, hesap soramayan, "seçtiklerini" hiçbir zaman denetlemeyen, "Dur bakalım ne olacak?" gibi boş laflara sığınarak yaşamayı kendine yol diye seçmiş insan sayılarının her geçen gün arttığı bir toplum. 1996 yılında AB ile imzalanan "Gümrük Birliği Anlaşması"yla yeniden kapitülasyonlara dönen, ama hâlâ bir tarihte kapitülasyonlar kaldırıldı diye Kabotaj Bayramı düzenleyenler.

"Küreselleşme", "yeni dünya düzeni" gibi uluslararası sermayenin sakız laflarından ökseye oturup önce haysiyet sonra da bağımsızlığı feda ederek, insan olmanın değerlerinden vazgeçenler. "Sizin standartlarınızı yükselteceğiz," diyen AB'ye, "doğru, bizim standartlarımız düşük, biz de sayenizde demokrat olacağız," diye oradan "siyasi talimatlar" alan, ulusal onur ve şereften yoksun yönetimler ile onların bu ülkede yaşayan paralı uşaklarının pespayeliklerini sadece izleyip hiç ses çıkaramayanlar. Bu milleti millet olmaktan, devleti de siyasi birlik olmaktan çıkartmak için elbirliği ile var güçleriyle çalışanlar, bütün gayretleriniz boşuna. Önce kendi kaynaklarımızla ekonomik bağımsızlığı sağlayacağız.

AĞIZLARI FIRIN KAPAĞI GİBİ

Avrupa konseyi insan hakları komiseri Thomas Hammarberg talimat buyurmuşlar hükümetteki AKP'ye, "Ne Mutlu Türküm Diyene!" sözü etnik ayrımcılıkmış!...
Ayrıca okullarda söylenen ant da öyleymiş (ki bu şarlatan bir yıl önce de Türkiye'de sayısız parti varken, Hak ve Eşitlik Partisi'nden rahatsız olduğunu belirtmişti. Diğer partilerle arası iyi!)

1-5 Kasım 2010 tarihlerinde Kızılcahamam'da "Eğitim 2023 Vizyonu" çalışması yapılmış, çıkan kararlardan biri: " İstiklal marşımız ve andımız ile milli bayramların programlarına katılma zorunlu olmaktan çıkarılıyor."

ABD ve AB'nin uşakları, halkın servetini satıp savdınız, yedi sülalenizi zenginleştirdiniz, eşkıya ile aynı yatağa girdiniz, siyaset dilini bayağılaştırıp kendi seviyesizliğinize indirdiniz, tek ayak üzerinde günde onlarca yalan ürettiniz, yurttaş ve millet olma değerlerini dejenere ettiniz... Uzatmanın âlemi yok!

Tüm yediğiniz haltlar, anayasa suçu işlemektir. Yasasız demokraside bu işler böyle olur. Ne zamana kadar? Yapın, yapın... Siz ve sizin yalakalarınızı hesap günü geldiğinde, Atlantik'in iki yakasındaki efendileriniz bile kurtaramayacak...

SİYASİ VE EKONOMİK BAĞIMSIZLIK OLMADAN DEVLETE GÜÇ VE SAYGINLIK KAZANDIRILAMAZ

Bugün Türkiye Cumhuriyeti Devleti "siyasi birliği" ve "topraklarının bütünlüğü" konularında en tehlikeli ve en hassas dönemlerinden birini yaşamaktadır. Bunun sayısız göstergesi olmakla beraber en belirgin ve öne çıkan, üstelik akla, mantığa, eğitim düzeyine kesinlikle ihtiyaç duyulmayacak durumları şöyledir:

1. Siyaset sahnesi, ağzı kalabalık, basmakalıp, siyaset meddahlarının; cila ve riya, küstahlık ve pişkinlik ile panayır hokkabazlığından geçilmemektedir.
2. Akıl çağı sona ermiş, içgüdüler çağına geri dönülmüştür, küçük insanların elinde siyaset yozlaşmıştır. Şark tipi kurnazlık ve dalkavukluk izindeyiz edebiyatı; rüzgârgülü gibi her yöne dönen, gölgesinden korkan aciz insan sayısı da toplumda artmıştır.
3. Türkiye'de dönen ve oynanan siyaset; taklitçi, yüzeysel, gayri milli ve ruhen düşüktür. Mehmet Akif'in dediği gibi, "Cihan yalancı kesilmiş, riya yüz örtüsü olmuştur."
4. İktidardakiler muhalefetteymiş gibi sızlanıp dedikodu yapmakta, önüne gelen kuruma baskı uygulayıp gözdağı vererek, şantajla devlet idare etmeye çalışmaktadır. Aleni efendi ve köle oyunu sergilenmektedir.
5. Devletin ana direği adalettir. "Demokrasi adına" güya bu direk baltalanmıştır ve bu hareket ideolojiktir. Parlamenter sistemin güçler ayrılığı bunların umurlarında değildir, çünkü

böyle bir zihin ve ruh yapısına sahip değillerdir. "Ant içip söz tutmayanlar" bu dağın neresine kadar tırmanabileceğini sanmaktadır?

6. Adaleti esas alan devletin ikinci erdemi ise güvenliktir. Bugün devlet Güneydoğu'da acz, zaaf ve çaresizlik içerisinde debelenmektedir. Devleti yıkmak için ellerinden geleni yapanlara mevcut hükümet ve sorumlu bakanların açıklamaları kargalara değil, sığırcıklara bile kahkaha attırmaktadır.

7. "Küçük ve yozlaşmış demokrasinin" hüküm sürdüğü bu topraklarda, siyasi erki elinde tutanlarla limit tanımayan bürokrasi rüşvette "yüksek yürütücü sınıf" olarak yer almıştır.

8. Devletin "siyasi birliğine" ve "topraklarından bir bölümünü kopartmaya" kalkanlar paraya ve servet edinmeye hiçbir zaman gözü doymayanların gittikçe artan ve pervasızlaşan söylem ve davranışları, hızla milletimizi huzursuzluğa sevk etmektedir.

9. "Bir ulusun serveti, gücünün bir parçasıdır." Elde avuçta bir şeyi kalmayan ülkenin en son satışa çıkarılan malları Boğaz köprüleri ve otoyollarıdır. Kayıt dışı ekonomi %40 bu topraklarda yaşamaktadır. Bu, vergi almayı beceremeyen hükümetin aczi ve garabetidir. Toprakları AB sayesinde üretim ve istihdama kapalıdır. Sıcak para denilen sahte tedavül, 5 liraya girmekte 135 lira kazanarak kendi ülkelerine geri dönmektedir. Dünya ekonomik forumu 2010 ölçülerinde, Türkiye'nin dünyada ekonomik rekabet edebilirlik derecesi 61'inci sıradadır, adı sanı bilinmeyen memleketler bile bizim önümüzdedir. Kapitülasyonlar 1996'da "Gümrük Birliği Ortaklık Anlaşması"yla yeniden ülkeye getirilmiştir. Bize tarım ve hayvancılıkta kota koyan, ekilmeyen arazilere "tembellik parası" veren Avrupa, her yıl çiftçisini ve besicisini 56 milyar Euro ile desteklemektedir. Bu durumda Avrupa'da günde bir inek 2.5 Euro destek alırken, Türkiye'de bir as-

gari ücretli Türk ailesine günde 3.16 Euro düşmektedir. Et ithaline sevinen, süt alacağız diye şükreden, "Kurbanda çok hayvan kesilmesin, memlekette hayvan kalmaz," diyenler, hormonlu domatesi de 8 liraya almak zorunda kalan insanlar bu ülkede yaşar. Madenlerimizi hiç sormayın! Orada da biz hamallık yapıyoruz. Son işlem ve pazarlama bizde değil ama belli olan ve aleni bir şey var, o da bu ülkede "dürüst insanların aç olduğu!"

10. Bu yıl (2011) meclisteki partiler hazine yardımı olarak 335 milyon lira (eski parayla 335 trilyon) alacaklar. Bu tutar seçim yerelse 2 misli, genelse 3 misli. Peki, nereye, nasıl harcanıyor bu paralar? Asgari ücretin resmi tutarı 670 milyon, açlık sınırı 950 milyon olan bu ülkede, ikisi de resmi açıklama olduğuna göre bu nasıl bir utanmazlıktır.

11. Halk oylamasında seçmen sayısı 49.675.000'di. "Hayır" oylarının toplamı: 15.9 milyon, oy kullanmayanların ise 12 milyondu. "Hayır" diyenler ile oy kullanmayanların toplamı 27.800.000'dir. Yani "seçme hakkına" sahip kadın ve erkeklerin %55,9'udur. "Evet" oyları ise %21,8'dir, yani seçmenin %44,03'üdür. Sonuç: Türk halkının %56'sı anayasaya evet demedi. Bütün bunlar ilkokul matematiği çerçevesindeyken buna sevinenler, köpüre köpüre program sunan ve yazı yazan Hacivat ve Karagözlere ne demeli?

12. Dış siyasette "Kuvvet, hak'tır." Ekonomisi, finansı, enerjisi, ziraatı milli olmayan bir devlet önce haysiyetini, sonra da bağımsızlığını kaybeder. Nitekim durumumuz budur. Ne 8 yıldır hükümet ettiğini sanan parti ne de muhalefette ortaoyunu oynayan partilerin bu ülkeye bireysel ve toplumsal olarak iyi bir yaşam getireceğini beklemek, ummak, hayal etmek baştan sona nafiledir. Hepsi düzen ve sistemin parçasından öte değildir, üstelik son 4 ayda hükümetin bilinçli olarak saptırdığı konularda uçurtmanın kuyruğu görevini yapmaktadırlar. Halk da her geçen gün bu durumu daha iyi

görmektedir. 2011 Haziran'ında yapılacak olan genel seçim bu ülkenin tarihinde hayatidir ve bir dönüm noktası olacaktır. Sonuçlar hem bireyin hem de halkın yazgısını belirleyecektir. İnsan bir şeydir ama yurttaş olmak çok daha öte bir şeydir...

EĞER DİNLEYİCİ SAĞIRSA, MÜZİK HİÇBİR ŞEYDİR

İnsanların büyük kısmı sağ kalma tutkuları nedeniyle acılar çekmeye razıdır; yaşamın kendisinde belli bir mutluluk ile canlı olmanın iyi bir şey olduğu duygusunda bulunurlar. İyi yaşama ise gerçekten, devletin gerek topluca gerekse bireysel olarak baş amacıdır.

En iyi çalgıyı kullanma hakkı, o çalgıyı en iyi çalanındır. Bu ülkede çalgı, en beceriksizin elindedir ve yıllardır "Ben de iyi çalarım," diye uğraşanlar da hali hazırdakinden daha yeteneksizdir, çünkü çalgıyı ona armağan edenler daha da beter beceriksizdir, üstelik kafaları vücutlarından önce yaşlanmıştır. Ülke rejim ve siyasi bütünlüğü yönünden hızla kargaşaya sürüklenmektedir. Görmek ve anlamak için ne zekâ, ne akıl ne de mantık gerektirmektedir.

Ulusun serveti, gücünün bir parçasıdır. Tarım ve hayvancılığın iflas etmesi bir tarafa, şimdi de İstanbul köprüleri ve otoyolları pazarlamaya çıkarılmıştır. Güya işleyen adaleti ve güvenliği yürekler acısıdır. Çok az bir kısmı hariç, televizyonlar ve gazeteler, yazar ve çizerler şantaj, baskı ve tehdit altındadır. Saçma sapan gerçeklerle para cezası yağdırılmaktadır. Hükümette olanın da olmayanın da bu memlekete verebileceği hiçbir şey yoktur. Konuları, konuşmaları, halleri, tavırları ve tutarsızlıkları ortadadır. Tümü yeteneksizlik üst sınırına gelip dayanmıştır.

İnsan, yurttaş olmanın çok daha ötesinde bir şeydir. Yurttaşlık özgür olmak, erdemli yaşamak, başı dik olmak, hak aramak ve hesap sormaktır. Yurttaş varsa, demokrasi de vardır. Yurttaş oy verip (onun da nasıl verildiği belli) sırtını dönmez, her alanı denetler. Türkiye Cumhuriyeti teknesi karaya oturtulmak, babaya gelmek üzere ağlayarak, sızlayarak, şikâyet ederek kimse bir yere varamaz. "Yurttaş olma" zamanınız geldi de geçiyor, karar vermelisiniz. Korkarsanız başınıza gelir, çekinirseniz olacaktır. Devlet özgür adamların birliğidir. Kaçarak özgür olunmaz!

HER TARAF UYKUDA

CHP'nin başına geçtiğinden beri yaptığın andavallıklara bugün bir yenisini daha ekledin. Hak ve Eşitlik Partisi'nin Sakarya Gençlik Kolları'na mensup bir grup gencin, cumhuriyeti, laikliği, milli mücadeleyi yerden yere vuran güya gazeteci olan, aslında hükümetin borazanı iki kişiye gösterdikleri tepkiden kendine bir şeyler çıkartmaya çalışmanı hiç yadırgamadık...

Bütün ülke şu geçen birkaç ayda gördü ki bir dediği bir dediğini tutmayan, kendi oyuna bile sahip çıkamayan, ne giyeceğini bile seçmekten aciz, PKK'ya genel af isteyen, Atatürk'ün yönettiği Dersim Harekâtı'na abuk sabuk laflar eden, Türkiye'de olup biteni AB'ye rapor etmeye söz veren, bir resepsiyon kararını 10 günde veremeyen, bir türban işi çıkartıp sonra da şaşıp kalan, güya muhalefet yapacağım diye 2 dakikada 21 kere, "Sayın başbakan," diyen, partisinin değişen tüzüğünden bihaber kurultay yapıp, sonra da yargıtay kapılarında volta atan, dört parçalı partide kendini genel başkan sanan kemankeş Kemal, sen değil bir siyasi parti genel başkanlığı, sana teslim edilen 10 kazın 5'ini akşam kümese getirecek yeteneğe sahip değilsin, gümüş zurna senin neyine!

Siyasi parti devleti yönetmeye talip olan örgütün adıdır. Devlet ancak "devlet adamları" ile yönetilir. Devlet adamlığı sen ve senin gibilere kaldıysa, vay bu memleketin haline! Bize demokrasi, laiklik, cumhuriyet, söz ve ifade özgürlüğünden bahsetmek senin haddin değil, senin buna ne eğitimin, ne memurluğun ne de kökün saçağın yetmez. Mustafa Kemal Atatürk'ün kurduğu parti, onun ilkeleri ve devrimleriyle senin ne benzerliğin var? Bugün seni oraya mostra diye koyanlar bile bin pişman!

HEDEFLERİ BİRLEŞİK KÜRDİSTAN'MIŞ, OLUR!

Peşmerge başı Barzani partisinin (Kürdistan Demokrat Partisi) kurultayında buyurmuşlar: "Hedefimiz Birleşik Kürdistan, Kürtler tek parça ve Kerkük Kürdistan'ındır." Kel asmanın miskin koruğuna yüz verirsen, işte sonunda böyle konuşur. Ve bu konuşmaları eşkıyanın siyasi uzantısı parti mensupları, hükümetteki partinin yetkilileri ile CHP temsilcisi, devletin o bölgedeki sorumluları da dinliyor.

Sonra hükümet temsilcisi olan ABD'nin hariciye bakanlığı yazışmalarında nasıl bir kişiliğe sahip olduğu metinlere dökülmüş zat da nameler döktürüyor. "Birleşik Kürdistan"la eğer Türkiye Cumhuriyeti topraklarından da araziler alacağınızı düşünüyorsanız ki düşünüyorsunuz, buna ne sizin ne de güvendiğiniz dayılarınızın gücünün yetmeyeceğini o ufak beyinlerinize sokun.

Senin bugünkü dayıların, baban Mustafa Barzani'nin de bir zamanlar dayılarıydı. Sonuçta ne oldu, güvendiği dağlara kar yağdı. Tarih tekerrürden ibarettir dedikleri işte budur. Senin de sonun bu olacak. İleride daha da işi tırmandıracağınızı biliyorum...

Gelecekteki olaylar ve koşullar sizin yazgınız olacak ve hiç kimse kurtaramayacaktır.

VİCDANI OLAN NAMUSLUDUR

1919 yılının 19 Mayıs'ında; ekonomik, siyasi, askeri ve dış politikada, eksiklik, zayıflık, inisiyatif kaybı, çaresizlik, umutsuz ve yorgun halk, yenilmişlikten yaralı ruh, elden çıkanlara hayıflanma ne ise, bugünün 19 Mayıs 2011'inde de her şey dünün aynısı.

O günkü koşullarda düşmanın İstanbul başta olmak üzere, ülkenin birçok yerinde askeri güçlerinin bulunması ve hareket halinde olması, milletimizi tahrik edip mücadeleyi teşvik ve kamçılarken, bugün o görüntülerin olmaması, olması gereken tepkinin de çıkmasını engellemektedir.

Kartallar güneşe komşu, kara komşu, sert rüzgârlara komşu yaşarlar. Konuşulanlar dağılır gider, bulut gibi. Sadece eylemdir, her şeyi saran. Biz de öyle yapacağız. Kesin kararlı ve inançlı olarak geliyoruz...

Siyaseti Türkiye sevdası için yaparız ve onlarca "19 Mayıs"ı da yeniden yaratırız...

TEPEDE KALINTI, DİPTE YIKINTI!

Siz daha devam edin! Biri, açılım safsatasını pazarlamayı sürdürüp diğeri, "Kürt demem, Türk de demem," derken, öbürü de, "Şehitler ölmez, vatan bölünmez"le kendisini avuturken, siz daha devam edin! PKK'nın 30 yıldır ne yapmak istediğini anlamamakta inat eden, program yapan, güya işi bilenleri konuşturduğunu sanan saflar, siz daha devam edin! Bir devletin hükümranlığının ne olduğunu idrakten aciz, bir toplumun "onuru"nun, yaşamın temel duygusu olduğunu kavrayamayan sıradanlar, siz daha devam edin! PKK'nın sürdürdüğü mücadelede temel dayanağın silahlı gücü olduğunu, bu güç olmaksızın yıllardır bu devlete ve millete hiçbir şey dayatamayacağını kavrayamayanlar, siz daha devam edin! İmralı, Kandil, BDP, Demokratik Toplum Kongresi'nin bir bütünün parçalarından başka bir şey olmadığını anlamama özrünüze devam edin! Vatanları uğruna 20 yaşındaki genç çocuklar hayattan atılırken, musalla taşları önünde pörsümüş vicdanlarınızla sıra kapmaya çalışan ve onlardan üç kez daha fazla hayatta yaşamış olan bazılarının da, "Biz de ülkemiz için şehit olmaya hazırız," riyakârlık ve yavanlıklarını görmeye ve dinlemeye devam edin! Devam edin, devam edin!

Gidilen yolun Kuzey Irak'ta var edilen kukla Kürdistan'ın, koşullar oluşunca Güneydoğu Anadolu'yu da ahtapot gibi içine alacağını algılamamaya devam edin! "Kürdistan, büyük Kürdistan, birleşik Kürdistan" planının Amerika ve Avrupa'nın bir siyasi davası olduğunu bilmezlikten gelmeye de devam edin! Ülkenin bölünmeye ve kaosa gittiğini öngörememeye, sezip, tedbir alamamaya devam edin! Devletin güç ve kudret olduğunu, şayet içerde ve dışarıda yaşayanların onun bu yeteneğinden şüphe duymaya başladığı andan itibaren, toplumsal düzenin kaosa sürükleneceğini kavramamaya devam edin! Son bir ay içerisinde aşama aşama gelen olayların sonunda buraya dayanacağını tespit ederek, yapılması gereken bir seri tedbir, hareket ve müdahale varken, kılınızı kıpırdatmamaya devam edin!

30 yıldır "Milli Güvenlik Kurulu" ve "devlet zirvesi" gibi toplantılar yaparak, "Terörle mücadelemiz kararlılıkla sürdürülecektir," diye siyasetçi, asker ve sivil bürokratlar olarak, önce kendinizi sonra da milleti uyutmaya devam edin!

Bu ülkede yaşayan ve hangi işi yaparsa yapsın herkes (geç kalındığı kesin), ancak bu son hadiselerden sonra, zekâsını, aklını, sezgisini, tüm ideolojilerden uzak, adam gibi kullanamazsa, tırmanabilecek olay ve sonuçlardan bir yurttaş olarak doğrudan sorumludur. Dünya yansa duvardaki eski kiliminden başkasını düşünmeyenler, ağaçların nereye doğru yükseldiğini, yıldızların da tek tek düştüğünü kavrayamadan boş düşler görmeye devam edin! Ötelerin ötesinde ne mi var? Onu olaylar ve koşullar tayin eder ve yalnız Tanrı bilir. Aklı ve vicdanı olanlar iskele babasına geldiğimizi gördüler; siz daha devam edin!

SİZ KEÇİLERİ KAYBETTİNİZ, ELOĞLU USTA ÇOBAN

Dandini hükümet kayalara tohum ekiyor. Son üç aylık tarım ve ürün faaliyetlerinin özeti ise, üstü yağmur altı çamur. Eloğlu usta çoban, ekim coğrafyasındaki milletlerin öfke, kin ve nefretinden kendini uzak tutma siyaseti güderek bölgenin kâhya ve ırgatlarını ulusal çıkarlarına hizmet için kullanıyor.

Tunus, Mısır, Libya ve Suriye girişimlerindeki taşeronluk, tamamen Amerika; biraz da nazlanarak Avrupa'ya yaranmak ve onların vesayeti altında efendilerine servis yapmaktan öte bir şey değil. Mavi Marmara meselesi tam bir komedi. Karşı tarafın sayısız uyarılarına kulak asmayıp tedbirsiz olarak gemiyi İsrail'in üzerine gönder, sonra da olup bitene dövün. Aklın neredeydi? Şimdi tut, "Yok Birleşmiş Milletler raporu, yok özür dileme, yaptırımlar vesaire. Çocukların "Sen bizim mahalleden geçersin tavrı." Gemi yüzdürecekmiş. Daha ötesi, "Savaşa da hazırım!" blöfümü?

Tarih okuyun ve öğrenin:

1967-1973 savaşlarında bu İsrail, cümle Arap ülkelerini bir vuruşta toptan devirirken, tüm Amerika ve Avrupa kimin yanındaydı? Asla olmayacak ya diyelim ki iş savaşa tırmandı; kesinlikle Arap ülkeleri İsrail'i destekleyecek olan Amerika ve Avrupa'nın yanında olacaklardır. Yarım ağızla kınama tebliğleri yayınlarlarsa, oturup ona da şükredersiniz. Tarih bu âdemoğullarının öyküsüdür ve der ki: "Savaş kararını ancak bağımsız ve özgür devletlerin hükümetleri alabilir." Peki, diğerleri,

"Âlemler âlemler içinde," diye kendi halkına masal anlatır. Bir hükümet ki kendisinin birinci dereceden sorumlu olduğu toprakların dörtte birinde güvenlik hak getire. Kırsalında, kentinde, ormanlarında, dağlarında, sınırlarında, karakollarında, yollarında güvenliği tesis edemiyor; gün oluyor on genç insan öldürülüyor...
Komşu sınırları süzekten farksız. Eşkıyanın yurtdışı, yurtiçi yerleri tek tek belliyken aval aval bakıyor. Tırnağı yok kendi başını kaşımaya, başka ülkelerin güvenlik işlerine burnunu sokuyor... Eee, yapmasın da görelim. Genel mülk sahibi isteyecek de kâhya ve ırgat yapmayacak, öyle mi? Yapmazsa, başına geleceği biliyor. Getirdikleri gibi götürürler adamı, çünkü eloğlu usta çoban, alır vekâletini bir ağacın gölgesinde, bir su kenarında seni "duman duman üstüne" yapar. Füze kalkanı ne mi? Ormanın uğultusu arkası ise, "değirmenci su derdinde"...
Suriye sınırını 50 yıllığına İsrail'e ver. Kuzey Irak'ta İsrail'le halvet ol, İsrail'in horonlarına teröre bel bağla, Mavi Marmara'yla bir ulusun rezil olmasına sebep ol, füzeler atılacaksa, ilk hedef olan İsrail'e kalkan yap, sonra da gemi gezdirecekmiş! Şu gezecek gemiler kimin malı, komuta kontrol dahil tüm şifrelerini kim biliyor? Amerika. Ayranın yok içmeye, git işine hemşerim. Bütün bunlar kendi kendine çalan zurna ve davula benziyor. Meclisteki muhalefete gelince; evlere değil, çayır çimene şenlik. Ne güçlü bir fikirleri ne de bir eylemleri var. Zekâ mantığı olmayınca bilgi ve düşüncede düzen beklemek abesten ileriye gidemiyor haliyle... Eski tas eski hamam. Üstelik tasın kalayları da dökülmüş...
Peki, ahalinin bu maskeli balo ve medüz siyaset masalındaki rolü nedir? O mu? Yakmış çırasını oturuyor...

EZİYETLİ ROTA

İyi haber mi istersiniz, kötü haber mi? Göynümüş meyve hükümeti, ısırılmaktan korktuğu için, "Müzakereleri ben yapmadım, memurum yaptı," andavallığına sığınıyor. Kısa bir süre önce de tüm görüşmeleri reddedip, "nadide küfürlerle" kamuflaj yapıyordu.

Her konuda olduğu gibi bu konuda da halkın mantığını köreltmek ve sezgisini bulandırmak için, "zamane uşakları" ve "kusursuz dalkavuklar" yazıları ve haberleriyle hükümete putperest tapınmasında yarış halindeler. Memleketin bir kanadı ölümler, baskınlar, insan kaçırmalarla almış başını giderken, bunlar Doğu Akdeniz'de gaz arama derdine düşmüşler.

Tırnağın varsa başını kaşı. Ülkesinin "kara"sını, 300 km uzunluğundaki keşmekeş Kuzey Irak sınır "kara"sına söz geçir de sonra uluslararası "su"ya bakarız. Önce topraklarını "kim kime dumduma"dan kurtar. ABD ile anlaşmışlar, Erbil'dekilerin gücü yetmediği için (işlerine gelmediğinden) ABD askerleri Kandil bölgesinde devriye gezeceklermiş... Devriye iyi olur, hiç değilse PKK ile temaslarını artık kaçamak değil, resmi resmi yaparlar. Mavi Marmara tiyatrosunda oyun çizmenin üstüne çıkınca Obama ağabeyinizin kulaklarınızı çekme kararına içten içe sevinmiş olmanız lazım.

Malatya'ya yerleşecek olan radarların Rusya ile ilgisi bulunmadığı (zaten aptalcaydı), İran'a karşı olduğunu ve elde edilecek istihbaratın İsrail'e de verileceğini "dayınız" açıkladı (ki tersi asla mümkün değil). Radar denilen şeyi ağaç dikmek mi sanıyorsunuz? Bu, geniş alanlara kurulacak tesisleriyle devasa bir askeri üs demektir. Konu tamamen ülkenin güvenliği ve egemenliği ile ilgilidir. Meclisten görüşüp yetki aldınız mı? Nato veya ikili sözleşme hiç fark etmez. Mesele bütünüyle ulusun egemenlik haklarıyla ilgilidir ve yetki Türkiye Büyük Millet Meclisi'ne aittir.

Bu arada "uyduk imama muhalefetin" de kulakları çınlasın! İran da PKK'ya müşterek operasyon için nanik yaptı değil mi? Bu ülkede ne olduğunu genellikle bilmesi gerekenler bilir, bilmemesi gerekenler de bilmemeye devam eder. Özgürlük ve bağımsızlığa sırt dönülmesinin ve olup bitenlere sağır ve kör olmanın bedelini yönetenler değil, halkın kendisi ödeyecektir. Kişisel çıkar denilen şeyin tarihinde bundan daha kötü bir örnek yoktur.

Bir tarafta karnını düşünen milyonlarca insan, diğer tarafta havyarı kilo ile yiyenler... Ülke içeriden ve dışardan tavuklara dadanan tilkiden geçilmiyor! Şimdilik ah vah eden de, okkanın altına giden de yok. Ne zamana kadar bu ahali agucuk (süt çocuğu) muamelesine şükrederek yaşamaya devam edecek... Eflatun "Devleti"nde akılca ve ruhça zayıf olanlara tartışmayı bile yasaklar...

DEMOKRASİ KÜLÜSTÜRÜ

İnsanoğlunun doğal hakkı bireysel özgürlüktür. Kendilerini aklın buyruğuna uygun yönetebilenler ancak özgür olabilir. İnsanlar özgürlüğü kendilerine dert edinmişler midir? Siyasi tarihte orta insanın özgürlük uğruna büyük hareketlere kendi kendine kalkıştığının örneği yoktur. Özgürlük ancak sonu gelmeyen uyanık bir çaba karşılığında elde edilir.

Zorba, tahakküm edici, yurttaşlara ideolojisini dayatan rejim ve yönetimler; bütün yaşamı, duyguları, istekleri, coşkuları giderek tüm düşünceleri toptan avucunun içine almak ister. Demokrasi denilen son siyasi deney ise aklı başındaki yurttaşların bulunduğu ülkelerin son sığınağıdır. Demokrasiyi tehlikeli ve zayıf duruma düşüren zorba ve keyfi yönetimler değildir.

Tehlike, ülke vatandaşlarının kişisel davranışlarındaki tutarsızlıklar, kurumlardaki gelgitler, yabancı dış otoriteler ile başka kimler varsa, onlara boyun eğmekten ileri gelir. Bir karar, kimleri etkileyecekse bu kararın verilmesinde o kimselerin de oy hakkı olması gerekir. Demokrasinin özü budur, yolu da yurttaşların bilinçlendirilmesinden geçer. Başka türlüsü "külüstür demokrasi"dir. Siyasal yapıyı düzenleyen seçim ve parti yasaları, iktidar çoğunluğu kimin elindeyse onlar tarafından tanzim edildiği sürece, orada demokrasi olmaz "demokratlık oyunu" olur. Örneği ise Türkiye'dir.

Demokrasi aynı zamanda kültür işidir. Kültür ve özgürlük ikiz kardeştir. Bu kültür olmaksızın o ülkenin anayasasına konacak birtakım hükümlerin getirilmesiyle her şeyin yerli yerine oturacağını düşünmekten kurtulmak gerekir. Nasıl bir hokkabaz ağız kalabalığı ve yaptığı şeylerle gözleri boyamaya çalışarak, kimsenin fark etmemesini sağlarsa, bunlar da insanların dikkatlerini başka yerlere çekerler. Bu arada olup bitenler ise her çeşit demokratik özgürlüğe düşman birtakım koşulların doğmasına sebep olacaktır.

Ülke kan gölüne döndü. İnsanlarımız her gün şehit olan ve ölen yurttaşlarımızın hesabını tutamaz oldu. Bir, "devlettir" lafı gidiyor, ülkede olup biten her şeyden hükümet sorumludur. Yetkili yetkisiz, sorumlu sorumsuz, konuşan kim varsa, şu işe yaramaz sizin salamura laflarınızı duymaktan Türk ulusu artık tiksindi ama siz kukumavlıktan vazgeçmediniz: "Geniş çapta operasyon başlatılmıştır. ABD terörü kınadı. ABD ile beraberiz terör konusunda. Örgütün son çırpınışları. Havadan şu kadar sorti yapıldı. Irak yönetimini uyardık. Son terörist kalıncaya kadar mücadele devam edecek. Yok orduda, yok poliste yeni düzenlemeler. İran'la bu işi ortak yapacağız. Sınıra asker yığılıyor. Kara harekâtı olabilir. Şehitlerin kanı yerde kalmayacak. Artık mücadele profesyonellerle yapılacak. İsrail bize insansız hava aracı, ABD anlık sıcak istihbarat verecek (olup bitenler de hep sıcağı sıcağına oluyor zaten). Kuzey Irak Kürt yönetimini uyardık, bu olayı terör örgütünün yapıp yapmadığı belli değil. Bu bir provokasyon..." A be âdemler papağan bile sizinle yarış edemez...

Toprak, halk, meclis, hükümet, ordu, mahkemeler ve hazineden oluşan devletin, iki asli işi vardır: Güvenlik ve adalet. Bu memlekette adalet kör topal. Güvenlik ise, ara da bulasın. Hepinizin gelirini, saltanat yaşamınızı halkın vergileri karşılamıyor mu? Aldıklarınızın karşılığı halka acı çektirmek mi?

Güvenlikle ilgili sorulara cevap verirken yüzünüzün halinden haberiniz var mı? Tam bir çaresizlik... Yeni yapılacak anayasa ile işlerin yoluna gireceğini sanmanız ayrıca bir aymazlık. Avutun kendinizi ve kandırılmaya hazır olanları. Bakalım ne zamana kadar?

SON ÇALILIĞA GELDİK

Üstü kalsın: "Bir vakte erdi ki bizim günümüz, / Yiğit belli değil, mert belli değil, / Herkes yarasına derman arıyor, / Deva belli değil dert belli değil." (Karacaoğlan)

Lapacı: "Ocak yanmaz olsa, yaşa bulur bahane, / Kendi düşse taşa bulur bahane, / Akıl yoksa bulur başa bahane." (Ruhsati) Zihnin yükselişi ve huzuru ancak bir ideale bağlanmakla mümkündür. Yurt sevgisi ve düşüncesi her türlü bayağılaşmaya karşı en dayanıklı ve en korunaklı kaledir. İnsanlık tarihinde cesur insanların eylemlerine ilişkin bilginin dışında değerli hiçbir şey yoktur.

Cumhuriyetin temel niteliği hak ve eşitliktir. Ekleyeceklerim bu kadar...

KOYUNLARA KRAL OLMAK

Akıl terelelli
Aheste ve alargada.
Bızdık, agucuk
Olmuş babafingo.
Madrabaz maharetli,
Şamama kavun niyetinde.
Kuklalar kafadan bacaklı,
Tulumbacı artık, zangoç.
Atkestanesini at değil
Çütre yiyor,
Çukurlar artık yılan dolu.
Beyin dumanlı
Bellek sıfırda
Ruh kupkuru
Kafa odundan.
Kavga dolu dünyaya,
Acz ve zaaf sinmiş.
Hayat avara kasnak,
Parya ve kuklanın
Sürüsüne bereket.
Gabi. gazelci, papelci
Ve üçkâğıtçı.
Duvar örüyor
Tek taşla.
Cabbar avcı
Koyunlara kral olmuş,
Çok mu?

BİR MEMLEKET Kİ AKLA ZİYAN

Bir memleket ki dostlar başına desen olmaz, düşman başına desen gene olmaz. Hiçbirine uymuyor. Hükümet; her seçim öncesi PKK'ya eylemlerinizi bu dönemde durdurun diye arabulucular gönderip, siyasi destek istiyor. Bir bakan, "Deprem vergileri yollara gitti" derken, bir diğeri, "yanlış," öteki, "böyle bir vergi yok ki," diyebiliyor. "Köstebek" dedikleri biri var ki, tümden yanlış bir sözcük. Neden mi? Köstebek karanlıkta en iyi gören canlıdır. Bu, gün ışığında bile yolunu bulamaz. Köstebeğin yeteneğine saygısızlık etmeyin. Yetmedi. Lafa bak, hizaya gel, "Biz diğer ülkelerden deprem yardımı istemedik, kendi organizasyon gücümüzü öğrenmek için," diyor.

Olur! Ölsün insanlar, sen gücünü araştırmaya devam et. Ülkenin dörtte birinde güvenlik yok, Hakkari elden çıkmış, insan ölmeyen gün yok. Bir bakan, "Ölen katırın hesabını nasıl verecekler," diye PKK'ya sitem ediyor. ABD hava aracı verecek diye sevinen hükümete, bir canlı kul çıkıp da sormuyor? PKK'nın bizim topraklarımızda ve Kuzey Irak'ta nerede olduğunu bir tek bilmeyen canlı kaldı mı? ABD Kuzey Irak'tan çekilirken bize savaş donanımı verecekmiş. Buna sevinen kafa dominyon, müstemleke, koloni ve mandacıdır. ABD 1952'den bu yana veriyor ve kendi ulusal çıkarları dışında kullanılmasına müsaade etmiyor. Buna NATO ülkeleri de dahil.

Güneydoğu'da, Kıbrıs'ta bizim verdiğimiz silahları kullanmayacaksınız demediler mi? Gelip denetlemediler mi? Bitmedi!

Peşmerge sınırlardan itibaren Kuzey Irak'ı denetleyecekmiş. PKK geçişlerine mani olacak karakollar kuracakmış! Bu enayiliği 15 sene önce de yapmışlardı. Kuzey Irak'a girildiğinde görüldü ki o karakollar PKK'nın elinde... Gene verin milletin paralarını o karakollara ve malzemelerine ne olacağını da görün... Ne diyor size kürt yönetimi? "İmralı'ya ev hapsi ve siyaset yapma özgürlüğü." Talimat alın aşiret bozuntularından...

Cumhuriyet törenlerinin iptaline gelince, siz deniz suyu ile susuzluğunuzu gidermeye çalışanlar gibisiniz. İnsanların en kötü huyları ikiyüzlülük ve nankörlüktür. Bir numaralı muhalefetin on maddelik kürt sorunu ve anayasa çalışmalarına bakın; dördü İmralı'dakinin siyasi istekleri. İki numaralı muhalefete gelince, insan doğası itibariyle sadece anlık ve duygusal sıradan konuşmalar için, "soysuzlar" lafını kullanıyor.

Aynaya bak, halini gör, yaşından başından utan... Demokrasi; özgür basın özgür bireydir, kişi ve toplum için haysiyet ve şereftir. Gelelim bize, medya patronları başbakanlıkta talimat almak üzere toplanıyorlar: "Bundan sonra nasıl yazıp çizilecek?" Ertesi gün de bunların kendi gazetelerinin birinci sayfasında özel resimleri çıkıyor. Vah evladım vah...

Eğer ordunun acemi eğitim merkezlerinde acemi askerleri eğitmek için eleman sıkıntısı varsa, derhal bunları çağırsınlar. Neden mi? Hazır olda bekleme ve selamlama konusunda bunların üstüne adam bulamazlar çünkü. Şimdi bazıları sanabilir ki bu terbiyedir, hayır! Bu korkudur. Sürekli korktukları için de, neyse o korktukları, kesinlikle başlarına gelecektir. Kötü seçim yasaları %49'u %51'in üstüne çıkararak hem yürütmeyi hem de yasamayı bir partiye veriyor. Üstelik 6-7 milyon oy kullanmayan mevcut. Bu çarpıklığı her şey ve zafer sananlar, yanılıyorsunuz! Bekleyin ve görün. Devletin temeli güvenlik ve adalettir. İkisininde hali ortada...

Ekonomi mi? Neyinize güveniyorsunuz? Yabancı devletlerin herhangi bir mali yardımına veya onların devamlı ittifaklarına bağlı olarak beklemek ve bunları hesap etmekten daha büyük bir hata yoktur.

Tecrübenin, tarihin öğrettiği şey şudur, o da; "İnsanların ve hükümetlerin tarihten hiçbir şey öğrenmedikleridir."

Lüzumsuz adamları iftihar ve ibretle seyrediyoruz...

GEL VATANDAŞ, GEL!
MEMLEKET PAZARININ
KELEPİR MALLARI BUNLAR

Dön baba, dönbek baba tezgâhının ürünleri: Türkiye-Suriye sınır toprağı. Mavi Marmara özürü, Doğu Akdeniz'de petrol arama, İsraille savaş. Suriye ile savaş, Barzani keyfi, PKK ile ateşkes ve müzakere, gelin mecliste siyaset yapın, altüst olmuş adalet, füze kalkanı aymazlığı, insansız hava aracından medet umma. İsrail'in atomu var. Hakkari'de bir sıkıntı var. peşmergeyle operasyon, seçimler öncesi PKK ile ittifak, ideolojisi/anayasası. Atatürk takıntılı AB ile egemenlik takası, işlerine göre gazeteci seçimi, Van fiyaskosu, ABD'nin bölgedeki çemberi vb. daha neler neler...

"Bu tezgâhta ne varsa hepsi defolu ve hormonludur. Tezgâhın altındaki mallar üstte sergilenenden de çoktur. Eşe dosta ve sadık müşterilere yok pahasına verilir. Tezgâhta en son satılan ise, bedelli adı altında yurt savunmasıdır. Vicdani ret ise tezgâh altında bekletilmektedir."

Saldım çayıra tezgâhının ürünleri:

Bu tezgâh ürünleri iki numaradadır. Gözü birinci tezgâhta olup, onun ne yaptığına bakıp aynısını taklit etmektedir. Ne zaman neyi pazarlayacağını bilmediği gibi, kendi ürünlerini dahi kötüleyebilecek kadar beceriksizdir. Satışta tuttukları: "Ben Türk demem, Kürt de demem, toplumsal mutabakat ve PKK'ya genel af, bedelliyi seçim öncesi tezgâha kendi getirir, şimdi de parayla zengine tezkere, fakire askerlik... Bu adalet mi?" der. Yetmez, vicdani ret için kanun teklifi hazırlar, Barzani'nin partisinin kurultayına adamlar gönderir, sonra da, "Barzani konusunda hükümeti uyarmıştık," der.

Dersim'i kendi ortaya atar, şimdi de, bu senin işin der. Terörle ilgili en küçük bir fikri yoktur. Birinci tezgâh ne satıyorsa, almaya hazırdır.

TESEV eğitimle ilgileniyormuş, bu da kurucusuymuş, ne varmış bunda. Biri çıkar, PKK silah bıraksın ordu da bıraksın, der, öbürü Dersim der, bir diğeri vicdani ret için kanun teklifi hazırlar, biz yeniyiz eski ile bağımız yok diyerek kendi misyonlarını reddeder... Saldım çayıra tezgâhının müşterileri, her geçen gün artık başka bir tezgâha gitme zamanı konusunda zihnen sallantı halindedirler...

Ciyak ciyak tezgâhının ürünleri:

Üç numaralı tezgâh pazar yerinde kuruludur, fakat sürekli ciyakladığından tam olarak ne sattığı, kimin için sattığı anlaşılmamıştır...

Emrin olur sultanım tezgâhının ürünleri:

Dört numaralı tezgâhtır. Burada mal satılmaz, şeref ve onur satılır. Ayda bir işletmecileri iktidarın emriyle toplanır, talimat alınır, muhalif olanların işine son verilerek, haberlerin erdemli olması, yazı, söz hakkı ve özgürlüğü katledilir. Bu tezgâh sahiplerinin ülkeleri ve uluslarıyla herhangi bir bağı yoktur.

Dünya yansa bunların duvardaki eski kilimleri bile yanmaz. Her üç tezgâh da bedelli konusunda yurt savunması askerliği; zengine ve asker kaçağına para karşılığı satmada ittifak halindedir. Yok ki birbirinden farkları, çünkü var olan düzenin birer aracından öte bir şey değillerdir...

Memleket pazarının dört tezgâhında müşterek olan şey: Aymazlığın ve şahsi çıkarların kendi arasındaki dayanışmasıdır. Sonunda ülkeyi palamarları çözülmüş tekneye döndürmeyi başarmışlardır. Bu demagoglar yüzünden, koca bir ulusun haysiyeti beş paralık edilmiştir.

Ahırda oturup saray türküsü söylemenin de bir sonu vardır.

KARNE

Türkiye'nin uzun ve kısa vade borçları 240 milyar dolar oldu! İyi. Kamuya ait araç sayısında, Japonya, İngiltere, Almanya ve Fransa'yı 10 kat geçtik! Onlarda bu sayı 9-12 bin araç iken bizde 87.000 taşıt var! İyi. 2B arazilerinin satışında CHP, AKP'nin önüne geçip yasa teklifi hazırladı! İyi. Dersim konusunda şaşkınlığı topaca dönen CHP, "Toprakları geri verin," dedi (ağalara tabi)! İyi. İstiklal Mahkemeleri'nin Birinci Dünya Harbi ve Kurtuluş Savaşı'nda sayıları 36.000'i bulan asker kaçakları için kurulduğundan haberi olmayan bir aymaz da, "Bir de onlar araştırılsın," dedi! İyi. Rusya ve Suriye füze kalkanına karşı kendi füzelerini bize doğru da konuşlandıracaklarını açıkladılar! İyi. İran ilk olarak Türkiye'deki füze kalkanını vuracağını açıkladı! İyi...

PKK, Suriye'deki mevcut rejimi desteklediğini açıklayarak Urfa'nın 4-5 km güneyinde, sınıra yakın bir yerde yeni bir kamp kurdu! İyi...

TOKİ'nin Ankara İncek'te yaptığı süper lüks konutların büyük bir kısmını AKP, CHP, MHP milletvekilleriyle yüksek yargı organı mensupları, eski genelkurmay başkanları ve kuvvet komutanları paylaştı! İyi. Çukurca baskınından sonra operasyon yapılan Kazan Vadisi'nde Türkler hangi silahları kullandı diye AB parlamentosundan yedi kişilik bir heyet üç gün araştırma yaptı! İyi. Ayranları yok içmeye Arap Birliği, Suriye'ye ambargo koymak için toplandı. "Demokrasi var mı yok mu Suriye'de?"

Bu toplantıda belki Arap değil ama, ABD yörüngeli Türkiye Hükümeti'nin dışişleri bakanı da katıldı! İyi... Peki, zayıf kime? Tüm bu olup bitenlere, kimi algı düşüklüğünden kimi sünepelikten kimi ise korkudan bön bön bakan kim varsa, hepsine... Bu konularda toprak mümbit vesselam... 300 milyara yaklaşan dış borca da canınız fazla sıkılmasın. Sonunda yurt savunması da bedelli ve dövizli adı altında satıldıktan sonra, bir umudumuz var mı diye sorarsanız, var! Rusya ve Suriye'nin füzelerini bize çevirmesi ile, İran'ın ilk önce Türkiye'yi vururuz demesi, ekonomik bir çözümdür. Sözlerinde dururlar da ateşlenecekleri füzeler nereleri vurursa, oralardan toplayacağımız tonlarca demir, çelik ve şarapnel parçasını satar, milli bütçenin belini doğrulturuz.

Endişeniz boşuna, ahali çare tükendi sanmasın...

UŞKURU KIRIK DIŞ SİYASET

Tüm televizyon programları ve gazete röportajlarında şunları söyledim:

"Avrupa Birliği sanal bir örgüttür. Geleceği yoktur. Sebebi ise ulusal çıkarlarla çelişir. Napolyon istemiş, bütün Avrupa yumruğunun altında olmasına rağmen, söylediğim nedenle gerçekleşmeyeceğini hemen anlayıp vazgeçmiştir."

"Avrupa demek; Almanya, Fransa ve İngiltere demektir. Diğerleri siyasi, ekonomik ve askeri güç olarak sadece görüntüdür. Bugün İngiltere de tam olarak ve başlı başına Avrupa siyasetine yön veremez."

"Kuzey Atlantik Savunma İşbirliği Antlaşması (NATO) askeri olarak anlam taşımamaktadır. Afganistan'a kadar uzanan kollarıyla, sadece bir ticari örgüttür, çünkü NATO'nun kuruluş amacının bugün muhatabı yoktur."

"AB hiçbir zaman bizi birliğe almayacak. Bazı ülkelerin anayasalarına bile maddeler koydu. Hal böyleyken Türkiye'ye siyasi direktifler yağdırıyor müstemlekeymişiz gibi. Heyetler gönderip denetlemeler yaptırıyor."

Örnekleri uzatmayacağım. İşte AB'nin acıklı hali. İşte egemenliğimden taviz vermem diyen İngiltere ve her şeyin hâkimi ve patronu Almanya. Onun sağlam rüzgârının altına giren Fransa. Diğerleri mi? "Biz ettik, sen etme" derdine düşenler. Bu Avrupa'ydı, gelelim bölgeye. Hemen güneyimizdekiler ve doğumuzdakilere Irak çöktü. 20-30 yıl hiç kimse oradan dirlik ve düzenlik beklemesin. Neler olduğunu herkes görecek.

Suriye didişmesi tam bir fiyasko. Suriye sınır kapılarını bizden önce kapattı. Binlerce tır şoförü isyanda. Irak'tan gidilecekmiş, muhteremin biri açıklıyor: "Hadi götürün, görelim." Rus savaş gemileri Suriye Limanı'na geldi. Rus uçak gemisi de kuzey limanlarından bölgeye gelmek için hareket etti. Suriye'nin Rusya'dan her yıl aldığı savaş donanımının karşılığı 4 milyar dolar! İsrail dalaşı, bırakın şimşek ve yıldırımı, gök gürültüsü bile değil. Yağmur yağacak sananlar ise saf oğlu saflar. BM ve ABD diyeceğini dedi...

İran ve füze kalkanı meselesine gelince, defalarca programlarda söyledim, anlattım. İran birbiri üzerine resmi açıklamalarda bulundu: "Önce Türkiye'deki üssü vuracağız." Kaldı ki bu üs meclisten geçmediği için de, meşruluğu yoktur. İncik boncukla uğraşan muhalefeti sevsinler.

Bedelli ve şikecilikte hükümetle can ciğer olmayı bilir zat-ı gafiller... ABD başkan yardımcısı zat, ABD kongresinde 20 yıl Türkiye aleyhindeki her konunun şaşmaz muhalifi; şirinlikler yaparak görüşmelerde bulunuyor.

"Teröre daha sıkı destek vereceklermiş." Onun derdi şu: ABD son askerlerini çektikten sonra Kuzey Irak Kürt özerk bölgesinin güvenliğine bir lejyon lazım. Neden? Çünkü bu bölgedeki petrol kuyularının büyük kısmını ABD şirketleri işletiyor. Bu kaynaklar için güneydeki suni Araplar, "Bizim de hakkımız var," diye Kürt yönetimini rahat bırakmayacaklar. Türklerin ağzına bir parmak bal sürmek için PKK işini ileri sürüyor.

Aslında istedikleri şu; sanki her şeyin halledileceğini sandıkları anayasa, dağdakilere af, siyaset yapma imkânı vs. gibi gelişmelerde sırasını bekliyor. Rusya ve İran Türkiye'nin enerji ihtiyacının kaçta kaçını karşılıyor? İşler tırmanırsa ve birlikte hareket ederse ki emareleri ortada. Amerika'yı Irak Savaşı'nda desteklemek karşılığı para pazarlıkları ortada olan bu hükümet, Suriye için avucunu yalar. ABD tarihinde içsavaştan bu yana ilk kez halk kararlı bir şekilde sokaklarda...

Satılacak bir şey de kalmadı diye düşünüyorsanız, bunlar mal bulur, işleri bu çünkü. Üst üste gelen zamlar ve dünyanın en pahalı benzinini kullanma, "Yarabbi şükür" muamelesi görüyor, şimdilik. Cari açık aldı başını gitti meselesi de henüz kimseden kıl bile kopartmadı. Klasik bir söz ama yeridir:

"Bu memleket bindi bir alamete, gidiyor kıyamete."

Bir ülkede olup biten her şeyden o ülkede yaşayan her yurttaş, birebir sorumludur.

Bu yoksa, demokrasi boş bir laftır...

ETAP ETAP KIÇTAN KARA

Ne bir insan, ne bir toplum, ne bir hükümet ve de ne bir devlet; kendisinden güçlü, yetenekli, büyük ve hesap soracağını bildiği kimseye meydan okumayı bırakın, yan gözle bile bakmaya cesaret edemez, efelenmeyi göze alamaz... Fransa bunu Türkiye'deki mevcut hükümete göstere göstere yaptı. Yasa bahanedir...

Ermeniler, 1898-1909 yılları arasında Doğu ve Güneydoğu'da 32 kez silahlı isyana kalkıştılar. Birinci Dünya Harbi'nde ise Hınçak ve Taşnak siyasi örgütlerine mensup Ermeniler de alaylar halinde askeri kuruluşlara geçerek Rus orduları ile birlikte Anadolu'ya girip mezalim yaptılar. Rus subayları Erzurum'da olup bitenleri anılarına yazarken utanmışlardır. "Ermeni Meselesi" benim 30 yıl önce hazırladığım kurmaylık tezlerimden biridir. 2004 yılında yayımlanan *Ey Vatan* isimli kitabımın bir bölümünde de yer almıştır... Hayrettir! 2004'te yazdığım bu eserde Avrupa Birliği'nin siyasi ve ekonomik olarak ileride ne hale geleceği, yani bugünü de anlatılmaktadır!

Ama bu metnin amacı, koca ülkenin ne hale düşürüldüğüdür. Türkiye'nin cumhurbaşkanlığı makamında oturan ve gelen 620 küsur kanunu ve kararnameyi yıldırım hızıyla mühürleyen kişi. Fransa cumhurbaşkanını telefonla birkaç kez aramasına rağmen, karşı taraf tenezzül edip muhatap bile almaya lüzum görmüyor. Bu harekette hakir görünen şahıs değil, bir ulus ve devlettir. Sezgisizlik, öngörüsüzlük ve tedbirsizliğin sonu işte budur...

Başka bir garabet de, "Fransızlar Kuzey Afrika'da neler yapmış!" Bırak Afrika'yı; bu Fransızlar, Adana, Urfa, Antep ve Maraş'ı işgal etmediler mi? Fransızlar, buralara Ermeni gönüllüleri askere alarak gelmediler mi? İçerdeki Ermenilerle işbirliği yaparak Kuvâ-yı Milliye ve bu şehirlerimizin halkına karşı savaşmadılar mı? Bu kentler harap olup, halk perişan edilmedi mi? Verdiği örneğe bakın ve hizaya gelin!

Şimdi sıkı durun, neredeyse Fransızların her şeyini almayı reddedecek ve güya Fransa'ya karşı yürütülecek ekonomik tedbirleri açıklayan Recep Tayyip Erdoğan'ın defaatle söylediği sözler, Türkçe değil Fransızca étape, yani bizim dilimizde aşama aşama, adım adım, kademeli olarak demek! Bu söylem, konusu ve muhatap alınan ülke itibariyle su katılmamış bir gaflettir.

Birinci gün söylüyor: "Etap etap uygulayacağız." İkinci gün de söylüyor: "Etap etap..." Yok mu bunu uyaracak aklı başında bir adam? Vah benim memleketim, vah ki ne vah... Ne hallere düşürüldün Türk ulusu!.

Libya'nın çiğnenmesinde ufak tefek çekişmeleriniz olsa da, Batı'nın yağmacılığında can ciğerdiniz. Suriye'nin içişlerine burnunuzu beraber sokuyordunuz. İşte eloğlu, çeker ekmeyi meydanın köşesine kadar, yere kapaklanmadan zor gidersin...

Gelelim ekonomik tedbirlere, çok sürmez ya; Fransa ne kadar kaybederse, Türkiye de en az onun kadar kaybeder. Bunu da biliyorsunuz ama hamamda türkü söyleyin de bu ahali de sizi sanatçı sansın.

Lübnan, Suriye, Irak, İran, ateşleme zinciri gibi tek tek patlıyor. Ne oldu Bağdat'ta? Sağlık Bakanlığı'na saldırı; 69 ölü, 200 yaralı. Hepsi, doğrudan ve dolaylı İsrail'e yarıyor ve olup biten her şey ABD'nin politik stratejisinin bir parçası. ABD de olacak ve olması muhtemel şeyleri kontrol edemeyecek, siz de onunla birlikte çöküp gideceksiniz.

Aymazın biri, "Kürtler ne istiyorsa, hepsini vereceğiz," diyor mecliste ve tek söylemediği şey, "Türkiye Cumhuriyeti topraklarında ikinci bir devlet kurmak." PKK da zaten bütün bunları istemiyor mu?

Bu ülkede 13 milyon vatandaş yoksulluk içinde yaşıyor. Bir kesimin kentlerde yaşayanları ayda 300 lira, kırsalda yaşayanları 200 lira ile hayatlarını sürdürmeye çalışıyor. Aslında sürdürmüyorlar, sürünüyorlar. Hal böyleyken, gece yarısı mecliste ilaçta katılım payı görüşülürken, aniden başka bir pay kapışıldı, iktidar ve cici muhalif milletvekillerinin emeklilik maaşını 7.750 liraya çıkartıverdiler. Vicdanın bittiği yerde ne sözün ne de yazının beş paralık kıymeti yoktur...

Adı yurttaş mı, halk mı, toplum mu, millet mi? Her neyse, cambaza bakmanızı artık kimse yadırgamıyor da, kıçtan karaya oturduk, hâlâ mı "hop da şinanay" halleri? Bugün seyreden, yarın ağlar...

Türkiye gittikçe bir devlet olmaktan çıkıyor...

KÜRESELLEŞME EMPERYALİZMİN EN YÜKSEK AŞAMASIDIR

Her büyük savaşın sonunda, "Eski hataları tekrar etmeyeceğiz," denilmiş, demokrasi gayretleriyle dünyaya şekil verilmek istenmiş ama dünya düzeni hiç değişmemiştir. Düşünüp kurdukları, genel ve bölgesel uluslararası teşkilatlar da kesin, doğru ve adil bir sistem oluşturamamıştır.

Liberal ekonomi, kapitalizm ve emperyalizm temellerine dayandıkça da hiçbir değişiklik yapamazlar. Gene, "Benim oğlum bina okur, döner döner yine okur" düzeni devam edecektir. Yine eski şekiller sürüp gidecek, büyük sermayedar devletler arasındaki zıtlaşmalar kesinleştikçe, bölgesel çıkarlar kendi menfaatlerine ters geldikçe; çatışmalar, siyasi kaoslar ve savaşlar olmaya devam edecektir. Bu ülkelerin dümen suyuna girmiş devletler de onların hesabına karışıklığa ve savaşlara sürükleneceklerdir. Sonuçta büyük sermayedar devletlerin müstemlekesi, hayat sahası ve nüfus alanı olmaktan kurtulamayacaklardır...

Dünyaya hâkim tek bir devlet veya dünyaya hâkim birkaç devlet, diğer ulusların özgürlüklerini, egemenliklerini güvenlik altına alan bir düzen değil, tersine kendi ulusal çıkarları, kendi ekonomik ihtiyaçları için bu ulusları sürekli esarete sürükleyen nizamlar kuracaklardır. Bu ulusların kurtuluşu ancak emperyalizm şartlarının ve sisteminin yıkılmasına bağlıdır.

2011 yılının ikinci yarısında Tunus, Mısır ve Libya'da başlayan; Lübnan, Suriye ve Irak'la devam eden, zaman zaman da kıvılcımları İran'a sıçrayan siyasi ve askeri hareketlerin sebebi yukarıda anlatılanlardır.

Türkiye de, iş başına getirilmiş olan hükümet de emperyalizmin bölgedeki yardımcısı ve aynı zamanda yardakçısıdır. "İlk vuracağımız yer Malatya'daki üs," diyen İran; "Hürmüz Boğazı'nı kapatırım," deyince, ne borsası kaldı, ne menkul kıymetleri ne de dövizi, hepsi tepetaklak! Dışarıdaki küreselciler gibi, içerideki hükümet zevatı da ağız birliği etmişçesine, ki öyle: "Demokrasi gerekirse, onu da biz getiririz" kafasında.

Kafa ki ne kafa, sakatatçıya götür, o bile dükkânına koymaz...

BİR ULUDERE ANALİZİ

Hükümet ve muhalefet karnaval maskaralığı ve maskesi ile ortalıkta dolaşırken, devlet parçalanmaya gidiyor.

Demokratik bir ülkede, "yapılan ve yapılmayan, olan ve olmayan her şeyin tek bir sorumlusu vardır, o da hükümettir." Bu temel ilke ve sorumluluk konusunda, o ülkede yaşayan hiçbir vatandaşın asla ve asla başka bir düşüncesi ve tezi olamaz.

Şırnak'ın Uludere ilçesine bağlı köylerde yaşayan köylü yurttaşların, Irak'tan aldıkları malları Türk sınırına getirmek için hayvanlarla teşkil ettikleri kaçakçı yürüyüş kolunun Türk uçaklarıyla bombalanması sonucu 35 kişinin ölmesi üzerine, herkes iğne deliğinden Hindistan'ı seyrediyor...

Hükümeti bir âlem, muhalefeti âlem oğlu âlem. Bunlar, sanki başka bir galaksiden gelmişler ve Türkiye'de olup bitenler hakkında ahkâm kesiyorlar. "Acemi nalbant devlet harasında öğrenir" sözü bile bunların yanında hiç kalır. Olup bitene yardakçılık ve dalkavukluk yapmak konusunda ise üzerine yok...

Şimdi gelelim işin aslına ve gerçek hayata. İran ve Irak'tan, Cumhuriyet'le birlikte milli sınırların netleştiği günden bu yana, 90 yıldır canlı cansız kaçak mal girişi aralıksız, fasılasız devam eder, mallar ya insan sırtında ya da hayvan sırtında getirilir. Bunun iki sebebi vardır. Birincisi işsizlik ve yoksulluk, ikincisi karşı tarafta 1 lira olan nesnenin bizim tarafta 5 lira olması, yani vergilerdir. Kaçakçılar ile hükümet temsilcileri arasında bu konuda, zımnen bir mutabakat vardır; iki taraf da üç maymunu oynar...

Hakkari ile 220 km, Şırnak'la 120 km toplam 340 km'lik sınırın ötesinden, 28 Aralık 2011 gecesi bizim topraklarımıza doğru yaklaşan belki onlarca başka kaçakçı kolu vardı! Belki 26, belki 20 Aralık'ta, ama kesinlikle vardı. Hücuma Uludere konvoyu maruz kaldı!

PKK kaçakçılardan vergi adı altında haraç alır mı? Alır. Hiç vermeden gidip gelen olabilir mi? Hayır. Başımız belaya girmesin ve bir hır çıkmasın diye bütün kaçakçılar PKK'ya haraç verir; bunun korucusu veya başkası olmaz. Ve kaçakçılık faaliyeti gidiş geliş bir iki günde başlar ve biter; haftaları, 10 günleri almaz...

Kaçakçı konvoyu, PKK'nın sınıra yaklaşmasına benzer mi? Hayır. PKK böyle uzun kollar yapmaz, çünkü bunun ölüm olduğunu bilir, üstelik kullandığı hayvan sayısı bir veya ikiyi geçmez. Eğer iki ise ayrı ayrı istikametleri kullanır. İnsan olarak da baskın noktasına gelinceye kadar 6-8 kişiden fazla insanı bir istikâmette tutmaz.

Gece ve gündüz kara gözetlemesi yapan ve ileri teknoloji yapımı dürbünleri kullananlar, bir konvoyun kaçakçılardan oluştuğunu, yüklerine bakarak anlayamazlar mı? Anlaşılmaması mümkün mü? PKK konvoy yapar mı? Üstelik de topçu ve havan silahlarının menziline girdiğinde!

Bölgeden bölgeye, dönemden döneme değişmekle birlikte, bazen günde 20-30 istihbarat bilgisi gelebilir. MİT'ten, jandarmadan, polisten. Bunların bir kısmı da profesyonelce PKK tarafından maksatlı olarak gönderilir; dikkat dağıtmak, yormak, şaşırtmak veya bir planlı eylemi örtmek amacıyla yapılır. Haber toplamak ve bilgi almaktan çok daha önemli olan istihbaratın değerlendirilmesidir ve bu ameliye en zeki ve en yüksek tecrübeye sahip kişilerce yapılmalıdır.

Kaçakçılar çoğu zaman iki taraf için istihbarat taşıyan elemanlardır. İnsansız hava aracı bir nesnedir. Kameraya alır veya fotoğraf çeker. Bu, teknik bir aletin istihbarat teşkillerine ve elemanlarına bilgi sağlamasıdır. Esas ve en önemli iş ve uzmanlık, asıl bundan sonra yapılan değerlendirmenin isabetli olmasıdır. Anlaşılan o ki bu becerilememiştir.

Kara gözetlemesiyle tespit edilen kaçakçı konvoyuna (ki bu konvoylar yılan gibi, ip gibi uzundur) esas silahların etkisine girmeden, çok uzaktan havan ve top mermisi ile ateş açıldıysa, bu da akıl almaz bir şeydir. Eğer bu kol, PKK koluysa neden yaklaşmaları beklenip pusuya düşürülmeleri planlanmaz, düşünülmez. Dağlık ve kayalık alanda uzaktan atılan topçu ve havan mermisi kime zarar vermiş birkaç tesadüf dışında. Bu nasıl bilinmez? Size zarar vermek istemiyor mu demek istenmiş?

Bundan sonra ne mi olacak? Boş boş, cahilce konuşmalar, abuk sabuk görüşlerle zaman her şeyin üstünü örtecek, eski tas eski hamam, olaylar kendi yazgısına doğru dörtnala devam edecektir.

Kaçakçılar ne yapacaklar diye sorarsanız? Bu da, bu metnin anlaşılmadığını gösterir. Birkaç gün veya birkaç hafta sonra aynen devam edecektir, tabii o da bu bölgedekiler için; diğer bölgelerde kesinlikle, aralıksız devam ediyorlardır.

Uludere kaymakamına gelince o, olup bitenin daha farkında değil; görüntüler tek kelimeyle "vahim". Cumhuriyet'in kuruluşundan bugüne o kadar çok badireler atlatıldı ki, ama hükümetin bir kaymakamına ilk kez bir linç girişiminde bulunuldu. Aslında kaymakam sembol, hareket Türkiye Cumhuriyeti Devleti'nin hükümetinedir.

Hükümet ve muhalefet karnaval maskaralığı ve maskesi ile ortalıkta dolaşırken, devlet parçalanmaya gidiyor...

MASALLARLA ÜLKE YÖNETİLİYOR, AHALİ DE ÇOCUK GİBİ DİNLİYOR

İnsanbilimleriyle uğraşanlar, insanların meraklarının yeteneklerinden önce geldiğini bilir. Erdemli merak; insanın, yurttaşın kendi ülkesinde neler olup bittiğinden haberdar olması ve olup bitenlerin sonunda, nerelere ulaşacağını anlamaya çalışmasıdır.

ABD, Türkiye'de bulunan hükümeti, Suriye üzerine kışkırtırken, Rus savaş gemileri de Suriye kara sularında karakol yapmaya başladı.

İran, önce Malatya'daki füze kalkanı üssünü vuracağını hem siyasetçileri hem de askerleri ağzıyla bağıra bağıra ilan ediyor...

Irak paramparça oldu, bazen günde beş kez bombalanıyor ve yüzlerce kişi hayatını kaybetmeye devam ediyor...

ABD, "Aynı anda iki büyük savaşa giremeyeceğim," diyor, yani bundan sonra tek bir yerde savaşacağını açıklıyor. İki savaş dediği ise Irak ve Afganistan. Şu tek savaşta, sıra hangi ülkede acaba? Peki, savaşları kazanabildi mi? Hayır. Askeri anlamda savaş kazanmak, bir barışı elde etmekle mümkündür. Bırakın barışı, fincancı katırları gibi, girdiği ülkeleri altını üstüne getirip ne düzen ne de dirlik bıraktı.

İran, Hürmüz Boğazı'nı kapatırım deyip, modern füzeleriyle körfezde gövde gösterisi yapınca ne oldu merak ediyor musunuz? ABD başkan yardımcısı telefona sarıldı ve hükümet dışişleri bakanını apar topar İran'a gönderdi; bir ABD heyeti de Dolmabahçe'ye koşturdu. Eee, Amerika böyledir işte, önce destekler, hükümet yapar, sonra da kâhya gibi, ırgatlarını oraya buraya sürer. Bir kısım ahali de bunu, "yüksek ulusal çıkarlarımız uğruna" zanneder.

Fransa büyük elçisi Paris'e geri döndü mü? Döndü. Bir ay bile dayanamadı bu hükümet. Nereye gitti o afra tafralar? Paris'e geri giden elçi efendinin laflarına bakın: "Dönmesi gerekirmiş, çünkü kanunun senatodan geçmemesi için çalışması lazımmış." Diplomasiyle yüzsüzlüğü karıştıran bu zat, devleti temsil ediyor! Fransa bu yasayı şimdi AB ülkelerine genişletiyor, o hâlâ senatoda...

Yetmedi! Cezayir başbakanı açıkladı: "Türkiye'nin Cezayir'in kanından yararlanma hakkı yok, çek elini bizim üzerimizden!"

İşte mevcut hükümetin dış siyasette ülkeyi götürdüğü yer, düşürdüğü haller...

"Silahlı terör örgütü kurmak ve yönetmek" lafı ise artık bu ülkede "tavuk kümesi kurmakla" eşanlama geldi. Söz konusu tanım suikast, kundaklama, bombalama, kitle halinde öldürme, yani bir seri en yüksek şiddet eylemleri icra etmek, bunları yapanlardan oluşan bir teşkilatı da yönetmek demektir. Bu memlekette ise teröristler, lise ve üniversite öğrencileri, işçi protestocuları, sivil meslek örgütleri, belediye başkanları, gazeteciler ve emekli bir genelkurmay başkanı! Bir suç şüphesi varsa ve iddia ediliyorsa elbette soruşturma yapılabilir, elbette dava açılabilir ama "silahlı terör örgütü kurmak ve yönetmekle" itham edilebilirler mi? Yukarıda terörizm sayılanları, hangisi yapmış? Hangi öğrencide, hangi işçide, hangi meslek kuruluşunda silah var? Bütün silahların hepsine zaten sahip olan da herhalde "tüm silahların içinden silah seçerek" örgüt kurmuş demek ki...

Özgürlüğün, vicdanın, dürüstlüğün devletteki adı "adalettir". İnsanlar da devleti "adalet" ve "güvenlik" sağlasın diye kurmuşlardır. Bu ikisi, halk nezdinde değer yitirdiği, şüpheler uyandırdığı, itimadı sarsmaya doğru hızla ilerledikçe, sonucun ne olacağı toplumların tarihinde yazılıdır; yozlaşma, kaos, erime ve yok olma...

Yabancılara toprak satışı 2 hektardan 30 hektara çıkarıldı. Türkiye'den şirket alacak yabancılar için %50 ortak olma zorunluluğu kaldırıldı.

İnsani gelişmişlik sırasında dünyada 92'nci sıradayız. Ortalama eğitim düzeyimiz ise halen orta 1 terkte bulunuyor. Zenginler ve yoksullar arasındaki gelir eşitsizliğinde arada uçurumlar olan memleketler arasındayız. Ekmekte fiyat artmadı! Yok öyle bir şey, kim diyor? Sadece gramaj düşürüldü! "Dünyanın en pahalı benzinini kullanmak" ise artık temcit pilavı...

Türkiye'de siyaset; hükümetiyle, muhalefetiyle tam bir ortaoyunu. Siyaset yapacağım diye ortaya atlayanlar da, sadece çıkarlarını kollayan fırsatçılar...

Siz de seyirci...

TEK KELİMEYLE MUHTEŞEMDİ

Sayın Rauf Denktaş, lise ve üniversite çağlarından itibaren, Kıbrıs'ta Türklük davasının vazgeçilmez savaşçısı, örgütçüsü ve fedaisiydi...

Sadece Kıbrıs Türklerinin değil, mücadeleci kişiliği, kaya gibi azmi, sarsılmaz inancı ve döndürülemez iddiasıyla, Türk ulusunun da moral ve övünç kaynağıydı.

Türkiye'deki hükümetlerin zaman zaman Kıbrıs davasında gösterdikleri gevşeklikler ve becerisizlikler karşısında bile asla Kıbrıs'taki Türk haklarından geri adım atmadı.

Sayın Denktaş'ın cansiparane mücadelesi ve kararlılığı olmasa, bugün Kıbrıs kesinlikle, sınırları belirli iki halktan oluşan, iki ayrı yönetim olarak kalamazdı.

Muhteşem bir hafızası, kıvrak bir zekâsı, müthiş bir ikna kabiliyetine sahipti. Rumların Türk olarak 40 yıl karşılarında görmek istemedikleri tek kişi Sayın Rauf Denktaş'tı, çünkü onunla baş edemeyeceklerini çok iyi bilirlerdi.

1998-2000 yılları arasında ben de Kıbrıs'ta tümen komutanıydım. İki yılda yüzlerce kez karşı karşıya gelip görüşmelerimiz oldu. En son kendilerini 2009'da adadaki ofisinde ziyaret ederek iki saate yakın görüştüm.

Hak ve Eşitlik Partisi henüz birinci yılındaydı. Konu Avrupa Birliği belgelerinde bizim partinin yer almasına geldiğinde, önce güldü ve sonra, "Paşam, ben bu keferelerle 60 yıldır mücadele ediyorum, ciğerlerini bilirim. Başka partilerin değil, sizin onların kovanına çomak sokacağınızı çok iyi bildiklerinden, çıkarına zarar vereceğinizden çekindikleri için böyle yapıyorlar. Onlar ne anasının gözüdür, canlarını sıktığınız ortada," dediler.

Yüksek davanın büyük önderine, Allah'tan rahmet, ailesine ve Türk ulusuna başsağlığı diler, huzurunda saygıyla eğiliriz...

TÜRKİYE'DE SİYASETÇİLER, SADECE ÇIKARLARINI KOLLAYAN BİRER FIRSATÇIDIR

Doğru düşünmemek, dar görüş, yöntemlerin kısırlığı, olaylara açık ve geniş bir zihinle bakıp değerlendirememe, başlangıçta çok önemsiz görünen sorunlar bile, insanın karşısına büyük zorluklar çıkaracaktır. Yaşamda büyük bir şey yapmak isterseniz, zıt bir kuvvetle karşılaşmak sorundasınız. İnsanın en kötü hastalığı bağımlılıktır.

Kararlılık, insanın inandığı şeyi, noktasına virgülüne kadar gerçekleştirmesidir. İnsanın karşısına çıkan engeller kendi sınırları, çelişen fikirleri ve zayıflığından kaynaklanır. İnsanın dünyası kendi aynasıdır. Tohum da harman da kendisidir. Özgürlüğün peşinde koş, korkmayı bırak ve saklanmaktan vazgeç! İrade ve azim olmaksızın düşünceler, duygular, arzular insanın içinde başıboş dolaşan parçacıklardan farksızdır. İnsan saklanamaz...

Özgürlük gerçek mutluluk, cesaret de özgürlük demektir. İyi vatandaş olmadan, adam olunmaz. Günlük heves ve halkın basit çıkarlarına göre siyaset yapmak, rüşvet, adam kayırma, devlet gelirlerinin yağmalanmasına göz yummak, çok yeteneksiz insanların çok önemli mevkilere getirilmesiyle ülke demokratlaşmaz, sadece yozlaşır ve toplumsal dengeler hızla bozulur.

Ülkede olup bitenlere ancak, ölüm kalım meselesi olduğunda değil, şimdi kulak ver. Bir insanın düşünme gücü rehin alındığında veya satın alındığında, o ya bütünlüğünü yitirir, ya az özgür ya da kaçınılmaz nankör olur.

Yozlaşmaya, sömürüye ve adaletsizliğe karşı siyasi mücadelenin içine hevesle dalın. Tarih sizi haklı çıkaracaktır.
Geç kalmak kötüye işarettir...

KALBİNDE YURTSEVERLİK ATEŞİ VE O SEVGİ YOKSA, HER ŞEY BOŞUNADIR. İNSANA BÜYÜK İŞLER YAPTIRAN ODUR

Temsili demokrasilerde, seçilen meclisle halk özgür olduğuna inanmaktadır. Bu vahim bir hatadır. Halk sadece parlamento üyelerini seçerken özgürdür (bu da şüphelidir). Üyeler seçilir seçilmez halk onların uşakları haline gelir ve bir hiç olur. Egemenlik halktan gelir ve halkta kalmalıdır. Ancak bu lafla olmaz. Şartlanmış ve baskının olduğu yerde, bireysel yurttaşlık bilincinin gelişmediği toplumlarda demokrasi, muayyen zamanlarda oy kullanmaya gitmenin ötesinde, sıradan bir sistemdir. Hak aranıp hesap sorulmayan ülkelerde demokrasi sadece fantezidir.

İnsanların çıkarları ve gelenek zoruyla sevgisiz gösterdikleri saygı yüzünden toplum dalkavuk olur ve ülke saygısızlar kalabalığına dönüşür, çünkü sevmeden saygı olmaz. Dalkavuklar ve toplum, sonuçta huysuz yöneticilerin ortaya çıkmasını sağlarlar. Huysuzların ne topluma ne de ülkeye faydası olur...

Bu hayat bir geçittir. Gelecek nesillerin hatıralarında kalacak kadar büyük işler yapmalısınız.

CUMHURİYET KÖTÜ İDARE EDİLMEKTE, İNSANLARA BUĞDAY YERİNE SAMAN SUNUYORLAR

Halk üçe bölündü: Her şeyden yoksun olanlar, bazı şeylerden yoksun olanlar ve her şeye sahip olanlar.
75 milyona dayanan Türkiye'de paranın %90'ı %3,4'ün elinde. 2.700.000 kişi servetin %90'ını elinde tutuyor. Bunlar ABD ve AB ülkelerindeki insanlar düzeyinde bir zenginlikle yaşıyor. Geri kalan büyük kesim yoksul bir Afrika ülkesinden farksız yaşam sürdürüyor. Bu mu ekonomisi büyük ülke? Umut, tek umut, bu gidişatın gidişat olmadığını bilenlerde ve onların çoğalmasında. Şimdi mücadele için doğmuş eylem adamlarına her zamandan daha çok ihtiyaç var.

Öğretilmiş cehaletin temsilcileri şimdi de İstiklal Mahkemeleri konusunda tavuk ayağı gibi eşiniyorlar. Aptallığın ve uşaklığın ilacı olmadığı için, bu kurumla da Cumhuriyet'e sataşmaya çalışıyor, mahkemeleri, sanki Cumhuriyet'te icat edilmiş gibi, cahilliklerini gene kendilerinden farksız olanlara satmaya çalışıyorlar. İstiklal Mahkemeleri şudur: Cumhuriyet'ten 13 yıl önce, Birinci Dünya Savaşı'ndan da önce, 1910'da kuruldu. 14 mahkeme yargılama yaptı. Cumhuriyet döneminde sayıları 3'e indirildi. Kuruluş amacı, asker kaçakları (sayıları 36.000), casusları, bozguncuları, vatana ihanet suçu işleyenleri yargılamaktı. Toplam 55.000 kişi yargılandı. 1352 idam yapıldı. 3000 kişinin idam hükmü yürürlüğe konmadı. 40 kişiye dayak cezası verildi. Mahkeme heyetleri meclisten seçildi. Yargılamalar her zaman halka açıktı. İnfazlar da halka açık meydanlarda yapıldı. Savaş sırasında kuruldular ve devrimler süresince hizmet yaptılar.

Devleti ilk sarsanlar, kendi yıkımlarını da hazırlar. Ruh, korktuğu sürece rahat yüzü görmez.

HERKESTEN KORKAN, HERKESİ VURUR

Ülkede olup bitenlere ve konuşulanlara bakınca ünlü filozoflardan birinin sözü akla geliyor! "Konuşan bir sığırcıksa gülerim, ama bir kartalsa seve seve dinlerim..."

Tırsî ise, dizeleriyle hepsini özetliyor: "Pek iridir karpuzu bizim bostanların, mevsiminde langanın boylu hıyarını görmüşüz." Halk da, hem filozoftan hem de şairden az değildir, bunları tariften: "Vermeyince mabut, ne yapsın kel mamut."

Tüm yaşam devirlerinde her şey insanın tabiatı ile başlar, insanın tabiatıyla biter, çöker ve yok olur: Kelimesi kelimesine yalancılar, metodik salaklar, zihin fukaraları, ruhsal olarak sakatlanmışlar, düzenbazlıkta Deccalı aratmayanlar, şeref ve onuru mezat malı sananlar, nankörlük yapmak için doğanlar, rezil rüsvada ar damarı çatlamadan çıkanlar, bilmediklerini bilmeyen ukalalar, ne duyarsa satan tellallar, emperyalizmin adamları, boyun eğme yetenekleri gelişmişler, ikiyüzlü zamane uşakları, bağımsızlığa kasteden tufeyliler, cahilliğin etkisiyle sağduyusunu kaybedenler her zaman, her coğrafyada, her toplumda var oldular ve olmaya da devam ediyorlar...

Ama doğa o kadar adil ve dürüsttür ki, hemen farklı olanları bunların karşısına koymuştur: Odundan kafaları yarmaya hevesliler, kimsenin muma çeviremeyeceği demir yaradılışlılar, ülkesine saygısızlığa dayanamayanlar, bozguna uğratmayı seven tepelemeciler, bağımsızlığı baş tacı edenler, put kırıcılar ve şövalyeciler, içinde bir volkanın gücü olanlar, kendisini bir dişi kaplanın doğurduğuna inananlar, yol nereye götürürse diyerek gözü kara ileri atılanlar, biz manda mıyız ki, mandacılar bizi yönetsin diyenler bugün de var...

Bir de matematiğe bakalım: Logosu ampul olan bu parti (ki bizim milletin hiçbir değer ve erdemine uymaz) 12 Haziran 2011 seçimlerinde kaç oy aldı? 21 milyon. Kaç kişi oy kullandı? 46 milyon. Kaç kişi oylamaya gitmedi? 8 milyon. Yani bir tarafta küsuratıyla 22 milyon oy, diğer tarafta da 34 milyon yurttaş var. Şunların, sanki bütün ülkenin oyunu almışlar gibi çalımına söylenecek sözler, bu metnin sınırlarına sığmaz...

Buna rağmen söylemleri, tüm faaliyetleri, olup biten her şey, korkularının, kendilerine güvensizliğin daniskası. Bu zihin ve ruh, onları kaçınılmaz sona getirecek, daha çok hata, daha çok despotluk, daha çok sansür, daha çok ABD yardakçılığı bunları tuz buz edecek ve bu söylediklerimi kısa zamanda herkes görecek...

Tek şansları ve en büyük talihleri, karşılarında bunlara el ense çekecek yetenekte bir pehlivan olmayışıdır. Bu, Türk milletinin en azından bu dönemde, talihsizliğidir. Bırakın bir çift sarmayı, tilki kuyruğu gibi zeki bir güreş oyunu bile bunları tepetaklak etmeye yeter de artar. Zeki bir diplomasiyle bunların dayısı ABD ile bağlarının kopartılması işten bile değildir ama nasıl? İşte meclistekiler! Mal ortada...

Demokrasileri tehlikeye ve zayıf duruma düşüren sebep, ona karşı olanların varlığı değildir. Tehlike, kişisel davranışlardaki tutarsızlıklar, kurumlardaki gelgitler, yabancı dış otoritelere ve yönetimde olanlara boyun eğmekten gelmektedir.

Savsaklama ile korkaklık arasında gidip gelenler, çocuklarına onurlu bir gelecek veremezler...

ADAMLAR ÇOK APTALCA ŞEYLER YAPMAK İÇİN BÜYÜK ÇABA HARCIYOR

Görünüşte demokratik olan birçok şeyin yapılması, demokrasinin yıkılmasına yol açabilir. Demokrasi çok gevşeklik ve başıbozukluk yarattıysa bunun sonu tiranlık olur ve köleliğe gider. Bir devlette yozlaşma baş tacı olunca, doğruluğun ve doğru insanların şerefi azalır. Saygısızlık nezaket olur, kargaşalık özgürlük, israf cömertlik ve yüzsüzlük de yiğitlik haline gelir. Paraya ve rüşvete düşkün olanlarla, her dolaba aklı erenler devlet idaresinin kapısına bile yanaştırılmamalıdır.

Yozlaşmış demokrasi çenebazlar, demagoglar ve şaklabanların çokluğu ve bürokrasinin keyfiliği ile anlaşılır. Bürokraside halkın bir ferdine karşı yapılan haksızlık, her yerde ve herkese karşı bir tehdittir. Mahkemeleri siyasi otoriteden bağımsız çalışmayan ve güvenlik tesis edilmeyen yerde devletin varlığı kaygı vericidir. Bir devlette her vatandaş devletin başına gelen her şeyden sorumludur. Yozlaşmış demokrasi, ciddiyetsiz boş insanların sayısını çoğaltır.

İsrail, Lübnan, Suriye, Irak, İran hattında siyasi ve askeri gelişmeler, rüzgârın önüne kattığı bulutları kovalamasından farksızken, Türkiye'de komedi oynanıyor.

19 Mayıs'la uğraş, Gençliğe Hitabe'ye sataş, yobazların Menemen Olayı'na bakan İstiklal Mahkemeleri'ni kendi partisinin kapatma davasına bakan mahkemeye benzet, Uludere rezilliğiyle PKK'ya en üst propaganda imkânı sağla, milletin çocuklarının nasıl yetiştirilmesi gerektiğine burnunu sok, her sıkıştığında

Ergenekon-PKK palavrası at, ABD Büyükelçiliği'ne müstemleke gibi, gidip brifingler verilsin, 5000 silahlı PKK ile baş edemeyip, silahla olmaz aymazlığıyla beş altı kez müzakere yapıp protokoller düzenleyin, sonra da bunu devlet diye soyut bir kavramın üstüne atın, polis, savcı ve MİT işlerini birbirine sokun, gazeteciye sataşın, TV'de konuşana tehditler savurun, seçim döneminde eylem yapılmaması konusunda İmralı'yla anlaşma yapın, anayasaya rağmen kanun çıkarıp (söğüt ağacına bile çıkacak hali yok!) Çankaya'ya çıkmak için şahsi ikbal planları hazırlayın...

Dışarıdan bakılınca, Türkiye'de hükümetin devlet organlarını yönetemediği, yapının çatırdadığı, her şeyin kontrolden çıktığı görülüyor ve bu algı doğru. Memleket rüzgâra bağlı sazlar gibi. On yılda milleti, "onur muhtacı" yaptılar...

Görmek için zekâ gerekmez, bu yolun sonu kaos. Kurnazlık ve cambazlıklarınızın neticeye etkisi olmayacağı gibi, tersine dipsiz kuyuları daha da derinleştirecektir.

Yazgınıza doğru sürükleniyorsunuz, güvendiğiniz dağlara da kar yağacak...

HİÇ KİMSENİN YARINI
DAHA GÜVENCEDE DEĞİL

Güney Kıbrıs Rum Yönetimi ABD ve İsrail şirketleri vasıtasıyla bölgede petrol aramaya başladı. Bu girişimi şimdi Rusya da destekliyor. Hamam türkücülerinin gazelleri nerede kaldı?

NATO genel sekreteri açıkladı: "Füze kalkanının Türkiye'de kurulmasını Türk Hükümeti talep etti", "ABD ve İsrail tatbikat yaptı ve İsrail Hava Kuvvetleri füze atarak, Malatya'daki sistemi test etti." Hani İsrail'e bilgi verilmeyecekti? Hani bu üssün kurulmasını NATO istemişti? Bitmedi! NATO genel sekreteri İzmir'de NATO'nun güçlü bir Kara Kuvvetleri kuracağını da ilan etti.

Neden Malatya? Neden İzmir? Bunlar, Ortadoğu ve Orta Asya'ya doğru yapılacak olan siyasi ve askeri hareketlerin ileri karakolları ve kaçınılmaz savaşlarda ilk vurulacak yerlerdir, yani Türkiye'nin toprakları! Eninde sonunda Rusya ve İran'la kapışılacak, sonunda Çin ve diğerleri de işin içine girecektir. Türkiye fare kapanındaki peynirdir. Kapan hem kuran için hem de peynire gelen için, sonunda tuzaktır.

İstanbul'daki polis müdürlerinin ve savcının görevden alınması, hırsızın ev sahibini suçlu çıkarmaya kalkmasına benzer ve özel kanun çıkarma kurnazlıkları meseleyi daha da batırmaktan öteye gitmeyecektir...

Denizanası misali veya salyangozun salgısı gibi hal, hareket ve laflar şimdilik bunları avutabilir ve saf insanları da inandırabilir ama bütün bunlar sebep olanların yarın yargılanıp cezalandırılmalarının önüne asla geçemeyecektir. Oslo müzakerelerini tam bir teslimiyet, İmralı'dakinin altı sayfalık devleti tehdit eden ve tıpkı yönetir gibi ifadelerle kaleme aldığı ve bürokratların aracılığı ile Kandil'e götürülen elyazılı mektup, geri kalan ömürlerini zindanlarda geçirmesine yetip de artacaktır. Seçim dönemi yapılan eylemlerin durdurulması protokolü neyin nesi? Oslo'da güya bürokratın (hangi millete hizmet ediyorsa!) "Büyük şehirleri patlayıcı depoları haline getirdiniz!" lafı kadar "acizlik ve teslimiyet" olamaz. Bunlar, bu milletin vergileriyle geçimlerini sağlıyor üstelik. Soracaksın bu gafile, buna mani olmak için şimdiye kadar ne yaptınız ve niye bunları polis ve jandarmaya bildirmediniz?" diye. Soruyorum şimdi, siz kime hizmet ediyorsunuz? İstihbarat servislerinin içinde başka istihbarat servislerine hizmet edenler ve başka ülkelere çalışanlar yok mu? Var... Sayıları ise karşıdakinin gücüne bağlı olarak değişir. Arkadan; 14 Temmuz, halk savaşı fitili ve baskınlar, Silvan'dan başlayarak artarak büyüyen ölümler... Çiğnediğiniz anayasa maddeleri bir kenara, Türk Ceza Kanunu'nun "Devletin birliğini bozmak, Devletin egemenliği altında bulunan topraklardan bir kısmını Devlet idaresinden ayırmak amacına yönelik elverişli bir fiil işleyen kimseye ağırlaştırılmış müebbet hapis cezası verilir" şeklindeki 302'nci maddesi bile size yetip de artacaktır...

Emperyalizmin boyunduruğunu giyen ve bundan da kendilerine siyasi ve maddi kazanç sağlayanların ülkeyi düşürdükleri durum ortadadır.

Hayatta en önemli görev, bir duruş edinmektir. Hakkın ve adaletin öldüğü yerde, cesaretle geleceğe sahip olma hakkı vardır; zayıf ve korkak olanlar silinecektir ve bu silinme doğal ve adil bir durumdur.

Karar ver!

KATLİAM

Kutuplardan çöllere kadar her şey doğada uyum içerisindeyken, insanlar düşleri ve gelecekleri yüzünden kendi kendilerini yerler, dünyanın da altını üstünü yiyerek yaşarlar, toprağını, suyunu, havasını, ateşini tüketirler. Yeryüzünde yaşadığı çevreyi harap eden, çirkinleştiren ve geleceğini kendi eliyle yok eden tek canlı türü insandır. Doğanın sonsuz büyüklüğü ve muhteşem yasaları yanında sadece bir kırıntı olan insan, tabiatla ölüm kalım savaşına girmiş, serada beslenen ve yetişen bitkiler gibi, aslını ve sağlığını kaybetme yolunda koşuya çıkmıştır.

Şimdi gelelim çok ciddi, acıklı ve ağlatıcı, yani trajik konuya: Sinop'un Gerze ilçesinde bir termik santral kurulmaya çalışılmaktadır. Şirket Anadolu Grubu'dur. Bu şirket 2008 yılında bir üretim lisansı almış, Danıştay 13'üncü Dairesi hukuka uygun olmadığı ve ÇED raporu almadığı için lisansı iptal etmiştir. Halk, termik santral tüm bölgeyi harap edeceği için arazisini şirkete satmamış tersine, inatla ve dirençle hukuki yetki almadan emri vakiyle sahaya getirilen iş makinelerine ve şirketi kollayan kolluk kuvvetlerine (kime hizmet ediyorlarsa) karşı çıkmıştır. Yasal olarak 21 Aralık 2011'de Çevre ve Şehircilik Bakanlığı'ndan, bu şirkete 3 günlük iş gününde verilmesi gereken ÇED raporu ise bir türlü çıkmamaktadır. Bu tip bürokrat ve şirket işlerinin bu ülkede nasıl döndüğünü bırakın bizi, bütün dünya biliyor (Türkiye dünyadaki 202 ülke içerisinde rüşvet ve yolsuzlukta ilk 5 içerisinde bulunuyor).

Termik santral kurmaya çalışan bu şirket bile bile, göz göre göre katliam yapmak için kime ve neye güveniyor?
1. Santral kurulması düşünülen coğrafya-mevki; Kültür Bakanlığı'nın sit alanıdır.
2. Sinop ve Kastamonu illerinin sahil kesiminde 11.000 çeşit bitki türü vardır ve bunların 3500'ü dünyada sadece bu kesimdedir...
3. Türkiye'de yılda 600.000 ton balık tutulmaktadır ve hamsi ağırlıklı olduğu için bu miktarın 450.000 tonu Sinop Burnu ile Kızılırmak Deltası arasından alınmaktadır.
4. Santral günde 11.500 ton kömür kullanacak, denizden 5 milyon metreküp su çekecek ve bunu soğutmak için tekrar denize verecektir.
5. Sinop'un %68'i ormanlarla kaplıdır ve her 24 saatte milyonlarca partikül bölgeye havadan yağacaktır. Karadeniz'in rüzgârlarının ünü bütün dünya denizcileri tarafından bile çok iyi bilinir. Lodos ve gün doğrusu ile Sinop ve Erfelek, karayelle Gerze, poyraz ve yıldızla Boyabat ilçeleri havadan yağan kükürt yağmurlarıyla karşı karşıya kalıp, orta vadede yaşanamaz hale gelecek ve buralarda sadece ekonomik imkânı olmadığından kaçamayan halk kalacaktır. Turizm ve kültür amaçlı geliş gidişler de artık yapılamayacaktır (benzer santral Zonguldak, Çatalağzı, Işıkveren köyünde de bir süre önce kurulmuş ve faaliyettedir. Halk topraklarını satıp nasıl kaçacağını düşünmektedir. Karadeniz'in halini de merak eden gidip görür. Ben gördüm. Sadece bir duygu yükseliyor insanda, o da acımak).
6. Sinop Burnu ile Kızılırmak arasında 121 saatte tabanı ve denizi sirküle eden bir akıntı mevcut olup, bu doğal döngü denizi temiz tutuyor ve balıklara bol gıda sağlıyor. Termik santralin kurulmasıyla söz konusu iki mevki arasında 10 yılda canlı kalmayacağını doğacılar bilimsel verilerle açıklıyor.
7. Termik santral için sahile inşa edilecek iskelenin kapsayacağı

alan 3 km'ye yakın ve dünyanın birçok yerinden buraya kömür taşıyacak gemilerin günlük tonajı 150.000 tondur. Aynı gün bunların artık ve safraları denize verilmiş olacaktır. Santralin, denizle eski Sinop yolu arasında kirli alan olarak işgal edeceği mekân ise 3000 dönümlük arazidir.
8. Santralin kurulması düşünülen Gerze'nin Yaykıl köyü, Çakıroğlu mevkinin sahil kesiminden itibaren başlayarak suyun derinliklerine doğru devam eden tabanı ise, rengârenk çiniler, eski kültürlere ait ibadet mekânları ve mezarlıklarla kaplıdır.

Kötülük yapmak, korkakça ve kolayca bir iştir...
Aptallığın, hiç ilacı yok!
Ahlak çürümesinin ilk belirtisi, vicdanın kovulmasıdır.

ORTADOĞU YANACAK

Irak üçe bölündü. Bağdat'taki kukla hükümet doğaya aykırı ve yürümeyecek. Kuzeyde Kürtler, ortada Sünni Müslümanlar, güneyde de Şiilerden oluşan siyasi bir yapı teşekkül etti.

Suriye'nin geleceği de aynen Irak gibi üçe bölünmektedir ve bu olacak... Irak'ın orta bölümü, yani Sünni Müslümanlarla Suriye'nin orta bölümündeki Sünni Müslümanların birleştirilmesine çalışılacak.

Güney Irak, yani Şiiler halen İran'ın siyasal etkisi altındadır ve bu zincir; İran, Irak'ın güneyi ile Suriye'nin güneyinden Lübnan'a uzanmaktadır.

Çin, Rusya ve İran'ın ulusal çıkarları her hal ve koşul altında gelgitler yaşasa da, hayati olarak değişmeyecektir. Sırf füze kalkanı projesi bile onları birbirine sıkı sıkıya bağlamaya yeter de artar...

ABD yapma etme dese de İsrail'in İran'a karşı tavrı belli ve esnetilmesi mümkün değil.

Arap ülkelerinin sözüm ona, örgütlerinin de hali tam bir insanlık komedisi, hele demokratlık lafları yok mu? Bunlar tam bir ABD figüranı, ellerinde tuttukları petrol kaynakları dışında zerrece bir güce sahip değiller. Her yere el atan Batı güçlerinin zamanı gelince bunlara dönebileceklerini dahi akıl edebilecek çapta değiller. Ve bir gün, o zaman da gelecek!

Siyasi ve askeri sorunlar, güneyimizi, doğumuzu ve kuzeyimizi sarmış durumda (sanki Batımız çok iyi!). Coğrafya ve jeopolitik olarak ortadayız ve kaçınılmaz bir yerdeyiz. Siyasi, askeri ve sanayi gücümüzü bir an önce patlayacak kazanın sularından haşlanmamak için hazır hale getirmeliyiz.

Kuzey Suriye, Kuzey Irak ve Doğu İran'daki Kürtlerle de, bölgede bir "Birleşik Kürdistan" ortaya çıkaracakları, gündüz güneş, gece de ay kadar aşikâr...

Tüm bunlar bölgedeki her şeyin siyaset ve silah gücüyle altüst olması demektir. Sonuçta yanacak olan bu coğrafyadır ve acısını çekecek olanlar da buralarda yaşayan halktır. Üstelik bunlar Müslüman insanlardır.

Kuzey Irak'taki "kürt oluşumu" yapılandığı coğrafyada bekasını sürdüremeyeceğinden, Batı bunun himaye ve korumasını Türkiye'ye yüklemeye çalışacaktır. Bugünkü hükümet de hamallığı seve seve hamilerine hizmet diye kabul edecektir.

Mezopotamya'nın kuzeyi Anadolu'nun doğal bir uzantısıdır. Tarih boyunca da siyasi, askeri ve ticari zorunluluğu ortadadır. İnsanlık tarihinde 90 yıl zırnık bile değildir. Lozan'da olmadıysa, şimdi sırası gelmiştir. Atatürk'ün Lozan sonrası gerçekleştirmeye çalıştığı ama imkân ve şartlar elvermediğinden mümkün olmayan işin zamanını koşulların yarattığı ortadadır ve bu kaçınılmazdır. Tarihi bilenler bilir ki, İngilizlerin alicengiz oyunlarıyla bölge bizden alınmıştır. Musul ve Kerkük'ün zamanı gelmiştir. Herkesin petrole ihtiyacı var da bizim yok mu? Siz, binlerce mil öteden gelip burnumuzun dibinden petrol çekin, biz de aval aval bakıp dünyanın en pahalı benzinini kullanalım!

Kerkük yönetim merkezi olarak, bölge Diyale Nehri kuzeyinden itibaren Türkiye'ye bağlanmalı, seçilen milletvekilleri de Türkiye Büyük Millet Meclisi'ne girmelidir. Coğrafyamızı ve geleceğimizi başkalarının ulusal çıkarlarına değil, kendi ulusal çıkarlarımıza göre öngörmeli ve düzenlemeliyiz. Bireyin de halkın da onurlu ve cesur yaşamı iki şeye bağlıdır: Karar ve eylem.

İhmal, yalnızca yenilgi getirir!

HEMŞERİM!
CUMHURİYETTE VAZİYET NASIL?

Sorma gitsin. İyi ki ne iyi! Tıpkı dağlar gibi. Dağlarda topu topu iki yön vardır. Biri yukarı, diğeri aşağı doğrudur. Cumhuriyet top oldu baş aşağı gidiyor. Gide gide de gününü görecek. Amerikalılar, Malatya Kürecik'te böğürtlen topluyor. Adamların kendileri söylemeseler, memlekette yaşayan her statü ve sınıfına mensup tüm âdemler "duymadım, görmedim ve haberim yok" aymazlığında. Sanırsın ki ülke boydan boya susak kesilmiş. Savaşa sebep olan budalalıkların haddi hesabı yoktur ve ölümün de kokusu vardır. Malatya Kürecik, hem budalalık hem de ölümün kokusunun yayılmaya başladığı yerdir.

Başkalarının çıkarları için güvenlik arayanlar kendi güvenliklerini kaybederler. Bu arada "ulusal egemenliği" her şeyin üstünde tutan nitelikli ürünler ise artık bu tarlalarda seyrek yetişiyor ve "organik" muamelesi görüyor.

Bu kadar mı? Diğer yaşam alanlarında durum nedir? Cevabı bilinen soruları bana sorma! Gerisi yaranma, yaltaklanma, sürekli ikiyüzlülük oyunu. Saldım çayıra da diyebilirsin...

Cesaret, eğer kendi başına yeterince çılgın değilse, onu çılgınlığa itmek gerekir.

Pazardan, şan alınmaz.

KİM BUNLAR?

Ülkede araştırma yapılmış, ahalinin %62'si mutluymuş! Bu, aynı zamanda keyfi yerinde insanların bu topraklarda halen yaşıyor olduğunu gösterir. Bunlar ne menemse asla bu topraklarda yaşamıyorlar. Başka bir ifadeyle gövdeleri bu memlekette, zihin ve ruhları da neresi olduğu belirsiz, başka bir yerde.

Suriye, Irak, İran ve bunlara bağlı olarak mevcut hükümetin mandacı zihniyeti ile yürüttüğü dış politika sonucu patlayacağı aşikâr olan barut fıçısının içinde olduğunuz için mi mutlusunuz?

Kuzey Irak'taki Kürt oluşumunun bahar aylarından itibaren başlatacağı ve Güneydoğu Anadolu'yu da saracak olan siyasi gelişmelerin ülkeyi daha da karmaşık hale getireceği için mi mutlusunuz?

Yeni anayasa üzerinden ülkenin üniter yapısına kastedecek tarzdaki arayış ve çalışmalar için mi kendinizi keyf içinde hissediyorsunuz?

Mevcut 22 limanın hiçbirinin, madenlerin %54'ünün, bankaların %56'sının bizde olmadığı için mi mutlusunuz?

Dünyada yolsuzluk ve rüşvette 202 ülke içerisinde ilk beşte olduğumuz için mi keyfiniz yerinde?

Ülkede muhalefet yürütebilmek hiçbir kurum ve kişi kalmadığı için mi kendinizi iyi hissediyorsunuz?

PKK ile yürütülen tavizkâr, gizli görüşmeler yapıldığı ve 2011 içerisinde 136 çocuk şehit düştüğü için mi mutlusunuz?

Eksi 20 derecede karakollarda bekleyen çocuklar askerlik yaparken, bedelli yasası çıktığı için mi mutlusunuz?

Andımız, Gençliğe Hitabe, 19 Mayıs törenleri, 4+4+4 diye dayatılan şarlatan eğitim sistemi mi sizi mutlu ediyor?

Büyük bir kısmınızın sağlam bir eğitimi olduğunu ve kazancının da iyi olduğunu sanmıyorum. Geriye neyiniz kaldı sizin? Barınma, beslenme ve üreme mi? O, tek hücrelilerden başlayarak, bütün canlılarda zaten var. Bunun akılla, mantıkla, zekâyla hiçbir ilgisi yok. Diğerleri tüm canlıların doğal, hayattaki soyunu devam ettirme içgüdüsüdür ve hepsi bu kadardır!

İnsan dik durmayı, hiçbir yere yaslanmadan mücadele etmeyi, şeref ve özgürlüğü tehlikeye düştüğünde boyun eğmemeyi, söylenmesi gereken sözden kaçınmadığı, soyulmaya, aldatılmaya, aşağılanma ve kullanılmaya izin vermemeyi beceremezse, böyle bir toplum gelecek kuşaklarını da yemeye başladı demektir.

Çöküş ruhsal olarak başlar. Ruhsal savunma sistemi çöktüğünde bedeni oluşturan sistemi kontrol eden fiziksel savunma sistemi de çöker ve paralel olarak zayıflar. Gerçek güçsüzlük ruhsaldır ve bu durum Türkiye'de en üst seviyelere ulaşmış durumdadır.

Eğer testi temiz değilse, içine boşaltacağınız şey bozulur.

İNSANI VATANSEVERLİK KORUR

Ulusal şeref, ulusal servetin en yüksek değeridir. Gerçek yurtseverlik ve milliyetçilik sadece sınırlar, toprak ve bayrak değildir. Ekonomik bağımsızlıktır.

Emperyalizmin ve kapitalist sistemin gerginleştirdiği dünyada yaklaşmakta olan bir çöküşe karşı koymaya hazır olunmalıdır.

Yarı sömürge olmaktan rahatsızlık duymak, toplumsal ve siyasi konuları sorgulamak şarttır.

Haksızlıklar karşısında eğilenler, haklarıyla birlikte şereflerini de kaybedeceklerdir.

İnsanların ekmekten sonraki tek ihtiyaçları onur ve haysiyettir. Bu duyguların temelinde yatan ise özgür yaşama ihtiyacıdır.

Demokrasilerde oy kullanarak halk, seçilen meclis ve hükümetin fiillerinden sorumludur. Ve hiç kimse, kendisinde müsebbibi sayılan hareketlerden başkasını suçlayamaz. Haftanın salı günleri mecliste yapılan grup toplantılarında sergilenen çadır tiyatrosunun Hacivat ve Karagözleri'nden de şikâyet edemez!

Nereye gittiğini bilmeyen çok uzağa gidemez...

ÇANAKKALE;
RUHUN, ÇELİKLE SINAVA
TABİ TUTULDUĞU TOPRAKLAR

Birinci Dünya Harbi'nde (1914-1918) Doğu Asya hariç, eski ve yeni dünya devletlerinin topraklarında yüzlerce muharebe yapıldı. Hiçbiri Çanakkale Muharebeleri kadar savaşanları şok edip şaşkına çeviremedi. Birinci Dünya Harbi sonunda 20 milyon insan hayatını kaybetti.

İmparatorluklar ve rejimler yıkıldı. Aslında Birinci Dünya Harbi'nin sonuçları, 40 milyon insanın öleceği (1939-1945) İkinci Dünya Harbi'nin sebeplerini de hazırladı.

Çanakkale'ye ilk hücum 18 Mart 1915'te, o tarihe kadar böyle bir birleşik donanma gücü görülmemiş savaş gemileriyle yapıldı. Nusret Mayın Gemisi'nin bir gece önce Boğaz'a döktüğü 18 mayın ve karadan açılan Türk topçu ateşiyle ünlü zırhlıları birer ikişer sulara gömülünce nasıl kaçacaklarını bilemediler. Kara harekâtına bile tenezzül etmeyecek kadar kendilerine güveniyor ve Türk savunmasını küçümsüyorlardı.

Kara harekâtı 25 Nisan 1915'te sabah alacakaranlığı ile başladı ve önce Gelibolu Yarımadası'nın doğrudan burnuna çıkarma yaptılar. Bu hareketleri de hâlâ neyle karşılaşacaklarını bir türlü kavrayamamalarının göstergesiydi. Sonuçta yerden yere, alandan alana sıçrayan ve yarımadanın tamamını saran bir harekât ve muharebe alanına dönüştü.

Çanakkale'ye saldıran Birleşik Avrupa kuvvetlerinin adı: "Akdeniz Seferi Kuvvetleri"ydi. Başkomutan da İngiliz General Ian Hamilton'du.

General Hamilton'ın günlüğünden:

"25 Nisan 1915, askerlere defalarca Türklerin kim olduğu anlatıldı, tekrar olundu. Buradaki muharebenin sonuçlarının tüm harbin sonucu olacağı, Rus dostlarımıza ulaşmamızın şart olduğunu biliyorlar, ayrıca İngiliz İmparatorluğu'nun kaderinin buradaki muharebelere bağlı olduğunu onların kafalarına soktuk."

(Çok değil, bir gün sonra)

"26 Nisan 1915; gece omzum sarsılarak uyandırıldım. Salona girip ovadaki general ve amirallerin yüzlerini görünce buz gibi bir el kalbimi sıkıştırdı. Türklerin nefes aldırmaz süngü hücumlarından maneviyatlarının kırıldığı, çok ağır kayıplar verdikleri, birliklerinin bu kısmının ateş hattını terk edip, dağıldıklarını anlattılar. Amiral Thrsby'a sordum:

"Amiral siz ne düşünüyorsunuz?"

"Birliklerin plajlardan kurtarılması gerekliğini," dedi, ben de, "O zamana kadar Türkler nerede olacaklar" diye sordum. Cevap verdi: "Birliklerimizin tepelerinde!"

"29 Nisan 1915; Bir komutan için en büyük düşman, etrafa korku salan kimsedir. Türkler çok cesur ve görüldükleri yerde dehşetli korku yaratıyorlar. Masal kitaplarında değil ama süngü takmış parıltılar içinde bir uzun insan hattı, 'Allah Allah!' naralarıyla üzerinize koşuyor. Fakat ben onlardan, bazı silah arkadaşlarımın korktuğu kadar korkmuyorum. Zararı yok, karaya çıktık ve ne pahasına olursa olsun, canlı veya ölü bu topraklarda kalacağız."

General Hamilton sonuçta bir komutandı, daha fazlasını yazmaya kalemi gitmedi. Hamilton'ın Çanakkale günlüğü; üzgün, kırgın ve içine kapandığı âleme veda ile son bulmuştur.

Çanakkale'de bulunmuş olan Alman General Hans Kannengiesser'in anılarından:

"Mareşal Liman Von Sanders'in isteği üzerine Enver Paşa'nın emriyle 5'inci Tümen Komutanlığı'na atandım. 5'inci Tümen,

Mustafa Kemal Bey'in komuta ettiği gruba dahildi. 'Yarın taarruz edeceğiz, böyle bir şey olmaz,' diye komutayı bana vermedi. Israr ettim kararından vazgeçiremedim. Emirlere uymadı, kimse de ona itiraz edemedi (...). Mustafa Kemal henüz general değildi. Ne istediğini bilen sakin bir insandı, faaldi ve çevresini etkileyen zeki bir askerdi. Her şeyi, başkalarının fikirlerini ya da yardımını beklemeden başarmasını biliyordu. Gereğince fakat öz konuşurdu. Daima doğruyu söylerdi. Ziyadesiyle sırım gibi yapısına rağmen, kuvvetli görünmüyordu. İnatçı bir enerji kaynağına sahipti ki, bu ona hem kendini hem de birliklerini devamlı ve tam kontrol yeteneği sağlıyordu."

Dönemin ünlü İngiliz gazetecisi Asmet Bartletten:

"Çanakkale Savaşı devler ülkesinde, devler savaşıdır. Savunulan vatanın öz topraklarıdır ve bu toprakları ülkenin öz çocukları olan devler savunmuştur..."

Hiçbir kalem Çanakkale'nin insani duygusunu ünlü Kastamonu Türküsü "Çanakkale içinde aynalı çarşı" kadar anlatamaz:

Çanakkale içinde aynalı çarşı
Ana ben gidiyom düşmana karşı
Of, gençliğim eyvah...
Çanakkale içinde bir uzun selvi
Kimimiz nişanlı kimimiz evli
Of, gençliğim eyvah...
Çanakkale üstünü duman bürüdü
13'üncü fırka (Tümen) harbe yürüdü
Of, gençliğim eyvah...
Çanakkale içinde bir dolu testi
Analar, babalar ümidi kesti
Analar, bacılar mektubu kesti
Of, gençliğim eyvah...

Ruhunuz şad olsun... Hatıralarınız önünde minnet ve şükranla eğiliyoruz...

YAZILAR, (ŞİİRLER) İNSANLARI DÜŞÜNDÜRMEKTEN ÇOK, HAREKETE GEÇMEYE DAVET ETMELİDİR

Belli Değil

Öyle bir açmaza girdi ki vatan,
Uyku belli değil, düş belli değil...
Çöktü üstümüze bir kara duman,
Işık belli değil, loş belli değil!

Ümit Yaşar Oğuzcan

SEN OLMAZSAN, DÜNYA BİR ŞEY KAYBETMEZ

Orman uğuldayacak
Ve kar örtecek,
Güneş doğarken beyaz
Gece yağmuru çisil çisil olacak...
Ayaz kavuracak canlıları
Dağ armudu, yaban elması
Şaşırmayacak çiçek açma zamanını...
Karabatak, fırtına kuşu
Vazgeçmeyecek dalıp çıkmaktan
Deniz dövecek kayalıkları usanmadan
Meşeler sürdürecek üveyiklere ev sahipliğini
Baykuş geceleri gene gamlı ötecek,
Yengeç unutmayacak kayalıklara
Mayıs ziyaretini...
Turnaların son kafilelerinin de
Sonu gelmeyecek...
Çam kozalakları iniş gününü kaçırmayacak,
Serçeler defneleri terk etmeyecek
Karanfil ise hep kokacak...
Bütün bunlardan sonra;
Dersen ki, ne deveyi gördüm
Ne de deveciyi, neme lazım!
Derim ki, gün gene doğacak;
Umursamadan sensizliği!

Yaşam sıradanlaşır, yük ve sefalete düşerse insan, insanlıktan çıkar. Hafif ve değersiz işler ve bedeller, insanı büyütmez küçültür. Bağımsızlığın değeri ise her şeyin üstündedir. İdealist olursan, ömrün uzun, yazgın da iyi olacaktır...

AL BİRİNİ, VUR ÖTEKİNE

Hak ve Eşitlik Partisi, 4 Eylül 2008'de kuruldu. O tarihten itibaren halka gerçekleştirmeyi taahhüt ettiği resmi programından alıntılar:

Hak ve Eşitlik Partisi Resmi Program Kitabı sayfa 19, paragraf 3; "Kalabalık değil, demir bilye gibi ordu reformuna gidilecek, mevcutlar 200-250 bini aşmayacaktır. Askerlik süresi 6-9 ay arasına indirilecek ve tek tip askerlik olacak, hayata yeni atılan gençler arasında eşitlik ve hakkaniyet sağlanacaktır."

CHP buradan aldığı bilgiyi, 3 yıl sonra hem de motamot olarak, parti programlarında olmamasına rağmen (bu husus çok önemli, onaylı resmi programlarında mevcut değil!) 2011 seçimlerinde arlanmadan, sıkılmadan kullandı (hiç değilse ayları değiştir)! AKP ise, profesyonel askerlik, askerlik süresinin indirilmesi diye halen kullanmaya ve hayata geçirmeye devam ediyor.

Hak ve Eşitlik Partisi Resmi Program kitabı sayfa 34, paragraf 3; "Üniversite giriş sınavları ve öğrenci harçları kaldırılacaktır. Dershaneler özel okullara dönüştürülecektir."

AKP'liler bunu açıklayınca CHP'nin başındaki zat-ı muhteremin açıklamasına bakınız: "Hükümet bu projeyi bizden çaldı!"

Bu konu ne AKP'nin ne de CHP'nin resmi programında zaten yok. Bu iki zevat bunu ne zaman söylüyor? 2012 Mart'ının son haftasında!

Tıpatıp ve birebir nereden alarak ve çalarak söylüyorlar,

2008 Eylül'ünde kurulan Hak ve Eşitlik Partisi'nin resmi program kitabından. Cümle yapılarını bile bozmadan!
Türk otomobilini milli kaynaklarla üretme projesi nerede var? Hak ve Eşitlik Partisi'nin Ekonomik Program ve Hedefleri kitabının 32'nci sayfası, 4'üncü paragrafında.
İnsan iki parçadan oluşur, beden ve zihin. İşe yaramaz beden işe yaramaz zihne sebep olur.
Eski kuşaklar Karagöz ve Hacivat'ı gölge oyunu diye, perdenin arkasında birbiri ile dalaşan figürlerden seyrederlerdi. Yeni kuşaklar şanslı, bunları her saat TV'lerin camından canlı izleyebiliyorlar. İzliyorlar da hâlâ Karagöz ve Hacivat'ın aslında kendilerini oynattığını anlayamıyorlar.

Hele önümüzde öyle fırtına ve kasırgalar var ki, biri, "Mücadele ve müzakere," diyerek; öbürü, "Toplumsal mutabakat olsun, her desteği vermeye hazırız," diyor ki, neyin ne olduğunu herkes hep beraber hem görecek hem de yaşayacaktır.
PKK'nın, 1995 yılından bugüne dağ kadrosu, geleni gideni, katılanı, öleni, girişi çıkışı azami 6000 silahlıdır. Bunun 1500 silahlısı bizim topraklarımızda, 4500 kadarı Kuzey Irak kamplarındadır. Bu ne arttı ne de azaldı. Şimdi sıkı durun. Bir milletvekili, son 10 yılda ne oldu diye içişleri bakanına soruyor ve aldığı cevap: 1268 ölü, 24.385 yaralı, (yakalanmış) teslim olan 1389. Yani toplam 27.042 PKK'lı işe yaramaz hale getirilmiş! Buna pes denmez, yuh denir. Hemşerim, senin saf olduğun aşikâr da, koca bir ulusu da böyle görüp, aşağılayamazsın. Nerdeyse 5 kez PKK'nın kadrosu son 10 yılda yok edilmiş! Yapma, etme muhterem, hepimiz din kardeşiyiz...
Hele son günlerde PKK mücadelesinde yeni bir strateji masalı var ki evlere şenlik. ABD mi verdi size bu öğüdü? Askerlerinin, sivillerinin gidiş gelişleri sıklaştı gene bugünlerde...
Hepinizin siyasi sonunu, şimdilik kör topal giden yalvar yakar ekonomisi değil de, Ortadoğu oyunları, Birleşik Kürdistan

kurma politikaları ile Kürt milliyetçiliğinin şahlanmış şovenizmi getirecek.

İnsanın ekmekten sonraki ihtiyacı huzurdur. Bu topraklarda her geçen gün güvenlik nerede ise, ekmeğin bulunduğu çizgiye geliyor ve geçmek üzere. Sorumlusu kim ve kimler? Parlamentodaki partiler! Gidişatı ters çevirebilecek bir çap ve yeteneğe sahip olmadıkları için her geçen gün de bataklık gittikçe derinleşiyor...

Hepsi boş, hepsi bir, hepsi geçmiş!

ÖZGÜRLÜK VE CESARET

İnsanların kaybettikleri her şey korkaklıkları yüzündendir. Siyasal birliğin bozulması devleti yok eder, sebebi hükümetin zayıflığıdır. Devlet özgür insanların birliğidir. Özgür insanlardan oluşan bir nüfus ve iyi gelir düzeni kurulmadan devlet sağlıklı sayılmaz, adalet olmadan da yönetilmez. Adalet ulusal yaşamı korur. Devlette "yüksek yürütücü sınıfın" hem siyasette hem de bürokraside konuşlanma ve yer tutmasının önünün kesilmesi şarttır. Bunlara engel olacak tek husus, özgür bireylerin örgütlenerek "hak" araması ve hesap sormasıdır. "Bir millet ne zaman durur?" sorusunun cevabı ise: "Bireyselliğini kaybettiği zaman"dır.

Ulusun serveti, gücünün bir parçasıdır. Servet eşitliği, hırsızlığı sona erdirmez ama meydanın da kendilerine bırakılmayacağını bildirmek gerekir. Kendi işini başkalarından beklemeye alışmış insanlardan oluşan millet ile kendi işini kendi görmeye alışmış insanlardan oluşan millet arasındaki fark özgürlüktür. Bireyselliği çökerten, ezen her şey istibdattır. Özgürlük bireysel gelişmeyi sağladığı gibi, bireysel mutluluğu da sağlayan temel güçtür. Toplumsal mutluluk bireyin mutluluğuna bağlıdır.

Yozlaşmış demokrasi; çenebazlar, demagoglar ve şaklabanların çokluğu ve bürokrasinin keyfiliği ile anlaşılır, tıpkı Türkiye'de olduğu gibi.

74 milyonluk ülkenin eğitim seviyesi ortalamasının 6 yıl olduğu, 13 milyonun sefil yaşadığı, bankalardaki mevduatın

%80'inin nüfusun %8'ine ait olduğu bir memlekette, bu işleri, mevcut düzen partilerinin düzelteceğini sananların da alnını karışlarım.

Etrafı ve içi yanan ülkenin nerelere doğru sürüklendiği meselesine gelince, nelerle karşılaşacağını görmeyenlere söylenebilecek tek bir söz bile nafiledir.

Bir şey yapmayanlar, yapamadıkları için çok konuşurlar. Sözcükler çok ucuzdur. Erdemli yaşam, cesaret ve sürate dayalı eylemdir.

İnsanların kaybettikleri her şey korkaklıkları yüzündendir.

TÜRK ULUSU
İKİ TUZAKLA YÜZ YÜZESİN

Kimlik siyasetinin araçları olarak, dinsel siyaset bağlamında İslamcı siyaset (AKP) ile etnik kimlik siyaset bağlamında Kürt etnikçiliği (PKK ve BDP) Türkiye'yi toplumsal ve siyasal bütünlük bakımından savurup dağıtacak ölçüde oldukça mesafe aldılar. Mevcut düzen partileriyle bunun önü kesilebilir mi? Hayır, çünkü işlerin bu raddelere gelirken kat edilen yolda zaten hepsi siyaset yapmadılar mı? Sonuç ortada. Meclistekiler maaşlarının artışlarında, dil kursuna gidecek milletvekillerine devletten para verilmesinde, yurtdışında tedavi görecek yedi sülalelerinin sağlık harcamalarının karşılanmasında, 23.000 liraya kadar telefon masraflarının halkın vergilerinden ödenmesinde hepsi ham hum şaralop. Bu arada meclis lokantasına zam geldi, çorba 50 kuruştan 1 liraya, etli yemek 1 liradan 2 liraya çıktı. Her kim yaptıysa çok ayıp etmiş; böyle hukuk, böyle demokrasi, böyle hak ve özgürlük mü olur, muhteremlerin hane bütçesi altüst oldu!

Bireyin insan olarak doğması kendi elinde mi? Değil. Doğduktan sonra da bir şekilde beslenme, barınma, üreme gibi ihtiyaçlarını gidererek yaşayabilir ve sonunda hayattan atılır. Demek ki, bu çok matah bir şey değil, her canlının sıradan içgüdüsü. İnsanı kıymetli yapan yurttaş ve özgür bir şahıs olarak yaşayabilmesidir. Yurttaş olmanın birinci şartı, ülkesinde olup biten her şeyden sorumlu olduğunu bilmesidir. Bireyselliğin tek bir niteliği vardır, o da özgür olmak, haklarına sahip çıkmak, yeri geldiğinde de hesap sormasını bilmektir. Uyuşuk, sünepe, korkak bireylerden meydana gelen, sadece şikâyet edip, olup bitenleri pencere gerisinden seyreden, cahilce "beni sokmayan yılan bin yaşasın" gibi ahmakça sözlerle ülkesine ve dünyaya bakanların ne kendi hayatlarına ne de gelecek kuşaklara beş paralık faydası olmadı ve bundan sonra da olmayacaktır.

Şu bir haftada dışarıda ve içeride olanlardan etkilenmeyen ve bütün bunlara dayanabilen birey veya toplum kesinkes noksandır, eksiktir ve sorunludur. Nedir bunlar? Güney Kore'de ABD başkanının Türk dışişleri bakanını kedi çağırır gibi "pışşş pışşş" işareti ile çağırması, İran cumhurbaşkanının, başbakanı sırf haddini bildirmek için akşamki randevusunu ertesi gün öğlen saatlerine (çocukların bile inanmayacağı hastalık bahanesiyle) atması. Bunu neden mi yaptı? Çünkü bizimkinin kâhyasından aldığı talimatları kendisine ulaştırmak için görevlendirildiğini biliyor. Suriye dostları toplantısına İstanbul'un alet edilmesi ise tam bir aymazlık. Bunlar Suriye dostları falan değil.

Suriye'nin çakal ve akbabaları. Suriye'de bir rejim var ve onun karşısında bölük pörçük direnişçiler mevcut. Suriye'de demokrasi ve insan haklarının takipçilerine bak ve hizaya gel! Şeyhler, emirlikler, krallıklar, Körfez ülkeleri... Bunların ayranı var mı içmeye? Şu demokrasi işine ilk girişilecek yerler buralar değil mi? Siz muhalif adı altında karaborsadan silah almaları için 300 milyon dolar verin onlara, sonra da insanlar öldürülüyor diye şarlatanlık yapın. İnsanların ölümüne sebep olan sizsiniz, siz! Irak yıkıldı. Suriye ve İran kaldı direnen, sıra onlarda değil mi? Sonrasını mı merak ediyorsunuz? Türkiye'den koparılacak Güneydoğu'yu da içine alacak. Kuzey Irak, Kuzey Suriye, Kuzeydoğu İran ile birlikte gelen Birleşik Kürdistan. Kâhya istiyor, bölgedeki her seviyedeki yanaşma ve beslemeler ne yapsın? Efendilerinin ihtiyaçlarını giderecekler...

Afganistan'da neden bulunduğumuzu, mandacı, teslimiyetçi ve kuş beyniyle doğru orantılı açıklamalarda bulunan çaresizlere ne demeli?

ABD Büyük elçisi, "Şu İran'dan petrol alımını %20 azaltın," dedi. 24 saat geçmeden yaptılar. Canım, kâhyanın elçisinin de bir itibarı olmalı, yapmamak olur mu? Adam müstemleke valisi. Vali der de yanaşma yapmamazlık edebilir mi? Haşa! Ne demek, emriniz olur...

Şimdi biraz gevşediler, gene kâhyadan direktif aldıkları için. Bir ara "Suriye ile savaş havası estirdiler". Bakıyorum, askerler bile "ne vazife verilirse hazırız!" gibi tavırlar aldılar. Sakına sakın aymazlar korosu, savaş nasıl bir şey aklınız ermiyor, değil mi? Bir Türk çocuğunun bile hayatı emperyalizme hizmet edeceğiz diye asla riske edilmez. Savaşın evrensel tariflerinden biri şöyledir: "Savaş onu tanımayan birtakım aptal politikacıların, bu işin kolay olacağını zannetmesiyle başlar ve gençlerinin sayısının azalmasıyla beraber ekonomisinin çökmesi, sonunda da maddi ve manevi tükenmeyle son bulur."

Muhteremlerden bir ihtişamlı açıklama daha: "NATO üyesi olmayan hiçbir ülkeye radar sisteminden elde edilen bilgi (Füze kalkanı) verilmeyecek!" Niye yalan konuşuyorsunuz? Neden dürüst adam değilsiniz siz? Daha önceki yazılarımda da belirtmiştim. Hemşerim sen saf, kavraması düşük olabilirsin. Nasıl olup da sen bu milletin çocuklarını da kendi çapın kadar görebiliyorsun? Üç hafta önce ABD ve İsrail uçakları müşterek bir tatbikat yaparak bu radarların verimliliğini denemediler mi? Bu bir, ikincisi NATO'nun şimdi 25-26'lara çıkan devletlerin en az yarısından bu bilgiyi İsrail'in alacağını bilmiyor musun? Kaldı ki ABD ile İsrail bu bilgileri aynı anda alacak, patron da zaten ABD değil mi? Bilgi verildiği tespit edilirse kapatırmışız! Benim bu derece yüzsüzlere, terbiyemi muhafaza ederek söyleyebileceğim bir sözüm yok...

Öğretmene, işçilere, öğrencilere, sivil toplum örgütlerine reva görülen muamele ve yeni eğitim düzeni, 2B orman arazilerinin satılması, akıl almaz zamlar gibi kepazelikler ise cabası. Neymiş bunlar tarih yazmışlar! Tarih kim, siz kimsiniz? Tarih sizin tozunuzu atacak, tabii kalırsa...

Ha, şu PKK'ya en büyük propaganda sağlayan "Uludere hava hücumu ne oldu?" Meclis muhteremlerinden oluşan inceleme komisyonu hâlâ araştırıyor mu? Vah benim evlatlarım, topaç gibi yanıp dönerek, işi yokuşa sürerek, zaman kazanmaya çalışarak, isimlerinizi rezil rüsva etmeyin. Çıkın doğruyu söyleyin. "Ahmakça bir değerlendirmeyi askerler yaptı, hükümet de vurun," dedi. Hadi evladım! Açıklayın, korkmayın.

Zira en kolay kirletilen sayfa, temiz olandır...

Bu ülkenin gelecekte yüz yüze kalacağı durumlar ve doğuracağı sonuçlar sizin yazgınız olacaktır...

SOSYAL VE POLİTİK DÜZEN ÇÜRÜMÜŞTÜR

Bir ülke yarı köle, yarı özgür insanlardan oluşursa, sürekli yaşayamaz. Ve bir ülke, en fakir kişisi kadar fakir ve halkının en okumamış insanı kadar cahildir.

Bu kadar maskaralık yeter!
En nihayetinde sırası geldi, İstanbul köprülerini ve tüm otoyollarını da satıyorlar. Gayrimenkul satmalar da zıvanadan çıktığı için, 40-50 yıl sonra İstanbul nüfusunun 1/3'ü Arap olursa kimse şaşırmasın...

Cezaevlerindeki tutuklu ve hükümlü sayısı da bu muhteremlerin hükümetleri döneminde %120 arttığı için, şimdi de "denetimli serbestlik" adı altında mahkûmlardan şartları uygun olanları dışarı bırakacaklar. Akılları, fikirleri para pul ve onun nasıl yapıp edip de keselerine gireceğini hesaplamak olduğu için, serbest bırakmak yeni hapishaneler yapmaktan daha kârlı geliyor bunlara...

Köprüler çöküyor, barajlar devriliyor, maden ocakları yıkılıyor, cinayetlerin sonunun geleceği yok, intiharlar birbirini takip ediyor. Fakirler artık fakir bile değil, tam tabiri ile sefillik içinde yaşam sürdürürken, hâlâ kırmızı halılarla bakan karşılıyor ve lüks hayat sürüyorlar. Huber Köşkçü ve Dolmabahçeci her hafta sonu bir resmi bahaneye hafta sonu, "İstanbul hayatlarında" yaşam sürdürüyor.

EN BÜYÜK FAKİRLİK AHMAKLIKTIR

Ortadoğu kâhyası ABD'nin bölgedeki yanaşması Türkiye'deki hükümet, "Vay, sınır ihlali oldu, gereği yapılacaktır," meydan okumalarına kalkışıyor. Bu kaçıncı sizin böyle hamamda türkü söyleyip, somun pehlivanları gibi kötü peşrevle, kuru sıkılarınız. Bırakın bu andavallıkları da şunlara bir bakın: Sizin, sınır ihlali dediğiniz şey karşı topraklardan atılan mermilerin bazılarının yön olarak, zorunlu şekilde bizim topraklara gelmesi, fiili bir giriş var mı? Yok. Pekiyi, sizin iktidar olduğunuz şu 10 yılda Türkiye-Irak sınırı yol geçen hanı gibi değil mi? Süzekten farkı var mı? Mangalar, gruplar, timler, takımlar halinde PKK'lılar sürüler gibi içeriye girmediler mi? Sayısız karakol, üs, devriye, kışla unsuru, mevzi, konvoy basarak binlerce insanımızı öldürmediler mi? (Bugünlerde yavaş yavaş, gene Kuzey Irak'tan geçişler başlamak üzeredir.) PKK'nın nerede ise bir yıl önce kaçırdığı askerler, polis ve kaymakamı neden bulamıyorsunuz? İsrail, bir onbaşısı için dünyayı nasıl ayağa kaldırıyor ve istediği sonucu alıyor? Siz ne yaptınız? Ve PKK propaganda yaparak onların görüntülerini yayınlıyor. Devlet yönetmek önce haysiyet, sonra şeref ister. Bir sürü ahmağın salak balıklar gibi daldığı, "müzakere + mücadele" yeni stratejiymiş, sevsinler sizi...

Barzani, ABD'de dünyaya açık basın toplantısı yapıyor, lafa bak süngü tak: "Türkiye ile PKK ateşkes yaparlarsa, biz de her ikisine katkı sağlarız." İşte Türkiye Cumhuriyeti Devleti'nin onuru. Bu konuşmayı ABD başkanı da hayranlıkla izliyor...

"Iğdır'dan Hatay-İskenderun'a kadar olan Türkiye'nin toprakları Kürdistan toprağı olacak," diyen aymaza ve ona bu cesareti verenlere ne demeli?

46 milyon oy kullanma hakkı olanlardan sadece 21 milyonun oyunu alıp da çoğunluğu temsil ediyoruz palavrasıyla bakalım daha ne kadar caka satacaksın? Şantaj, baskı ve tehditle zaten ortalıkta medya, yazar ve çizer de bırakmayıp boğdunuz. Geri kalanlar da ne şiş yansın ne de kebapçı. Ahalinin uyuşmuş bölümü zaten sersem gibi. Duyarlı, ulus ve vatan sevgisi olanların da öfkesi burnunda. Sonuçta rejim zorlanıyor, halk ikiye bölündü. Bu işin sonunun nereye varacağını merak edenlere söyleyeyim: Bu parti hükümetten düşecek, bunu çok uzun sürmeyecek olan olaylar ve koşullar sağlayacak. Bu derece gergin yaya kiriş dayanmaz. Doğa yasaları hükmünü yerine getirecektir. Gidişatın bir sonraki aşaması ise davalar, davalar, davalardır... İkide bir, "Kefenimiz sırtımızda," deyip durmaları boşuna değil, malum oluyor!

Mevcut düzen partileri ve bunların başındaki klasik zevatla bütün bu işlerin düzeleceğini sananlara da söylenecek söz şudur: Ya çok safsınız ya da bu sistemin bir parçasısınız. Boş söz ne ise, boş hayal de odur, sizi avutur...

Bir ülke yarı köle, yarı özgür insanlardan oluşursa, sürekli yaşayamaz. Ve bir ülke, en fakir kişisi kadar fakir ve halkının en okumamış insanı kadar cahildir.

Su yatağını bulur...

DEMOKRASİ Mİ,
HANİ NEREDE?

Ne kadar demokrat bir ülkede yaşıyorum? Kendim de demokrat mıyım? Özgürlüğü en yüce erdem olarak kabul ediyor muyum? İşte sınavı:
İfade özgürlüğü, karşı koyma özgürlüğü, dönemin hükümetini eleştirme özgürlüğü var mı?
Halkın onaylamadığı bir hükümeti görevden alma hakkı var mı ve iradesini gerçekleştirecek iyi yasalarla yollar açık mı?
Yürütmenin (hükümetin) şiddetinden, linç tehdidinden ve herhangi bir siyasi partiye bağlı herhangi bir kuruluşun tehdidinden uzak hukuk mahkemeleri var mı?
Bu mahkemeler, insan zihninde ahlak ve adaletin geniş ilkeleriyle özdeşleşen açık ve iyi düzenlenmiş kanunları uyguluyor mu?
Hem zengin hem fakir için, hem hükümet hem görevliler hem de özel kişiler için tarafsızlık söz konusu mu?
Kişinin hakları, devlete karşı görevlerine bağlı olarak açıklanıyor ve yüceltiliyor mu?
Ailesini geçindirmek için her gün zorluklarla ve mücadeleyle para kazanan sıradan vatandaşlar sosyal güvence altına alınmış, kendilerini huzur içinde hissediyorlar mı?
Bu sayılanlar tamamsa, o ülkede demokrasi iyi temellere oturtulmuş demektir. Bunlar yoksa, o ülkenin halkı çamurda çember çevirme oynuyordur.
Siyaset mahkeme salonuna girerse, adalet arka kapıdan çıkar...

Davetiye:

AKP çadır tiyatrosunun sahneye koyduğu, "Güvenlik Oyunu"nun son bölümünde gösterime giren perdenin içeriği: "10 yıldır dalgalar halinde Kuzey Irak'tan Türk topraklarına girip binlerce gencimizi katleden PKK'lılar için trene bakar gibi bakan muhteremlerin, Suriye tarafında, arazimize seken ve düşen bir avuç mermi için, 'NATO'nun 5'inci maddesine istinaden, topraklarımız tehlikede' diye yardım talebidir!"

Giriş ücretsizdir. Kasaba eşraf ve ahalisi 7'den 70'e davetlidir...

NOT: Herhangi bir nedenle gelemeyip oyunu kaçıran vatandaşlarımız asla yeise kapılmasın. Bu çadır tiyatrosu, tüm yaşam alanlarında sizleri bu ve benzeri oyunlarla uyutmayı, avutmayı kendine hizmet kabul eder ve iftiharla sunar. Maşallah sayenizde de kapalı gişe oynar...

BOYUN EĞİŞİN MÜKÂFATI ESARETTİR

Halkın idarede söz ve hak sahibi olduğu demokrasi yolu, kolay olmadığı için, zor göze alınan bir yoldur. Bu yol, çok sayıda insana en çok sorumluluk yükleyen güzergâhtır. Başarısızlıklar, sapmalar olmaktadır ve olacaktır da. Demokrasilerdeki özgürlük, insandaki baskı altından kurtulma, hak arama ve fırsat kollama gibi duygu ve davranışları ortaya çıkararak bir yaşama biçimine dönüştürecektir. Demokrasi için en büyük tehlike kötü yasalarla onu "bir sayı sisteminden başka bir şey olmadığı" şekline dönüştürmektir. Bu durumda ellerine geçirdikleri araçlarla sansür uygulayarak, iletişim ve reklam yoluyla düşünce ve fikir hareketlerini yönlendirerek, sözde halkın isteğine dayanan totaliter hükümetler ortaya çıkar. Demokrasi eninde sonunda ya sürüp gidecek ya da onu ne pahasına olursa olsun sürdürmeye çalışan inançla birlikte çöküp gidecektir. Demokrasi evde başlar ve ancak yüksek nitelikli yurttaşlık bilinciyle ve gerçek değerleriyle yaşatılabilir. Demokrasi demek, erdemli insan demektir. Ayrıca demokrasi sarp ve dikenli bir yoldur, emek ve fedakârlık gerektirir.

Demokrasinin halkoyuna ve halk duygusuna bağlı olduğu yolundaki beylik söz; tatbikatta hiç de böyle değildir. İnsanlar genel olarak inanmak istedikleri şeylere inanırlar. Bilinmeyenden, yenilikten ve değişmekten korkarlar. Demokrasinin serbest söz, serbest basın, serbest toplantıya olan inancı, demokrasiye açıklık kazandıran nedenlerden biridir, çünkü rejim karşıtları başa geçtiler mi, bu özgürlükleri hiçe sayan da yine onlar olacaktır. Para pulla desteklenen bu kimseler, yıkıp çökertme işine durmadan devam edeceklerdir.

Her devirde olduğu gibi, halka cahil ve kandırılabilinir yığınlar muamelesi yapmaya devam eden siyasiler olacaktır. Tavır koyamayan toplumlarda bu tutum olağan bir hal alacaktır. Acaba insanlar özgürlüğü kendilerine dert etmişler midir? Siyasi tarih ve devrimler tarihinin süreleri ile, tüm insanlık devirlerinin içerisindeki yerine bakıldığında çok çabaladıklarını söylemek zordur. Net olan şey ise şudur: Hiçbir coğrafyada toplumun tamamının katılımıyla yapılan siyasal bir hareket veya devrim yoktur.

Hareketin çapı ne kadar büyük olursa olsun, katılanların en yüksek oranı %30'dur. %70 her zaman bekler, sular durulunca da kazananın yanında yer alır.

Bütün şerefli işler, başlangıçta imkânsız görünür...

BİLİNÇLİ YURTTAŞ OLUNMADAN, İYİ CUMHURİYET OLUNMAZ

Devlet çoğunluğun yararını temsil eden bir teşkilat değil, hukuk düzenleyen, adaleti sağlayan ahlaki bir varlıktır. Devletlerde üç klasik yönetim biçimi vardır: monarşi, aristokrasi ve demokrasi. Demokraside rejim, bir çoğunluğun uranlığına dönüşmemelidir. Her üç klasik rejimin de yozlaşarak oligarşiye ve demagojiye dönüşme tehlikesi vardır. Bunun panzehiri bireyin toplumdan ve siyasi düzenden bağımsız olarak hareket edebilme özgürlüğüne sahip olmasıdır. Bir devletin değeri, onu oluşturan bireylerin değerine eşittir. Ekonomi gibi eğitim düzeyinin de artırılması şarttır.

Birey devletin temelidir. Toplumun önemi ve kıymeti tek tek bireylerin değeri ile anlaşılır. Toplumsal gelişme bireysel gelişmeyle olur. Bireyleri gelişmemiş bir toplum medeniyet ortaya koyamaz, doğru bir rejim de tesis edemez. Devletin amacı; insanlara hükmetmek, onları korkutmak, baskı altında tutmak, onları başkalarının arzularına tabi kılmak değildir. Devlet içinde boşluklar ve düzensizlikler doğarsa, insanlar için en büyük servet olan toplum güveni sarsılır.

Devlet hayatının esası egemen güçtür. Yasama ve yargı devletin kalbi, yürütme (hükümet) bütün uzuvları hareket ettiren beyindir. Beyin felce uğrayabilir, insan yine de yaşar ama kalp durunca canlı varlık ölür, hayattan atılır. Devlete sağlamlık vermek için, uçlardaki dereceler mümkün olduğu kadar birbirlerine yaklaştırılmalıdır. Ne çok zenginlere müsaade edilmeli ne de dilenecek dereceye gelmiş yoksullara. Her iki durum meydana geliş bakımından birbirine bağlıdır; her ikisi de aynı derecede kamunun zararınadır. Birinden baskı yönetimlerini teşvik edenler çıkar, öbüründen baskı yönetimini kuranların kendisi. Halkın özgürlüğünün ticareti bu iki grup arasında yapılır. Biri özgürlüğü satar, öbürü ise satın alır. Hiçbir yurttaş ne başkasını satın alabilecek kadar zengin olmalı ne de kendisini satabilecek kadar yoksul. Bu hal eninde sonunda ekonomik ve sosyal patlamayla son bulur, yani devletin erimesiyle yüz yüze kalınır.

En iyi devlet bir ütopyadır. Zayıf olan devletler, kararlarında her zaman kuşkuludur. Çözümlerde hep geç kalır ve çözümleri her zaman kötüdür. Dünyanın her yerinde, rejimlerin ismi ne olursa olsun hâkim kuvvetler vardır. Çok zenginler, çok yoksullar ve orta halliler.

Birinciler büyük çapta suç işler ve baskı oluşturur. İkinciler küçük şeylerde dalkavukluk ve kötülük yaparlar. Devlet olabildiğince benzer ve eşit insanlardan oluşmayı amaçlamalıdır. Orta sınıf istikrar demektir. Demokrasi orta sınıfla olur. Tam eşitlik "hepsine hepsi" ilkesi ile gerçekleşebilir. Eşitsizlik de bir çeşit adaletsizlik olduğu için her zaman hoşnutsuzluk nedenidir. Aşırı yolsuzluklar ise demokrasiyi hızla yozlaştırarak başıbozukluğa sürükler.

Sağlam bir devletin bir ağacın gövdesi gibi kendine özgü kökleri vardır. Ülkeyi aşı yaparmış gibi bir başka devletin siyasi çıkar ve oyunlarına bağlamak, onu manevi kişiliğinden yoksun bırakmak ve bir eşya düzeyine indirmektir.

Başkalarının kılavuzluğuna başvurma.

Aklını, kullanma cesaretini göster...

LİDER VE TOPLUM

Hem yoksul, hem özgür olmak imkânsız olan tek şeydir...
Milletler, tüm medeniyetler ve büyük faaliyetler, kendi liderleriyle ve kurumlarına öncülük eden eylem adamlarıyla birlikte ya gelişir büyürler ya da hastalanıp ölürler. Gerçek lider kaptan gibi; havayı, mevsimleri, göğü, yıldızları, rüzgârları, seyrettiği suyun taban tabiatını bilen ve gemiyi bunlarla yürüten adamdır. Kaptan nasıl sadece bir gemici değilse, lider de bir idareci değildir. Lider çıkıncaya kadar gemi içindekilerle beraber, alabora olma tehlikesinin eşiğinde ilerlemeye uğraşır.

Her şeyin barış ve sükûnet içinde olduğu, toplumsal dengelerin yerli yerinde ve uyum içinde bulunduğu dönemlerde liderin varlığı veya yokluğu fark edilmez. Toplumsal huzur ve dengeler bozulduğunda, küçük dereler ırmağa dönüşmeye başladığında herkesin gözü lider aramaya başlar.

İnsanların büyük kısmı, sadece bulundukları şartların parçasıdır, toplum içinde klasik halde yaşamlarını sürdürürler. İçinde doğup büyüdüğü sistem gibi düşünür ve davranmaya başlarlar. Sistem lider yetiştiremez, çünkü liderler sisteme karşı çıkan ve sistemleri değiştiren kişilerdir. Sistem içinde kalarak ancak yönetici ve idareci olunur.

Sistem hata yapılmamasını bekler; sistem riski sevmez. Yönetici sistemin adamı ve onun kopyasıdır, yenilikçi değildir. Kurumu sever, elindekini korur. Ufukları dardır, taklitçidir, sadece yönetir, işleri doğru yapar, statükocudur...

Bireyler, insanlar, halk ve toplum en uç, en tehlikeli ve doruk hatlarında bir lider hasreti çeker, arayışa geçerler. Bu iki sivrilik sadece iki alan ve yerde yaşanır: Büyük toplumsal bir hareket olan devrimler ile savaş meydanlarında. Her iki harekette de insanlar olmak veya olmamak, yaşamak veya ölmek noktasında bulunarak yaşarlar. Her ikisi de mücadeleyi sürükleyecek ve sonuçlandıracak olan liderin cesur, zeki, sezgili ve özgüveni yüksek niteliklerle donanımlı olmasına ihtiyaç duyar. Eğer lider yoksa mücadele de yoktur. Tüm gayretler sonuçsuz kalacaktır...

Güçlükler insanın ne olduğunu gösterir ve her şeyin değeri zorluğundadır. Bir zaferin büyüklüğü bile, zaferin çetinliği ile ölçülür. Burada yenilmesi gereken fizik değil, ruhtur.

İnsanların ruhu bükülmeden yenilgi olmaz. İnsanları mutluluk hallerinde anlamaya çalışanlar yanılırlar. Onlar felaket anlarında tanınırlar. Bunun mihenk taşı zorluktur. Bir ulusun bir toplumun gerçek karakteri de ancak tarihin önemli buhranlarında meydana çıkar. İnsanların iyi huyları boşluktan ve umutsuzluktan kararır. Lider, sel haline gelmeden suyun önünü almasını bilir. Büyük mücadelelerde ve çatışmalarda, en zor koşullarda her şey ruhanidir. Duygular aşırı zorlanır, en akıllı davranış, en cesur kararı vermekle olur. Mücadele bir anlam kazanırsa, insanlar daha çetin ve kararlı olurlar. Tehlike ancak tehlike göze alınarak yenilir.

Çok dolu insan sıradan şeylerle ilgilenmez. Buna karşılık boş insan sıkı taraf tutar. İnsanın dünyası küçük olunca da her şey birbirine çarpar. Sinirleri zayıf olan insanlar karamsar olurlar. Çevrelerinde bulunan insanların ruhunu karartırlar. Bunlar aynı zamanda "keşkeciler"dir. Her zaman, her alanda, her konuda geç kalırlar. "Dur bakalım ne olacak?" ifadesi bunların klasiğidir. Karar verme ve tahmin yetenekleri olmadığı gibi, temelde de korku mahkûmlarıdırlar. Bir de sürekli gecikenler vardır. Geciktikçe daha da gecikmek için sebep bulurlar. Kimse bahane bulmakta bu tembel insanlar kadar yaratıcı olamaz.

Cesaret tehlikeli yaşam coşkusudur. Korkunun belası ve düşmanıdır. Her şeyi şok eden, şaşkına çeviren en üstün güçtür. Yaşamdaki macera duygusunun körükleyicisidir. Tam özgür olunmadan cesur olunmaz. Anadan doğma cesur insanlar toplumda azdır. Zorbalar, mahalle kabadayıları, bunlar belli koşulların belli sınırlar içinde cesaretlendirilmiş insan tipleridir. Kitle ve birey lider tarafından düşünmeye ve harekete geçirilmeye zorlanarak cesaretlendirilir. Kendi başına düşünemeyenler, alıştıkları sözleri tekrarlamakla yetinenler, gölgelerinden farksız olanlarda bireysellik yoktur. Bunları sarsmak, şaşırtmak, kendine getirmek için sivri bir kişi ve yıkıcı gereklidir, yani hiçbir sınır tanımayan bir kişi. İşte lider böyle biridir. Eğer toplum doğal bir lider çıkaramamışsa, burada harman yeri düz olur, böyle olunca da sap yığınları dağ gibi görünmeye başlar; yıldırımın çarptığı insan gibi gök gürültüsünü de duymazlar.

Hem yoksul hem özgür olmak imkânsız olan tek şeydir...

SİZE VİZE BİLE VERMEYENLERE SİZ TOPRAK VERİN

Geçenlerde meclisten yabancılara "Taşınmaz Satışı" ile ilgili bir yasa çıkarıldı, sanki sudan bir şeymiş gibi, ne bir kurumdan ne de bir Allah'ın kulundan geçen zaman zarfında çıt bile çıkmadı.

Yasa iki bölümden oluşuyor, birinci bölüm şöyle: "Yabancılara mülk satışı 2 hektardan 30 hektara çıkıyor ve satılacak araziler, ilçe yüzölçümünün %10'unu geçmeyecek. Yabancı kişilere satılacak olan 30 hektarlık toprak ise uygun görüldüğü takdirde Bakanlar Kurulu kararıyla, iki misline yani 60 hektara çıkarılacak."

Yasanın ikinci bölümü ise beterin de beteri: "Yabancı şirketlerin askeri yasak güvenlik bölgelerinden taşınmaz alması, Genelkurmay Başkanlığı'nın; güvenlik bölgelerinden taşınmaz alması ise valiliğin iznine tabi olacak."

Size vize bile vermeyenlere siz toprak verin! Karşılıklı mütekabiliyet bile yok. Hani her karışı şehit kanlarıyla sulanmıştı? Hani nerede bu meclisteki muhalefet? PKK konusunda "Barış sağlandı mı? Toplumsal uzlaşma, silahla çözülmez, mecliste uzlaşma komisyonu kurulmalı," diyen TESEV üyeli parti genel başkanı?

AKP ne zaman sıkışsa onu sırtına alıp taşımayı üstün hizmet kabul eden ve bu hizmeti daha dün, 4+4+4 eğitim sisteminde de şevkle yapan iki numaralı muhalefetin başı nerede?

Bu derece hassas bir konu bunların umurunda bile değil,

meclisten geçerken de dalga geçtiler. Maaşları da artırıldığı için belki bu yasayla sağlanacak kaynağın sakatlanmasını istememiş olmaları çok doğaldır. Düzen hep aynı düzen ve bunlar düzenin bir parçası değil, ta kendisi. Bu memleket, yağma Hasan'ın böreği yiyin! Yakında hırsızlık da suç olmaktan çıkarsa, sakın şaşırmayın...

Türkiye soyuluyor ve bunu kendi oyunla yapıyorsun...

DEMOKRASİ ÇAKALLARI VE
YARALI 19 MAYIS

Uyan ulus, uyan! Türkiye'nin gittikçe altüst olan rejimi ve daha fazla acılarla boğulmaman için, "Herkes, kendisine benzeyen kişilere oy verecektir," sözünü boşa çıkartmak zorundasın. Kendi oylarınla olup bitenden sorumlu olduğunu unutma. Artık ağlama, sızlanma ve şikâyet etme zamanı çoktan geçti.

İnsanların da fırıldakları vardır. Fırıldakları döndüren ise çıkarlarıdır. Vazgeç artık, ağzı fırın kapağı, kaypaklıkları pervaneden farksız olanların peşine takılmayı. Kurtul, düşünmeden çerden çöpten politikacılara kul ve köle olmaktan. Kendin ol!

Kamu servetin; limanların, bankaların, madenlerin yağmalandı. Ormanların içerdekilere, toprakların yabancılara peşkeş çekilip dağıtılmakta. Cumhuriyetin temel ilkeleri tek tek söndürülüyor, ülke sorunlardan alev alev yanmakta, zor ve tehlikeli bir dönemeçteyiz. Ahlak fukaraları, demokrasi şaklabanları, demokrasi madrabazları, demokrasi şakşakçıları, TV'ler ve gazetelerin her yanını örümcek ağı gibi sarmış halde, 24 saat psikolojik harekât yürütüyorlar.

Fidan gibi çocuklar gün geçmiyor sapır sapır şehit olup dökülüyor. Çevre ülkeler de gittikçe kaosa dönen gelişmelerin önümüzdeki zaman içerisinde bize sirayet edecek olanların hepsinin bedelini ödeyeceğiz. Meydan yoklaması yapmak için bir Hacivat'ı da, "PKK'ya genel af gelebilir," diye konuşturuyorlar.

Kaçakçıya pusu kurarak, çembere alarak, kanalize ederek yapılabilecek birçok taktik düzenleme varken, savaş uçaklarıyla düşmanın tank taburlarına saldırır gibi taarruz edilmesi, zamanı gelince askeri literatüre geçecek. Uçaklar ABD'nin, bombalar ve mühimmat ABD'nin, bol bol kullanın ki, bu millet vergilerinde bunların paralarını ABD şirketlerine ödesin. Siz de vazifenizi yaptık sanmaya devam edin. Şu boyunduruğunuz var ya, insanın adam gibi adam olmasının canına okur. Sizlerin kurtulma şansı yok, çünkü bu ruhsal ve zihinsel bir meseledir, yakayı da, paçayı da, boynu da kaptırmışsınız. Layığınızı bulacaksınız.

Kuru ağacın meyvesi olmaz...

ŞU ŞAKLABANLARA BAK!

Ortadoğu ve Türkiye'deki Amerikan çıkarlarının hizmetkârı ve beslemesi AKP rejiminin adalet bakanının eşkıya başını ada hapsinden kurtarmak için PKK'nın meclisteki örgütüyle yapacağı görüşmeyi bir nebze anlarız da, şu ana muhalefet denilen partinin yediği hurmaya ne demeli?

CHP'nin tepesindeki zatın ikide bir, "Toplumsal mutabakat, genel af, Kürt demedim Türk de demedim," laflarını herkes kanıksadı ve "vicdani ret" için kanun teklifi vermeye hazırlanırlarken birden aşağıdaki kanun teklifini meclise sundular: "Siyasi partiler Türkçeden başka dillerde de faaliyetlerde bulunabilirler"

Eğer Türk ulusu adım adım bizi bölünmeye götüren bütün bu yaptıklarınızı sizin yanınıza bırakır ve sizi meclise girmekten men etmez ise, bırakalım o zaman ne olacaksa olsun...

Atatürk, yüzünüze tükürürdü sizin gibilerin demeyeceğim, çünkü sizin gibilere neler yapacağını Atatürk'ü gerçekten iyi tanıyanlar bilirler. Ben söylemeyeyim!

Su kabakları, her geçen gün öfke doğuruyor...

ABD bile, "Uludere meselesinde ben yokum," diyerek, işin içinden sıyrılmaya çalışıyor. Suriyeliler, bizim sınırımıza tecavüze kalkışırlarsa, NATO'nun 5'inci maddesine göre asker isteriz diyen hükümetin başındakine ne demeli?

"Gençliğe Hitabe" artık zorunlu değilmiş? Al işte bir su kabağı daha! Her konuda ve her sahada nedir bu bayağılık?

Bunların dertleri, hilafetin kaldırılması ve laikliğin getirilmiş olmasıdır. Yapmayı becerebilseler 31 Mart 1909 İstanbul Yobaz Ayaklanması'nı bastıran, Edirne'de hazırlanıp İstanbul'a giren, komutanı Mahmut Şevket Paşa ve karargâhı, Kurmay Yüzbaşı Mustafa Kemal ve Kurmay Yüzbaşı İsmet olan orduyu bile sigaya çekmeye kalkışabilirler.

Türkiye siyasal, sosyal, güvenlik ve sonunda da ekonomik yönden hızla karmaşa ve kaosa doğru gidiyor. Anayasaya hükümler koyarak bu işlerin yoluna gireceğini sananlar da omuzlar üzerinde kuru kafa taşıyanlardır.

Türkiye halen siyaset yapan, boş ve manasız tulumbacı adamlardan silkinip kurtulmadıkça kaçınılmaz yazgısını da halk olarak yaşamaya mahkûmdur. Bunlar sanki millete çektirmek için dünyaya gelmişler.

"Dünyada menfaat için sevgi gösterisinde bulunan insanlar kadar alçağı yoktur."

Şeyh Şamil

"İdealsiz kişiler, bencil, çıkarlarına düşkün, umutsuz, kararsız ve korkaktır."

Ziya Gökalp

"Vatan aşkı demek, eşitlik ve özgürlük aşkı demektir."

Montesquieu

"Başka her şeye, ülkesinden çok değer veren, insanların en alçağıdır."

Sofokles

Gevşek toplumlarda ruh ölümleri beden ölümlerinden çok önce gerçekleşir!

YOZLAŞMIŞ DEMOKRASİLERİN SONU DİKTATÖRLÜKTÜR

İnsana okul çağından itibaren bir amaç için düşünme alışkanlığı veremeyen, yaşamda davranış yolunu bulmayı öğretemeyen, okuma zevki kazandıramayan, doğru düşünme tekniği ve metodolojiyi aşılamayan toplumlarda, her zaman ve her yerde daha çok sorun ve daha çok zorluk kaçınılmazdır. Böyle bireylerden oluşan toplum için, düzlükler dağ taş, dereler deniz, çalılar orman, kıvılcımlar volkan olup çıkacaktır.

Halk ve birey, sadece kendi açısından yanlış yapmaz, bir diğerinin yanlışının da nedeni ve destekçisi olur. İnsanın kendisini kalabalığa bağlaması tehlikelidir. Kişi kendi değerlendirmesini kendi yapmayıp bir başkasına inanma eğiliminde olduğu için, asla yaşamda olup biteni yargılamaz. Bu körü körüne güvenme ve bireysel düşünceden vazgeçme, sonunda bireyi ve halkı bir anaforun içine çekerek tüm alanlardaki işlerin kötü gitmesine yol açar. "O taraf çoğunlukta" savunması geçersizdir. Çoğunluk daha iyiyi tercih eder, sözü hiçtir, çünkü kötü seçimlerin sorumlusu kalabalıkların ta kendisidir. Akla uyarak değil, taklit ederek yaşanmaya devam edildiği sürece de hep böyle olacaktır.

Demokrasi her şeyden önce sağlam bir zihne ihtiyaç duyar, aklıselimi güçlü bir zihin aynı zamanda cesur ve enerjik olmalıdır. Zihin insanı heyecanlandıran, uyaran ve korkutan şeyleri uzaklaştıramazsa, kesintisiz huzur ve özgürlüğe kavuşamaz. O takdirde Aristo'nun "Yaşayan aletler" sözü ile, Seneca'nın "Dünyayı affet bunların hepsi aptal," diyen duası kalır geriye. İyi devlet rejimlerinin iyi insanlara muhtaç olduğu açıktır.

Bir devlet düzeni demokrasi ise; güç küçük bir azınlığın değil, halkın elindedir. Yurttaşlar arasında anlaşmazlık söz konusu olduğu durumlarda, herkes yasalar karşısında eşittir. Kamu görevini kimin üstleneceği söz konusu olduğunda, belirleyici olan kişinin hangi sınıfa mensup olduğu değil, kimin işin hakkını verebileceğidir. İçinde devlete hizmet etme arzusu olduğu sürece, kimse fakir diye siyasetten dışlanamaz. Siyasal yaşam ile günlük yaşamdaki ilişkiler kesintisiz, açık ve özgürcedir. Kendi istediği gibi yaşayan komşu uluslarla kavga edilmez, kötü gözle bakılmaz, çünkü ona kötü gözle bakmak, zarar vermese bile incitir.

"Hak" bir şeyi yapma veya ondan sakınma özgürlüğüdür. Hem özgürlüğü hem de diğerleri üzerinde egemen olmayı seven insanlar, siyasi bir örgüt olan devletlerde görüldüğü gibi, kendilerine sınırlar konulması, güvenlik ve daha iyi bir yaşam sürmek içindir. Demokrasilerde oy kullanarak halkın her üyesi, meclis ve hükümetin fiillerinden sorumlu olduğuna göre, kimse kendisinde müsebbibi sayılan hareketlerden başkasını suçlayamaz.

Rejimi ne olursa olsun devlet halkına maddi ve manevi huzur sağlamak, korumak ve geliştirmek için bir araya gelmiş insanlardan oluşan bir topluluk olarak da tanımlanabilir. Demokraside hükümet işlerini din işlerinden kesin biçimde ayırmak ve bunlar arasındaki doğru bağları belirlemek için gerekli olan her şey çok önemlidir. Bu yapılmazsa din işleri ile hükümetin işleri arasında ortaya çıkan ya da çıkıyormuş gibi görünen çelişkileri sona erdirmek mümkün olmaz.

Kapitalist model, emperyalizmin yoldaşıdır. Aydın geçinen kesim, emperyalizmin propaganda ve yaldızlı söylemleriyle bunları halktan ve kökten koparır. Moda mekanizması da esrarengiz güçleriyle halk yığınlarını hâkimiyet altına alır. Bir yanda muhtaçlık ve pişmanlık, öte yanda şımarıklık ve bolluk, fazla zahmet çekmeyen, vicdanı pörsümüş zavallı bit kitle, kapitalizmin dalkavukluğunun gönüllü borazanlarıdır. Kapitalizm bu işe yaramaz kof gruptan başlayarak, işsiz gençler, bayağı budalalardan, şahsiyetsiz ve başıbozuk bir halkayla devam eder. Bu halka, canlı, hareketli, faal bir halkadır. Rüşvet, dolandırıcılık, hırsızlık, yankesicilik, vicdan bozukluğu ise ileri özellikleridir.

Bir şey yapmayanlar, yapmadıkları için çok konuşurlar...

ÇEKİÇ VE ATEŞ

Bir insanın iyi düşündürmüş olması yeterli değildir. İyi bir fikri terbiye ile metodik düşünmeyi bilmesi şarttır. Zayıf insan kendisinde var olan düşünceye değil, kendi aklına gelmeyen düşünceye hayrandır. En az anladığı şeylere en çok inanır, kolayca anladığı fikirlerin doğruluğundan şüphe eder. İnsan bambaşka bir yaratılışta olmadıkça hiçbir üstünlük gösteremez, talih yıldızı sönüktür. Saf ve bilgisiz insanın ruhu yumuşak olur ve karşı koyması azalır, bir şeylerin mühürlenmesi ise kolaylaşır. Küçük ruhlar ise işlerin ağırlığı altında ezilir; onlardan sıyrılmayı, bir yerde durup yeniden başlamayı bilmezler.

Yararlı insan bir düşünce ve gönül adamı olmalıdır. İnsanların enerji ve yetenekleri serbest bırakılmalıdır. Etkili gözlem ve sağlam mantık kullanılmasına da ihtiyaç vardır. Bunlar olmadan sentez ve hüküm olmaz. Fikir hürriyeti kösteklenirse akıl felce uğrar. Hayal gücü işkence etmeyi bırakırsa kişi sakinleşebilir...

İnsanlar iyinin ve kötünün, cesaretin ve korkaklığın tohumlarını kendi içlerinde taşırlar. İnsan yapısı budur. Yetiştirme ve şartlar da gerisini tamamlar. İnsan her zaman olaylara ve şartlara bağlıdır. Varoluşun iki temel öğesi vardır: Seçim yapmak ve karar vermek. Çünkü dünyanın hareketleri insanlar için değil, kendi içindir. Ürkek insan kararsızdır; tehlikeden önce çekingen, tehlike sırasında korkak, tehlike geçtikten sonraysa sadece bir süre cesur olur.

İlkeyi öğrenmiş olmak insanın kişiliğini geliştirmez. İyi bir kafaya sahip olmak da yetmez, mesele onu iyi kullanmaktır. Kendini adamadan, sınır tanımayan bir dürtüyle hareket etmeden, büyük hiçbir amaç gerçekleştirilemez. Bilgi de tek başına işe yaramaz, inanç ve eyleme dönüşürse güç haline geçer. Üstün meziyetlere sahip olan insan bir makine gibi tek düze olmaz. Mükemmel bir hayat için macera duygusuna ihtiyaç vardır; bu da özgür bir ruh, cesur bir yürek ister.

Panik tüm çıkış yollarının kapatılması, belirsizlik haline bağlı olarak yardım ve çaresizlik hissetmektir. Stres ise enerjiyi emer, dayanıklılığı çökertir. Bilinmesi gereken şudur: Mutluluk ve acı, her ikisi de bir tepenin iki yamacı gibidir. Birinden tepenin zirvesine çıkıldığında arkadan diğeri gelir, bu kez öbür yamaç başlar. Bu hiç değişmez. O zaman yapılacak olan şudur: Sabır ve dayanıklılık göstermek. Çok uç noktalarda hayati meselelerle yüz yüze kalan insanlar bunu bilir. Her şeyin bittiği, başka hiçbir imkânın kalmadığı, kesin son dendiği anda öyle bir şey olacaktır ki, olay ve olaylar neyse, tersine dönecektir. Bunu fiziksel olarak anlatmak gerekirse, aniden bir şimşek ve hemen arkasından yıldırımın karanlığı paramparça etmesi gibidir. Bu noktadan önce ve bu ana kadar insanın dayanması ve sabır göstermesi şarttır. Dayanıklılık cesaretin başka adıdır. Halkın sık kullandığı, "Kul sıkışmadan Hızır gelmez" sözü, konunun en sade ve yalın anlatımıdır.

İnsanı kendi düşünce biçiminden başka hiçbir şey sınırlayamaz. İnsanlar kendileri için yasalar ve kurallar koyarlar, sonra da bunların esiri olup mutsuz olurlar. Yapan da yaşayan da kendisidir. Her şey düşünceyle başlar. İnsan kendisinin en büyük düşmanıdır. Kişi kendisiyle inandığı, hayal ettiği, güvenle beklediği şeyleri mutlaka yaşayacaktır. İnsanın bilinçli olarak düşündüğü her şey bilinçaltını etkiler; bu düşünce arzu ve güce göre gerçekleşir. Bilinçaltı, düşüncenin azmi değişmediği sürece onları yerine getiren sadık bir hizmetkârdır. Bildiği ve uyguladıkları aslında kişinin kendisiyle ilgili inançlarıdır. Doğa sınır koymaz, insan koyar. Hiçbir şey düşünceyi kuşatamaz. Düşünce âlemi, insanın kafasına hapsedilemez. Bilinçaltı, insanın aklının farkında olmadığı bölümüdür ve onda dokuzu denizin altındadır.

Bir insanın ya da toplumun ilerlemesinde ilk adım hoşnutsuzluktur. Belleksiz, düşük şuurlu bir toplum ancak büyük olaylar ve beklenmedik hareketler sonucu ileri atılmaya cesaret edebilir, onu da güçlü bir lider yol göstermeden beceremezler. Hayatta tesadüf, şans, imtiyaz ve rastlantı yoktur. Hayal gücü ve sezgi, yaşamın temel öğesidir. Var eden de yok eden de bunlardır. Hayal gücü bilgiden daha önemlidir, çünkü çareyi ve keşfi o getirir. Olaylar yaşanmadan önce mutlaka bir fikir olarak mevcut olurlar. Fikir yolu açar. Sezgi doğrudan bilme, yüce yol göstericidir, aydınlanma ve içe doğmadır. Mantık yürütmekten çok, ruhsal algılama yoluyla gelen bilgidir. Önceden düşünerek değil, bir anda yükselir, zorlanmaz.

İnsanların çıkarları ve gelenek zoruyla sevgisiz gösterdikleri saygı yüzünden toplum dalkavuk olur. Yapı, saygısızlar kalabalığına dönüşür, çünkü sevmeden saygı olmaz. Dalkavuk kişiler ve toplum, sonuçta huysuz yöneticilerin ortaya çıkmasını sağlarlar. Huysuzların ne kendisine ne de başkasına faydası olmaz.

Acısı az olan, daha bir gösterişli ağlar.

TUTARSIZLIK, LAF EBELİĞİ VE ŞARLATANLIK ALTINDA KALAN HALK

Aşırı demokrasinin birtakım özellikleri veya seçme ve seçilme yasalarının kötü ve siyasal çıkarlara göre düzenlenmesi, bir tiranın ortaya çıkıp kendi durumunu sağlamlaştırmasına neden olur. Tiran da halk da dalkavuğa büyük değer verir. Tiran, insanların az eğitim almışlarından ve yoksullardan hoşlanır, önünde yerlere kapananları sever. Bağımsız ve özgür ruhlu bir kimse ise böyle şeyler yapmaya yanaşamaz. Değerli kişiler dostluk ederler, dalkavukluk değil...

Tipik bir tiran (siyasi gücü elinde tutan zorba), ciddi ve özgürlüğe eğilimli insanlardan hoşlanmaz. Kendisini tek güç sayar; birisi kalkıp kendi düşüncelerini özgürce söylemeye hakkı olduğunu iddia ederse, tirana üstünlüğünden ve mutlak efendi olmasından bir şeyler eksiliyormuş gibi gelir. Dolayısıyla düşünce sahibi olanlardan tiranın hoşlanmayışı korkuya dayanmaktadır. Bu gibi kimseler onun konumunun potansiyel yıkıcılarıdır, tiran ayrıca yabancılarla işbirliği yapmaya, onları yanına almaya meraklıdır, çünkü karşısında olan yurttaşları gizli düşmandır, ötekilerin ise, ona etkin bir karşıtlıkları yoktur.

Tiranın ülkesinde yurttaşlarına karşı izlediği politika amaçlara göre, üç başlık altında toplanabilir: Bağımsız kafaları olmamasını, birbirlerine güvenmemelerini ve herhangi bir şeyi gerçekleştirecek güçleri bulunmamasını ister. Bu üç noktadan birincisinin anlamı besbellidir, cılız kafalar bir direniş tasarlayamazlar. İkincisi, insanlar belli düzeyde bir bilince sahip olmadan tiranlığı yıktığı hiç görülmemiştir. Dolayısıyla tiranlar, liyakatli insanlara, kendileri için tehlikeli gördüklerine her zaman düşmanlık güderler. Üçüncü başlık altında toplananlar da açıktır; hiç kimse gücünün yetemeyeceği bir şeye kalkışmaz. Sonuç olarak tiran, halkın güveni, gücü, kafası olmamasını ister. Her şeye rağmen tiranlıklar çok ender uzun ömürlü olurlar.

Demokrasinin olmazsa olmazları: Mutluluk, güvenlik arama ve sahip olma hakkı; tüm güç halkındır ve bu güç halktan gelir; halkın, ulusun, kamuoyunun ortak yararı esastır; hiçbir kişi ve kişiler topluluğuna özel veya ayrı kazanç ya da imtiyaz verilmez; yasama, yürütme ve yargı gücü kesinlikle birbirinden ayrı çalışmalıdır; meclislerde halkın temsilcisi olarak hizmet verecek üyelerin seçimi serbest olmalıdır; özgürlüğün kalesi olan basın faaliyetleri hiçbir koşul altında sınırlandırılamaz; herkes vicdanının buyruklarına göre dinini özgürce yaşama hakkına sahiptir; doğal ve daimi hakları korumak için baskıya karşı direnme hakkı vardır; özgürlüğü, başkasına zarar vermeyecek her şeyi yapabilmeyi kapsar; yaşamın yasaklamadığı hiçbir şey engellenemez; her yurttaş serbestçe konuşabilir, yazabilir ve fikirlerini yayınlayabilir; vergi tüm yurttaşlar arasında imkânları oranında eşit olarak dağıtılır; toplumun tüm kamu görevleriyle ilgili olarak hesap sorma hakkı vardır.

"Kendi kendini yönetim" veya "Halkın iktidarı" gibi ifadeler sorunun gerçek yüzünü ifade etmediği bu defa uygulamalarla ortaya çıktı. "Kendi kendine yönetme" her bireyin kendisi tarafından yönetilmesini değil, aksine diğer kimseler tarafından yönetilmesini ifade etmektedir. Halkın iradesi, pratik hayatta halkın sayıca en fazla olan kısmının idaresi anlamına gelmektedir. Yönetime getirilen, bu kez halkın diğer bölümü üzerine baskı kurulmasını önlemek, istismarın önünü kesmek için de sınırlar getirmesiyle yüz yüze gelmiştir. Sonuçta ortaya "çoğunluğun diktatörlüğü" korkusu çıkmış; daha da ötesinde, toplumun bizzat kendisi de tek tek baskı uygulamasına teşebbüs etmiştir.

Siyasal zorbalıkların çoğundan daha korkunç bir toplumsal zorbalık, yaşamın ayrıntılarına çok daha derin biçimde nüfuz ederek, bizzat bireysel ruhun kendisini esaret altına alır ve böylece bireye daha az kurtuluş yolu bırakır. Bu nedenle iktidarın zorbalığına karşı koruma yeterli değil, aynı zamanda toplumda baskın olan duygu ve düşüncenin diktasına karşı da korunma gereklidir. Genel düşünce bireyin bağımsız ve özgür, zihin ve ruh varlığını köstekleyecek ölçülere bağlı olmamalıdır. Bireysel özgürlük ile toplumsal denetim arasındaki ayarlamanın nasıl yapıldığı da her şeye rağmen hâlâ olması gerektiği gibi çözümlenememiştir.

Hükümetin şekli ne olursa olsun, özgürlüklere bütünü itibariyle saygı gösterilmeyen bir toplum özgür değildir. Bu özgürlüklerin kayıtsız şartsız var olmadığı bir toplum da özgür olamaz. Her birey gerek bedensel, gerek zihinsel ve ruhsal bakımdan kendi sağlığının yegâne bekçisidir.

Haksızlıkların önünde eğilenler, haklarıyla beraber onurlarını da kaybederler.

ONUR MUHTACI

Bu yeni CHP yönetiminin ağzından şimdiye dek bir kez olsun PKK'nın yaptıklarını lanetleyen tek bir cümle duyan oldu mu? Hayır.

Yoldan çıkan koyunları bile ağıla sokma becerisi gösteremeyen hükümetler ile onların sivil ve asker bürokratları sayesinde koskoca cumhuriyet, PKK'nın kuruluş amaçlarına boyun eğme noktasına getirildi.

Platonik ve duygusal söylemlere sırtını dayayan ana muhalefet, güya 10 maddelik çözüm önerisi ile bugün AKP ile PKK'yı görüşecekmiş.

Lafı uzatmanın âlemi yok! Anadan doğma korkaklar, topaç gibi dönüp durmayın! PKK'ya neler vereceksiniz onları açıkça söyleyin de millet öğrensin!

Bir tarafta Türkiye Cumhuriyeti Devleti öte yanda dağlarda gezen şovenist Kürt çeteleri ve otuz yıl sonra dağdakilerin dayatmalarına teslim olan ülke. Yazıklar olsun!

Kurgulanmış düzenin sürüsü, bütün ömürleri boyunca ancak kişisel şeylerin ardı sıra koşar...

BÜYÜK ŞEF VE DALTONLAR PKK'YA KARŞI

Türkiye'nin ne gidişi gidiş, ne de yolu yol. Her şey olacağına varacak...

Büyük şef Obama, kendi kabilesinin Vietnam, Somali, Irak ve Afganistan'da fiyaskoyla biten siyasi ve askeri operasyonlarından çıkardığı yüksek derslerden sonra, Ortadoğu'daki kaynak savaşlarında Daltonlarla işbirliğine gitmeyi her yönden kendi çıkarlarına daha uygun görüyor.

Büyük şef uyanık, çünkü sahne karman çorman, kimin ne maksatla, ne zaman ne yapacağı ve nasıl yapacağına şeytan bile akıl erdiremez durumda. Niye kabilesinin çocuklarını ve milyar dolarlarını tehlikeye atsın! Anadan doğma vesayeti seven ve mandacılığa can atan Daltonları kullan, hizmetlerini al, çıkarlarını elde et. Lübnan'ın güneyindeki Hizbullah, 1967-1973 Arap-İsrail Savaşları'nın galibi İsrail ordusunun fiyakasını birkaç yıl önce bozdu ve halen de bozabilecek bir güce sahip. İran'la sıkı temasta. Suriye'nin hali yürütülen diplomasiler nedeniyle yürekler acısı. Irak kabak gibi üçe bölündü. Sünni ve Şii Araplar ile kuzeyde otonom kürtler. Dün Irak merkezi hükümeti, Türk büyükelçisini çağırıp "iç işlerimize burnunuzu sokmayın," ültimatomu verdi, Irak Şiileri de İran'la iç içe. İran'ın nükleer programı bir tarafa Malatya Kürecik'teki ABD radar üssü, günü ve zamanı gelince kapışmak için yeter de artar özellikler taşımakta.

Daltonlar kim? Erdoğan Tayyip, Barzani Mesud, Kılıçdaroğlu Kemal ve Bahçeli Devlet. Son ikisinin ne alakası var demeyin. İlk iki Dalton büyük şefin talimatlarını ya başka bir ülkeden (Güney Kore gibi) ya da Amerika'ya gidip alıyor. Diğer ikisine rüzgârlar getiriyor. Daltonların lafları: "Müzakere, mücadele; güvenlik kuvvetlerinin operasyon gibi bir derdi yok!" (Bu ülke salmalık ya) "Türkiye ve PKK ateşkes yaparsa, katkı sağlarım" (büyük adam dediğin böyle konuşur). "Terörün bitmesi için hükümetin getireceği her projeyi destekleriz" (aslında hükümetin ne yapmak istediğini biliyor, kendisinin de niyeti aynı ama bunu AKP'ye söyletmek istiyor. Tıpkı somun pehlivanı). Dördüncü Dalton ise mangal yelliyor. Savur savurabildiğin kadar. "Kandil'e bayrak dikelim." Aradan 30 yıl geçmiş, hâlâ bu değirmeni kimin döndürdüğünü anlamamazlığa geliyor. Uyan babaya geldik, ne söyleyeceksen ki yok, şunu büyük şefe söylesene (bir şey dikersin de, bu ancak tüy olur).

Aslında büyük şef ve Daltonların tuzu kuru. Olan bu milletin çocuklarına oluyor. Ortada operasyon vesaire görülmezken gün geçmiyor ki gazetelerde tek tek şehit ilanları çıkmasın. Bingöl kırsalında 3 şehit ve 9 yaralıya bakınca, PKK'nın pususuna düştükleri ortada. Kaçırılan askerler, polis ve kaymakam ise kimsenin umurunda değil. Son PKK hareketlerine TV'lerde ve gazetelerde yorum yapan avanaklar halen, "son çırpınışı, tükenmenin sebepleri," demezler mi!

Türkiye'nin ne gidişi gidiş ne de yolu yol. Her şey olacağına varacak. İş İşten geçtikten sonra saç baş yolmanın ve dövünmenin de kimseye faydası olmayacak.

Her şey göz göre göre oluyor, yazık çok yazık...

BİR LEOPARIN BENEKLERİ GİBİ
HER YERDELER

Devlet ulusu temsil eder. İnsanlığın tüm geçmişinden bugüne, monarşi (krallık), aristokrasi (elitler) ve demokrasi (halk) olmak üzere üç siyasi yönetim uygulana gelmiştir. Üçünün de birbirlerine nazaran avantajları ve dezavantajları vardır. Toprak, halk, hükümet, meclis, ordu, hazine ve mahkemelerden oluşan devletin varlık sebebi, insanların ona tabi olmalarının nedeni iki şeyi sağlamaktan sorumlu olmasıdır, o da: Güvenlik ve adaletin tesisi.

İnsanların ekmekten sonraki tek ihtiyaçları onur ve haysiyettir. Bu duyguların temelinde yatan ise özgür yaşama ihtiyacıdır. Sonsuz özgürlük zaman zaman insanoğullarını köle durumuna düşürse de zaman zaman baskıcı totaliter yönetimlere boyun eğip, el etek öpse de bunun bir süresi ve sınırı olmuştur. Mutlaka, doğası gereği tekrar özgürlüğünü geri almak için elinden geleni yapmıştır. Devlet, ulus, halk, toplum sözcükleri, birer kavramdır; hepsinin özü ve temeli bireydir, kişidir ve şahıstır. Kavramların değerinin yüksekliğini sağlayacak olan da bireyin kalitesidir.

Halk insandır, bireydir. İnsanın erdemi, onun özgürlük araması ve hak peşinde koşmasıdır. Özgürlük sonu gelmeyen uyanık bir çaba karşılığında elde edilir. Kimi işlerin doğurduğu çıkarlar insan doğasını ve ona uygun kısımları temelden bozabilir. Gerçek anlamda özgürlük duyguları ateşlenmiş birey ve toplumların özgürlüğü elde etmek istemesi, siyasi tarihin amacıdır; kendi kendini yönetme özgür insanların hakkıdır. Bir ulusun uğradığı umut kırıklığı ve duyduğu utanç gibi koşullar insanları, ulusal onuru kurtaracağına söz veren herhangi bir siyasi örgütü benimsemeye zorlar. Totaliter, baskıcı, zorba rejimler bütün yaşamı, duyguları, istekleri, coşkuları, giderek düşünceleri toptan avucunun içine almak ister. Bütün bunlar, derece derece özgürlük arayışı ve onu yeniden ele geçirme düşünce ve ruhunu alevlendirecektir.

İnsan davranışının başlıca gücü kişisel çıkardır. Her bilinçli insan davranışının nedeni ve doğrudan amacı, birini elde etmek öbüründen kaçmak isteği içinde, haz ve acıdır. İnsan davranışının belirlenmesinde ideolojik ve psikolojik bakımdan iktidar düşkünlüğü başta gelir. Ekonomik kazanca ulaşmak, geniş ölçüde, üstün bir güce sahip olmayı gerektirmiş, kazanç yolundaki başarı da bu gücü durmadan artırmıştır. Ulusal devletlerin doğuşu ile birlikte ordu ve deniz gücü öylesine geniş bir düzene bağlanmıştır ki; siyaset gitgide bir güçlülük politikası olmuştur. Bu da bütün dünyayı başka çeşit bir politika olmayacağı sonucuna götürmüştür.

İnsanın, dolayısıyla toplamda ulusun, halkın doğal hakkı olan bireysel özgürlük yönetimler tarafından sürekli tehdit altındadır. Yasa çerçevesinde özgürlük veya aşırı özgürlük de ya çerçeveyi daraltır ya da ölçünün altüst olmasıyla sonuçlanır. Kendilerini aklın buyruğuna göre yönetenler gerçekten özgürdür. İnsan doğasını oluşturan unsurlar nasıl uyarılır? Nasıl köstekleir? Nasıl geliştirilir? Nasıl zayıflatılır? Hepsi de hem olumlu hem de olumsuz istikâmetlerde yol almaya açıktır.

Özgürlüğün demokratik koşullarda kendiliğinden tutunacağını ya da bir anayasaya konacak hükümlerle yerine getirileceğini veya bir olacağını sanmak ve düşünmek yanıltıcıdır. Nasıl hokkabaz ağız kalabalığı ve yaptığı şeylerle gözleri boyayıp, kimsenin olup biteni fark etmemesini sağlarsa, bunlar da insanların dikkatini olup bitenden başka yerlere çekerler. Olup bitenler özgürlüğe düşman birtakım koşulların doğmasına götürebilir.

Onurlu bir eşitlik duygusu, hiç değilse bir zaman için, insana daha az yiyip içmeyi, daha çok ve daha ağır koşullar altında çalışmayı hoş gösterir, çünkü insanın yalnızca yiyecekle yaşamadığı, psikolojik ihtiyaçlara da muhtaç olduğu açıktır. Bunun menfi yönü, geçmişten kalma boyun eğme alışkanlığının arttığı kölelik içgüdülerinde ortaya çıkar.

Çoğu kez ulusal birlik, düşman bir tarafın gerçek veya gerçekdışı var olduğu ileri sürülerek kurulmuştur. Başta kalmak isteyen siyasetçilerin tekniği şu düşünceyi aşılamak olmuştur: "Bir düşman varlığını kabul etmemek, düşmanın eline düşme tehlikesini doğurur." Halkta az ya da çok karışıklıklar ve düzensizliklerle birlikte gelen bir kararsızlık ve güvensizlik süreci şöyle bir duygu ve istek yaratır, o da: "Ne olursa olsun, düzen ve kararlılık isteği."

Ulusal şeref, ulusal servetin en yüksek değeridir. Gerçek yurtseverlik ve milliyetçilik sadece sınırlar, toprak ve bayrak değildir. Ekonomik bağımsızlıktır. Emperyalizmin ve kapitalist sistemin gerginleştirdiği dünyada yaklaşmakta olan bir çöküşe karşı koymaya hazır olmaktır. Yarı sömürge olmaktan rahatsızlık duymak, toplumsal ve siyasi konuları sorgulamaktır. Kültürden yoksun tüketim, toplumları konuşma üslubundan, kılık kıyafete, müzikte ve diğer konularda hızla değer kaybına uğrayarak mücadele yeteneklerini yitirirler, yönetemezler ve dik duramazlar. Haksızlıklar karşısında eğilir, haklarıyla birlikte şereflerini de kaybederler.

Sefalet düşünceleri kabalaştırır. Karnı tok adamdan da hiçbir zaman büyük bir mücadeleci olmaz. Otuz yaşını doldurmamış bir genç, yürürlükte düzeni biraz öğrenir öğrenmez siyasi bir mücadeleye atılmamışsa, değersiz biridir. Aldırmazlık, tepkisizlik, nemelazımcılık tam bir tembellik ve yaratılış kusurudur. Mülkiyet ve mülkiyet sahiplerine duyulan aşırı saygı bu dünyada birçok kötülük ve çirkinliğin kaynağıdır.

İnsanları birlikte yaşanmış bir felaket kadar birbirine bağlayan hiçbir şey yoktur. Bir milletin ulusçuluğuna saldırır ve onu yıkmaya kalkarsanız, o milleti, zedelenen onurunu kurtarmak ve onu kazanmaktan başka hiçbir şeyi düşünemez hale getirirsiniz. Ulusal kimliğin özü, bağımsızlık ruhudur. Sömürge halkları uysal ve teslimiyetçidir. Müstemleke elalemin parasıyla olunur. Emperyalistlerin ve misyonerlerin oluşturduğu tehlike her zaman olacaktır. Bir toplumda asalaklar ve yurtseverler vardır. Her çağda ve her ülkede olduğu gibi asalakların sesi daha fazla çıkmaktadır. 17. yüzyıl Avrupa diplomasisi şudur: "Fethedemediğin yerleri ve insanları parayla satın al."

Kapitalizm ileri ülkeler için zenginleşme ve sömürü aracı, geri ülkeler içinse fakirleştirme, borçlandırma ve sömürü mekanizmasıdır. Bağımsızlık bir anda değil, süreç içinde kaybedilir. Önce haysiyet sonra da egemenlik kaybedilerek, siyasi ve politik kararları yabancı devletler vermeye başlar. Daha ötesi ise çöküş ve yozlaşmayı, kendi kendine yok edişi getirir. Böyle bir ülkede demokrasi havasızdır, göstermeliktir. Kaba ve günlük siyasetle işler yürütülmeye çalışılır, her meseleye günlük fayda ve şahsi ikbal olarak bakılır.

Gerçek demokrasi belli sürelerde sandığa giderek değil, her gün ortaya konulan inisiyatifle geliştirilir. Bireysel tavır bunun en önemlisidir. Yalanla ve yozlaşmayla mücadele etmeyi beceremeyen halk kendi sorun ve ıstırap yükünü kendi yaratır.

Vatan taş ve toprak değil, şereftir...

EN BÜYÜK GÜÇ DURUŞTUR

Cumhuriyet esastır, demokrasi yaşam sistemidir. Cumhuriyet temeldir, üst katların düzenlenmesi önemlidir ama tüm binanın yerle bir olmasına da sebep olamaz. O takdirde zaten geriye konuşulacak bir şey de kalmaz. Etrafa dağılan parçaları toplamaya çok hevesli bulunacaktır. Demokraside herkesin birbirine eşit olan serbestçe seçme ve davranma hakkına zarar gelmemesi için ekonomik eşitliğin de bir ölçüye dayandırılması şarttır. Demokrasi sorunların getirdiği olayları, uygun ve elverişli biçimde birbirine başlayamadığında da tehlikeyle yüz yüze kalacaktır. Demokrasi yolu hem kolay hem de zordur. Bu yolu ilerlemek için seçenler sürekli bir çaba göstermek zorundadır. Her şeyin alınıp satıldığı bir dünyada, demokrasinin birinci görevi her yurttaşı yararlı kılmaktır.

Halk yığınlarını, özellikle totaliter yöne doğru arkasından sürükleyenler, güçlerini, hiç olmazsa genel bir hoşgörüsüzlük ve düşmanlık coşkusu uyandırdığı, sahte bir birlik ve dayanışma duygusu yaratarak başarıya ulaşabilirler. Karnı aç bir halkın sağduyusu işlemez, dürüst davranamaz. Harcadığı her meteliğin sonuçlarını ölçmek biçmek zorunda kalır, kalpleri ve kafaları özgür olamaz. Bir milleti yaratan her şey erdemdir. Korkaklık yerine cesareti tercih eden milletler çok daha az kan kaybeder. Boyun eğmeye alışkın bir halk, elem kuyusundan çıkamaz. Bir halk, eğlence ve ticaret peşinde koşmaktan başka bir şey düşünmez hale gelirse, kişiliğini yitirir.

Dil, yaşamın ve ölümün gücüne sahiptir. Dil halkın ve bireyin kişiliğinin derin yapısıdır. Dil konusu bir ulusal savunma meselesidir, dili korumak, vatanı korumakla birdir, çünkü dil de vatan kadar, tarih kadar, gelenek ve töre kadar hayatidir, kıymetlidir. Dil olmadan millet olunmaz, milliyet olmaz. Ulusal kültürün baş unsuru ve gücü dildir.

Bir dil ne derece fazla kavram, olay ve eşyaya ayrı kelimelerle karşılık bulursa, o dili konuşanlar da o derece akıllı olurlar. Kelimelerle düşünüldüğü için, bir insan kaç kelime biliyorsa o kadar akıllı ve kültürlü olur. Yüzyılların yarattığı milli kültür halkla beraber yaşayan bir canlıdır. Hiç kimse ve hiçbir kurum kendisini içerisinde yetiştiği kültür çevresinin etkisinden kurtaramaz. İnsanın yapıp ettiği, üretip yarattığı, öğrenip öğrenebileceği her şey kültürdür. Çağdaş bir toplumda kültürün hedefi kişiyi bağımsız kılmaktır. Kişiyi özgürlüğe değil de genelde bir otoriteye ve başkasına bağlayan kültürlerde insanların her şeyi sınırlar içinde kalmaya mahkûmdur. Kulluktan kurtulup vatandaş olamayacağı için hak arayıp, hesap da soramaz, özellikle de sahte demokrasilerde. Milletlerin de öfkeleri ve ruhları vardır. Bağımlı bireylerden oluşan toplumlar bu doğal duygularını yaşayamazlar.

Düşünce, fikir ve haberlerin hızla yayılabilmesi için basın gibi bir araç ile bundan olabildiğince yararlananlar olmadan geniş bir ülkede serbest kurumlar yaşayamaz. Ortaya çıkan güçlükler ise, basının bayağılıklarıyla kafaları bulandırması ya da bir fesat tohumunu genel yarar adı altında, bir sınıfın veya bir kurumun gizli çıkar ve amaçlarına yarayan düşünceler aşılamasıdır. Tek tek olayları yansıtan, heyecan uyandıran medya haber ve programları insanları ya eziyor ya da şaşkına çeviriyor.

Olaylar güçlü bir izlenim yarattığı ölçüde sansasyoneldir. Bunlar kaba şeylerden hoşlanan kimseleri çeker. Adam öldürme, intiharlar, tecavüzler, aşk dedikoduları ve benzerleri bu türdendir. Bunlara iri puntolar ve renklerle zorlama bir gerginlik kazandırılmaktadır. Dış uyarılara bağlı olma alışkanlığı, insanların aklını kullanma yeteneğini azaltmaktadır. Eğer bunların kişi ve toplum üzerinde ağır sonuçları olmuyorsa bunu, insan doğasının dayanma gücüne borçludur...

Halk, ulusal çıkarlarda şaşkınlığa düşüp, acınacak mazeretlere sığınmamalıdır. Eğer halk kitlesi soğuk ve atıl buhar yığınından ibaretse hiçbir kuvvet ondan şimşek çıkaramaz. Halk belleği olmayan bir topluma dönüşürse, hak ettiği muameleyle yönetilmeyi de göze almış demektir. Halkın en kıymetli duygusu duyarlılıktır.

Onu kaybederse şarapçı gibi günlük yaşar, olup biten her şeye de şaşkınlık içerisinde seyirci kalmaktan öteye hiçbir şey yapamaz.

Meşe gövdesinde filizlenen yosunlar, kendilerini meşe fidanı sanırlar.

KULAĞI OLAN İŞİTSİN

"**P**artiler anlaşırsa ev hapsi olabilir", "Toplumsal mutabakat", "Akil adamlar komisyonu", "Meclis uzlaşma komisyonu", "Müzakere ve mücadele", "ABD ile anlaşma", "Barzani'yle mutabakat" laflarıyla milleti uyutanlar, PKK'nın siyasi amaçlarına hizmet edenler, geviş getirerek güneşte yatanlardan farksızdır.

Her türlü imkân ve kabiliyet ellerindeyken şu son Dağlıca-Yeşiltaş Jandarma Karakolu baskınında verilen 8 şehit ile 16 yaralı meselesi akıllara ziyandır. Yeşiltaş Karakolu sınırda değildir. Sınırla karakol arasında yüksekliği 3870 m olan İkiyaka Dağları vardır. Bu ne demek PKK'lılar bu dağları aşmış, Yüksekova bölgesindeki iç gruplarla da birleşerek bu baskını gerçekleştirmişlerdir. Böyle bir baskının ön keşifleri haftalarca sürdürüldükten sonra ancak yapılabilir. Hani nerede bu insansız hava araçları? Hani nerede muhteşem dinlemeler? PKK siyasi gücünü nereden alıyor? Toplamı 5000 kişiyi geçmeyen adamlardan! PKK'nın etkisi ve hüneri sürekli asker ve polis şehit etmekten gelmiyor mu? Yani her etkiyi ve sonucu silahla alıyor. PKK'nın silahla yarattığı neticeler olmasa, herkes kendini huzurlu hissetmeyecek mi? Hissedecek. O zaman sıkı durun! Devletin elinde PKK'nın silahlı gücünü en geç 365 günde yok edecek yetenek PKK'dan 100.000 kadar daha fazlayken neden işi bitiremiyor? Çünkü siyasi irade sıfır, istihbarat sıfır, mücadeleye sürülen askeri örgütlenme kötü de onun için...

"Silahla çözüm olmaz," diyen susak kafalılar bile bile, isteye isteye yalan söylüyorlar.

Millet artık yıllardır devam eden bu yalanlardan bıktı ve iğrendi. Dağlarda gayrinizami savaş, mayalı hamur gibi yatan, sülük beyinler ve aşırı şişen kurbağaların becerebileceği iş değildir. Kartalın keskin çığlığı olmadan avare kasnak dolanıp durmaya devam edeceksiniz! Ortadoğu coğrafyası kaosunda ve PKK meselesinde mevcut düzen partilerine bel bağlayanlar bunlardan medet umuyorlarsa, onlara da bizden selam olsun.

SURİYE NEDEN VURDU?

Tarih boyunca savaşlar, siyasi gerilimin doruk noktaya çıkmasından sonra, bir kibritin ateşi ile başlamıştır. Siyasi gerginlik ayyuka çıkmadan, bir uçağın düşürülmesi, bir hücum botunun batırılması, bir kara sınırı tecavüzü hiçbir zaman savaşa sebep olmamıştır.

Türk keşif uçağının Suriye tarafından vurulma sebebi, kesinlikle mevcut hükümetin bir yılı aşkın süredir her vesile ile Suriye'ye karşı savaş çığlıkları atması, müdahale tehditleriyle karşı tarafın sinir sistemlerini zorlamasından kaynaklanmaktadır. Çok kısa bir süre önce de genelkurmayın, "Hükümet karar verirse, biz uygulamaya hazırız," sözü siyasi tırmanışın üzerine tuz biber ekmiştir. Eğer bundan birkaç yıl önce uzun süreli dahi deniz ve kara sınırlarının ihlali veya ihlali sanılan bir durum olsaydı, asla böyle bir olayla karşı karşıya kalınmazdı.

Amatör kameralardan çekilen görüntülerden kumsaldaki Suriye vatandaşlarının hadiseyi izlerken gösterdikleri sevinç ve uçaksavar silahların atış sesleri, Samandağ'dan uçakların kendi üzerlerinden güneye gidişini izleyen, patlama sesini duyan, geçen iki uçaktan birinin geri döndüğünü gören vatandaşlarımızın söylemlerinden çok şey açık seçik ortadadır.

Suriye'nin hava sahasının radarlar ve hava savunma sistemleriyle çok iyi korunduğu SSCB dönemlerinden beri bilinen bir konudur. Suriye diplomatik ağızlarla ne derse desin, doğrusu yanında bir avcı uçağı da bulunan keşif uçağımızın Lazkiye bölgesindeki askeri tesislerimizin havadan fotoğrafını çektiğini düşündüğü için vurulmuştur. Bilinen diğer bir husus ise, Suriye hava savunma füze bataryaları Rus silahlarıdır ve Rus teknisyenler halen bu sistemlerde teknik danışmanlık yapmaktadır.

2012 yılının Şubat ayında parti sitesinde bir makale yayınlamıştım: "Ortadoğu Yanacak" diye. Hızla gidilen yol işte bu yoldur. Başıbozukluğa sürüklenen Suriye, parçalanmış Irak, son aşamalara getirilen Kürt devleti, Malatya Kürecik radar sistemleri nedeniyle de her fırsatta Türkiye'ye diş bileyen İran.

Mızrak çuvala sığmaz, delecektir! Kedinin üzerine çok gider ve sıkıştırırsan kedi, kedi olmaktan çıkar kaplan kesilir. Suriye'nin de durumu budur.

Mevcut hükümet ve düzen partilerinin çapsızlıklarından hâlâ ışıklı bir yol bulabileceğini umanlar, boşuna heveslenmesinler.

Her geçen zaman, meydana gelecek olaylar ve koşullar ne kadar haklı olduğumuzu gösterecektir. Bugünler bile aranır olacaktır.

Güneş çoktan batmış!

UTANMAZ ADAMLAR

Ülke içeriden ve dışarıdan alev alev yanarken şu müptezellerin derdine bakın: "Türk Parlamenter Birliği'nin, milletvekillerinin (eski milletvekilleri) özlük ve sosyal haklarıyla ilgili TBMM Başkanlığı'na sunduğu yasa teklifine göre, parlamenterler görevleri bitse dahi meclis üyelerine tanınan hakların tümünden faydalanabilecek, maaşları en az 16.000 lira olacak."

Bitmedi: "Yasa teklifine göre görevdeki milletvekillerinin ölümü halinde başbakanlık müsteşarı maaşının 12 katı (125.000 lira), emekli milletvekillerinin ölümü halinde 6 kat ölüm yardımı yapılacak."

Yetmedi: "Başbakanlık müsteşarının yararlandığı sosyal haklar ile kamu kurumlarının sosyal tesis ve olanaklarından, bu kurumların en yüksek yöneticileri gibi yararlanacaklar. Özel pasaport verilecek. Silah ruhsatlarında süre sınırı olmayacak. Her türlü vergi ve harçtan muaf olacaklar. Defnedilecekleri ilde resmi cenaze töreni yapılacak."

Bir de sonuçlandırdıkları iş var! "Yenimahalle ve İncek 1'den sonra İncek 2 Konut Projesi'nde TOKİ ile yapılan işbirliği sonucunda 2000'e yakın üyemiz konut sahibi yapılmıştır," deniliyor. Dünyada gelir dağılımı dengesizliğinde 131'inci, insani gelişmede 83'üncü, yoksullukta 56'ncı olan ve genç yaş grubunda işsizliğin %24 olduğu ülkede şu şarlatanların nelerin peşinde olduğunu görüp de, hak arayıp hesap soramayanlar, bırakın halkı ve milleti insan bile değildir.

Türk ulusu! Yılların düzen partilerine oy vererek, bu utanmazları seçen ve meclise gönderen kim? Kendini bu derece nasıl istismar ettirip soydurabiliyorsun? Bir milyon çocuk işçi, her türlü sosyal güvenlik koşullarından yoksun çalışırken şunların, "Devlet malı denizdir, yemeyen domuzdur" ilkesine daha ne kadar "yarabbi şükür" diyeceksin?

Bu yazı, "Ben, sizi yankesicilere karşı uyarmaya geldim" diyor. Ve bunlar, kum taneleri gibi birbirlerine karşı yuvarlaktır. Soyamadıkları yerde, çalarlar...

Koca cumhuriyet ve ulus, tavukların bile gagaladığı horoza döndü.

KALABALIKLAR ÜLKESİ

Her gün gençlerin toprağa düştüğü bu dönemde, "bedelli askerlik" diye yırtınan CHP'nin isteğini AKP kanun çıkararak yerine getirdi. Gene CHP'nin "vicdani ret" talebine, milli savunma bakanından açıklama geldi: "Vicdani ret çalışmasını başlattık." Suriye şokunu yiyince bunlar arasında, "Sen şamar oğlanısın, ben değilim, sen faresin ben değilim" gibi zevzeklikler, nesne değiştirerek devam ediyor. Adalet bakanı çaresiz: "İmralı'nın Bursa'da ziyaret edildiğine dair, bize intikal etmiş bir veri yok." Vah evladım! Aczin de bir ölçüsü lazım. PKK, dün Tunceli Ovacık'ta 20 kişilik gruplarla anayolu çift taraflı olarak saatlerce kesti ve Çukurca Işıklı askeri unsurlarına roket ve havan yağdırdı. Türkiye'deki gazetecilere, "Tasmalılar," diyen hükümet reisi şimdi de ABD'li gazetecilere, "namert," diyor. Herkes biliyor ki dünyada, sonunda Suriyelilerin iddiaları doğru çıkacak. Bir de Zana işi çıktı: "Türkiye halkları diye başlıyor ve idamı kaldırdığınıza göre, ev hapsi de sizin için sorun olmaz," diyor.

Dış siyaseti, bataklıkta gırtlağına kadar batan ülkenin dışişleri bakanı ise evlere şenlik, ABD terimleriyle konuşuyor: "Sert güç, yumuşak güç, akıllı güç." Bu vatandaşa öğreteceksin! Sayenizde Türkiye de ipleri ABD'de olan "Hacivat güç" oldu. Cenevre'deki dışişleri bakanları toplantısından "Esat yerinde kalsın" kararı çıktı mı çıkmadı mı? Irak'ın kuzeyi gibi, Suriye'nin kuzeyi de bu gidişle başımıza bela olacak muhterem! Bu zat, resmi dışişleri konutu Çankaya tarafından işgal halinde tutulduğundan, 34.000 liralık kiralık villada oturuyor mu hâlâ? Bir konu var ki, akıllara ziyan; "askeri casusluk" nedeniyle 32'si rütbeli muvazzaf asker, 66 kişi tutuklu ve bilgiler doğruysa üsteğmenler çoğunlukta. Dicle'nin doğusu yanıyor, Suriye pervasızca uçağımızı düşürüyor, panayır şaklabanlığı olgunluğuna erişmiş siyasiler de, somun pehlivanlığı yapıyorlar. Emperyalizmin yardakçısı bir parti de yönetimde. Bu tekne daha ne kadar suyun üstünde kalır? Uskuru kırık, pervaneleri naylondan bu tekne, mutlaka ve mutlaka çok yıllar geçmeden ilk sıra kayalarda kıçtan kara olup yan yatacak. Gemi kazalarında bütün denizcilerin bildiği bir şey vardır, tekneyi ilkin fareler terk eder!

Ünlü düşünür ve yazar Eric Hoffer'ın *Kesin İnançlılar* isimli eserinden: "Sömürgede egemen gücü oluşturan yabancıların politikası, yerli halk arasında cemaat birliğini desteklemek ve aralarındaki kardeşlik duygusunu ve eşitliği teşvik etmek olmalıdır, çünkü hükmedilen halk kendi kapalı bütünlüğüne ne kadar karışır ve onun içinde benliğini ne kadar çok eritirse, kişisel yetersizlik duygularının acısı da o kadar hafiflemiş olur ve böylece, sefaleti ve hayal kırıklığı isyana çeviren gidişat, daha kaynağında önlenmiş olur. "Böl ve Yönet" diye bilinen siyasi oyun, yönetilen halk arasındaki çeşitli birlik şekillerinin hepsini zayıflatmak amacına yöneldiği zaman, beklenen sonucu vermez. Etkili bir bölme, birbiriyle rekabet eden ve birbirlerine kuşku ile bakan kapalı toplulukların (etnik, dini ve ekonomik) sayısını artırmak yoluyla yapılabilir. Sömürgelerde egemen yönetime yönelik olası huzursuzluğu önlemek için kullanılan cemaat birliğini teşvik etme yöntemleri, sanayileşmiş ülkelerde de işçi sınıfının huzursuzluğunu önlemek için kullanılabilir."

Başka söze gerek var mı?

Özgürlük, bedelini ödeyenlerin hakkıdır...

MEMLEKETİM VARSA, BEN VARIM; YOKSA, BEN DE YOKUM!

Türkiye'deki düzen ve burjuva partileri, benim siyasi ve felsefi doktrinim çıkar gruplarıyla kesinlikle anlaşmaz diyemez. Karşılıklı menfaatleri için perdenin önünde ve arkasında anlaşırlar. Ağızlarından bir dakika önce çıkan sözleri, bir dakika sonra inkâr ederek, gerçekleri altüst edecek kadar da yüzsüzdürler.

Basın denilen yapılanma, çok basit ve gayriciddi olayları, ülkenin bir numaralı gündem maddesiymiş gibi manşetlere taşıyarak, halkı ana meselelerden uzak tutup siyasi erke yalakalık yaparak geçimini sağlar. "Özgür basınmış!" Bir elin sayıları kadar az olanları hariç tümünde korku dağları bekliyor. Siyaseti meslek haline getirenler ve her devrin adamı olan bu tiplerden, bir çöpçü taburu kurup, bir ilçe belediye başkanının yönetimine vermek gerekir, hiç değilse işe yararlar.

Düzen partilerine mensup ve yamananların büyük çoğunluğunun tek bir amacı var, o da ceplerini doldurmak, milletin kanına kene gibi yapışıp, emmeye başlamak. Korkak ve yüze gülen şakşakçılar da bunların amigolarıdır.

Kimse bunlara, "Adam sen de, aldırma, geç git diyemez." Bunu diyen de dolaylı olarak bunlara hizmet eden bir aymazdır.

Devlet, sosyal adalet, hak ve eşitlik ilkesine göre hizmet vermeye mecburdur. Devletin varlığı ve siyasi yapılanması bazı gruplara, sosyal sınıflara ve yandaşlara gelir kaynağı temin etmek değildir.

Bir asil ve yüce kitle hareketine katılmayan, mücadelede

yer almayan bireyler, sadece bireysel bencillikleriyle yaşamaya mahkûmdur. Zamanla anlayacaklar ki, bu hal sonunda tatminsizlik, hiçlik ve güvensizlik yaratacaktır. Dünyanın hazzını ancak cüretkâr ve azimli kimseler tadabilir, çünkü sadece onlar galip geleceklerdir.

Hantal, bıkkın ve yorgun bir toplum, ne siyasi, ne ekonomik ne de güvenlik dertlerinin hiçbirinin üstesinden gelemez. Halk diri, canlı ve bilinçli olmak zorundadır.

Yeryüzünde büyük olan hiçbir şey, öyle birçok zayıf gücün bir araya gelerek ortaya çıkarttıkları sıkı mücadeleler sonunda elde edilmiş falan değildir. Aksine her birinin içerdiği yapı, gelecekte tekrar parçalanma ve bölünmeyi meydana getirecek sebepleri de kendi içinde taşır. Yeryüzünün, dünyanın ve bir ülkenin altını üstüne getirebilecek kitle hareketleri ancak ve ancak, tek başına bağımsız hareket edebilecek güç ve iradeye sahip bir grup (parti) tarafından gerçekleştirilebilir. Birçok zayıf grubun bir araya gelmesiyle gerçekleştirilemez.

Az gelişmişlik demek veya gelişmekte olan ülke diye söze başlamak; açlık, yoksulluk, cehalet, siyasi yozlaşma, rüşvet, ayırma-kayırma, suistimal, karanlık, despotluk ve dikta anlamındadır. Bunların yanında, kargaları güldüren dış politikayla imzaladığı borçlar da ayrılmazlar arasındadır. Yabancılara karşı yerlerde sürünürcesine uşaklık da cabasıdır.

Bu ülkede hiçbir zaman bir toprak politikası ve reformu ele alınmaz. Ver ekmeğini, sömürge olduğunu bile kavrayamaz. Üstelik bizdeki düzen ve burjuva partilerinin hiçbirinde böyle fikirler ve irade ortaya koyabilecek kapasite yoktur. Gevşek sosyal demokrat ve Atlantik milliyetçilerinin her şeyleri sıradandır. Tıpkı mahallelerin şarapçıları gibi günlük yaşarlar. İşte halkın gelir düzeyi, işte güvenliğin hali, işte arapsaçına dönmüş adalet sistemi!

SİZ ÜLKENİZİN ŞEREFİNİ KORUYUN, O SİZİN GELECEĞİNİZİ KORUR

Türkiye Cumhuriyeti Devleti'nin yurttaşlık belgesini taşıyan genci, yaşlısı, kadını erkeği, özetle kim varsa, başlarını iki ellerinin arasına alıp mutlaka ama mutlaka, açık ve dürüst bir vicdanla düşünmelerinin zamanı geldi de geçiyor.

İnsanoğlunun yeryüzünde göründüğü günden itibaren, devlet statüsüne geçinceye kadar başına gelenleri anlatan iki kitap vardır. Bunlar; *Siyasi Tarih* ve *Harp Tarihi*'dir. İnsan doğası değişmediğinden, yazılı kayda geçirilen 5000 yıldır olup bitenler sürekli olarak tekrar eder, durur. "Tarih tekerrür eder" sözü hiçbir anlam taşımaz. Doğrusu, insanların birbirini boğazlamadan birkaç hafta, birkaç ay bile duramamalarıdır.

Dünyadaki hangi coğrafyada yapıldıysa, neden kaybedildi veya nasıl kazandılarsa ayrıntılarıyla yazdığım *Kara Tohum* kitabında belirttiğim gibi, "Barış sonsuz bir rüyadır ve insanların böyle hayallere ihtiyacı vardır!" Savaşsız duramadıkları için de, kitabın adı *Kara Tohum*'dur. "Siz savaşla ilgilenmeyebilirsiniz, savaş sizinle ilgilenir" sözü de savaşın sonsuzluğunu anlatır. Devletin iki temel sorumluluğu vardır, o da adaletin ve güvenliğin sağlanması. Adalet için sağlam bir hukuk, güvenlik için de sağlam bir savaş sanatı zorunludur.

Türkiye'de adaletin hali, bildiğiniz ve yaşadığınız üzere saldım çayıra durumundadır. 30 yıla yakındır devam eden PKK meselesi de tam bir fiyaskodur. Kökü saçağı ile sökülüp atılarak, bitirilemeyen hiçbir silahlı mücadele için, kazanmaktan ve zaferden bahsedilemez.

Kazanılamaması için devletin hiçbir maddi ve manevi eksikliği söz konusu bile değil ama gelgelelim meclisler, hükümetler, asker ve sivil bürokratların inançsızlık ve yetersizlikleri durumun bir bataklığa dönüşmesine neden olmuştur. Sonucu ortada olan durumun nesinden başarıdan söz edilebilir ki!

Koskaca devleti bu hallere düşüren ve milleti acılara, öfkelere, nefrete, kine götüren baş faktör ise, siyasi, ekonomik ve askeri yönden tam bağımsız olamamaktır. Sadece ağlayıp sızlayarak bütün olup bitenlere bakan, "Demokrasi, seçmek ve denetlemektir" ilkesini hâlâ anlayamamış, hesap sormayı ve hak aramayı bilmeyen, gösteri, hareket ve eylemin gücünden habersiz, düzen partilerine oy vererek bu işlerin üstesinden gelineceğini sanan, kendine göre de kurnaz ve çıkarcılardan oluşan ahali de sorumludur.

Hak aranıp hesap sorulmayan, bana dokunmayan yılan bin yaşasın kültürüyle yetiştirilen toplumlarda demokrasi küçük, havasız ve göstermeliktir.

Sorumlusu sorumsuzu, bileni bilmeyeni, aklı ereni ermeyeni, konuşanı, yazanı çizeni 15 gündür Hakkari-Şemdinli'de ne oluyor diye konuşuyor, yorumluyor ve saçmalıyor. Akılları da ermediği için (bahse konu olan, sonuç da savaş sanatıdır), milleti de kör kuyulardan su çekme zahmetine sokuyorlar.

Hakkari'de olan şu: PKK Hakkari'nin Şemdinli ilçesinin kuzeyinde, Türkiye ile İran sınırını çizen Şehidan Dağı'ndan başlayarak, Şemdinli'nin güneyinden Derecik beldesi ve Balkaya Dağları'na kadar olan bölgede, kırsalı tam kontrol altına almış. Diğer bir ifadeyle tam hâkimiyeti ele geçirmiş. Aynı hâkimiyeti, Yüksekova'dan Dağlıca'ya ulaşan Yeşilöz Vadisi'nde de, İkiyaka Dağları'nda üstlenerek sağlamış. Böylece Hakkari'nin hemen güneyindeki Buzul Dağları'nın güneyi olan Ormar (Alandüz) sahasında da tam kontrol sağlamış durumda. Hakkari-Çukurca arasındaki Geçimli Karakolu'na yapılan baskının şiddetinden; Zap Vadisi'ni kontrol eden yolun iki tarafındaki stratejik yerlerden Han Yaylası'yla, Kato Dağı'nda da hâkim durumda olduğu anlaşılmaktadır. Geçimli'yi basmaya gelen grupların hem Han Yaylası hem de Kato'dan gelmeleri kaçınılmazdır, aksi halde tek istikâmetten gelerek 8 şehit ve 20 yaralının verilmesi mümkün değildir. Zap Vadisi baskınları her zaman iki kanattan gelmiştir ve öyle gelmeye de devam edecektir. Aynı gece Kuzey Irak sınırında bulunan, uzun zamandır taciz edilmeyen Çukurca'nın 2-3 sınır karakoluna da saldırı teşebbüsü hepsinin üstüne tüy dikmektedir. Sonuç; PKK Kuzey Irak'ta Hakkari sınırında bulunan 7 kampının alanını bizim topraklarımızda, kuzeye doğru, Hakkari-Yüksekova hattına kadar sürmeyi sağlamış durumdadır.

Şimdi, peki ama biz orada mülki idare, polis, jandarma ve ordu olarak yok muyuz diyeceksiniz. Elbette varsınız! Karakolda, kışlada, il ve ilçelerin içerisinde, devlet binalarında varsınız. Köylerde, mezralarda, dağlarda, boğazlarda, vadilerde, geçitlerde, nehir yataklarında, ormanlarda yoksunuz. Buralarda muharebe etmeden, fare deliklerinde, dağların tepelerinde boşaltılmış ayı inlerinde 3750 metrelik İkiyaka Dağları'nın mağaralarında, Baklaya Dağları'nın 200-300 metreye varan dehlizlerinde bulunmadan, siz aslında Hakkari'nin milyonda birindesiniz. PKK böyle yok edilir. Bulunduğunuz yerler ise, güya size koruma sağlamakta. Tersine, sizi ölüme hazırlıyor...

Nasıl oluyor da PKK bu kadar geniş alanda yapılanıyor, saldırı planları yapıyor ve niye temizlenemiyor. Böyle bir duruma PKK azami 2-3 ayda gelebilecek tecrübeye sahiptir. Dikkat ediniz! Her operasyon PKK'nın büyük bir eyleminden sonra, testinin kırılması sonrasında başlanır. Ah sevsinler bunların heronlarını, insansız hava araçlarını, muhteşem istihbaratını! Bunlara gerek yok, Hakkari'de yüzden fazla köy, binden fazla da mezra var. Ve şunu herkes bilsin, buralarda yaşayan Kürt vatandaşların tümü bölgelerinde olup biten her şeyden saat saat haberliler.

Şimdi, tam halk tipi bir soru: "Devlet nerede?" O mu? "Uyusun da büyüsün, ninni" halinde. "Balık baştan kokar" lafı çok doğal bir olaydır, artık bu memlekette başı ile kuyruğu aynı anda kokmaya başladı.

Hükümettekilerin ve meclistekilerin çaresizlik, zavallılık ve halka hâlâ ahmakça masalları anlatmaktaki hallerine bir bakın. İnsan da konuşmaya yüz ister. Suratlarına tükürsen Yarabbi şükür diyecekler. Beceriksizliğiniz, korkaklığınız bölgede onun bunun adamı olmanız yanında, en önemlisi vicdanlarınız pörsümüş.

Ülke hızla bölünmeye ve daha fazla acı çekmeye gidiyor. Ulusların yurtseverlikten başka surları yoktur. Herkes de olmasa bile bu surların hızla inşa edildiğini ve yükseldiğini görüyorum. Sonuçta ne olacaksa olacak olanlar, Türk ulusunun yazgısı olarak önümüze gelecektir.

Bu sivri akıllıların haber ve yazılarına bak! "Suriye cephesine yeni komutan atanmış!" Vay Hacivat oğlu Hacivat. Bu, kıçı kabak gibi açıktaki adamın, başında taçla gezmesine benzer. Ayranı yok içmeye...

Gayrinizami muharebeler, bunların taktik ve stratejileri, teknik yöntemleri, istihbarat ve örgütlenmeleri, dağlarda, nehir yataklarında, ormanlarda, dağ geçitlerinde, karlı coğrafyalarda nasıl yapılır ve yürütülür öğrenmek isteyenler (hem bizim topraklarımızda, hem de tüm coğrafyalarda) *Unutulanlar Dışında Yeni Bir Şey Yok, Kara Tohum* ve *Akıllı Ol!* kitaplarından öğrenebilirler. Kitap okuyarak savaş sanatı öğrenilmez ama merak bir nebze giderilebilir ve insan bilmediği konularda hiç değilse saçmalamaz... Her şeyin aleniyat kazanmasına rağmen, hâlâ mel mel bakanlara da *Angut* kitabını öneririm faydası olur...

Bu makaleyi yüzlerce kişinin, hatta binlerce kişinin "Hakkari'de 15 gündür olup bitenlere Osman Pamukoğlu Paşa ne diyor, o söylesin!" dedikleri için kaleme aldım.

Aslında son iki yıldır hem TV programlarında hem de kaleme aldığım yazılar, konferans ve söyleşilerde, "Hakkari elden çıktı!" dedim, çünkü o kadar açık ve netti ki! Hükümet edenler belli, muhalefettekiler belli, asker ve sivil bürokratlar belli, PKK da belli! Ne zekâ ne de akıl gerektiriyor!

Bundan sonra ne mi olacak? Terbiyemi zorluyor ama söylemek zorundayım: "Arkadan kabakcı geliyor!" Bekleyin...

ŞEMDİNLİ'DE NE OLUYOR?

PKK Kuzey Irak'ta bulunan hattını kuzeye doğru çekerek hattı Yüksekova-Hakkari çizgisine getirmek istiyor. Şemdinli kolay işgal edilecek bir yer değil. PKK alanı elde etmek istiyor. PKK'lı 5000 kişi çok iyi eğitim almıştır. Denildiği gibi çapulcu vs. değildir. Bir zamanlar öyle değildi ama şimdi halktan da destek alıyor. Halk çok doğal olarak, "Devlet nerede?" diye soruyor. Siz sadece kışlada, karakoldaysanız Hakkari'de milyonda bir yerde demeksinizdir. Hakkari'de sayılamayacak dağ blokları içerisinde binlerce mağara ve dehliz vardır. Ayı inlerinde PKK'nın silah depoları ve cephaneleri vardır.

İstihbarat paramparça!

İstihbaratı kim alıyor, jandarma, polis ve MİT. Orada istihbarat valiliğe ve garnizon komutanlığına gidiyor. Peki, operasyon, harekât, saldırı ve hücüm kararını kim veriyor? Orada komutanlarda, yetki ve sorumluluklarda bir bütünlük yok. İstihbarat geldiği halde 2 aydır müdahalede bulunulamadı.

Yaptıkları gerilla savaşıdır!

Biz gerilla lafını kullanmıyoruz ama PKK'nın yaptığı muhabere savaşıdır. Biz istediğimiz kadar kullanmayalım yaptıkları gerilla savaşıdır. Her PKK'lı kız ve oğlanın küçük bir not defteri vardır. Siyasi ve askeri eğitim notları vardır. Bu iki notu yan yana getirdiğimizde latin gerillaların taktikleri vardır.

İki üç aylık askerle olmaz!

Bu mücadele büyük fedakârlıklar ister. Dağ muharebeleri subaylara özel harekâttır. Nehir hatlarında, karlı bölgelerde özel harekâttır. Bu iki üç aylık asker çocuklarla olmaz. Cemil Bayık benim zamanımda Güneydoğu sorumlusuydu. Karayılan Hakkari sorumlusuydu. Bunların hepsi aynı adam, hiç değişmedi.

Aykırı işler aykırı adamlarla yapılır

Rus ordusu 25 yıldır Şeyh Şamil'le baş edemedi. Bir teğmen yüzbaşılığına kadar orada kalıyor. Çar özel bir kanunla o subayı milli savunma bakanı yaptı. O subay Şeyh Şamil'in işini bitirdi. Şamil en son yanında çocuklarıyla birlikte teslim oldu. Bu aykırı işler aykırı adamlarla yapılır. Bu işler karakolu güçlendirmekle falan olmaz.

Nisan giriş, ekim çekilme ayıdır

Ben oralarda görev yaparken hep şunu merak ederdim, bunlar ne zaman giriş yapıyorlar diye. Nisanda girerler ve bu aylarda vururlar. Ekim çekilme anıdır. O zamanlar Kuzey Irak'a 3000 askerle harekât yapacağımı Diyarbakır Asayiş Komutanlığı'na bildirdim, orası da genelkurmaya bildirdi. Tam başlayacağız genelkurmaydan kroki geldi. O krokide gösterilen bazı noktalarda Barzani'nin karakolları olduğu ve onlara dikkat etmemiz gerektiği söylendi.

Barzani 1 taşla 10 kuş vuruyor

Her zaman şunu söylerdim, gündüz yılan gece yarasa olacaksınız. Başladık harekâta saat 02.00'ye kadar ses yok. Jandarmadan haber geldi, "Komutanım Barzani'nin noktalarından bize ateş ediliyor," dendi. "Yerle bir edeceksiniz," dedim. İki saat sonra bir haber geldi, "Efendim o karakolların hepsi PKK'lı." İşte Barzani budur. Barzani 1 taşla 10 kuşu birden vuruyor. Hem Barzani'yi hem PKK'yı biz palazladık. Bizim Hakurk'ta yaptığımız PKK operasyonunda Türk ordusuna ait 322 piyade tüfeği çıktı. Rus ve ABD malı silahlar çıktı.

İran PKK'ya destek veriyor

İran PKK'yla uğraşmayı bıraktı. Siz Malatya Kürecik'e füzeler verirseniz, Şemdinli'ye gelen PKK'lılar da İran'daki kamplardan gelir. Diplomasiyi bilirseniz, İran'ın böyle davranacağını bilmeniz gerekir. İran kendi siyasetinde haklı...

Hakkari elden çıktı!

Türkiye'de eksiklik siyasi, ekonomik ve askeri olarak bağımsız olmamasıdır. Biz camide namaz kılıp kilisede mum yakıyoruz. Bizim durumumuz o. Ben iki yıl önce Hakkari elden çıktı diyordum. Şimdi bakın Hakkari'yi konuşuyoruz.

Bu terör olayları hükümeti bitirir!

Bu terör olayları anayasa çalışmalarıyla doruğa çıkacak. Bu hükümeti götürecek olan, büyük sıkıntıya sokacak olan, parçalayacak olan bu olay olacaktır. Ben şimdiye kadar Türkiye Cumhuriyeti'nin çepeçevre sıkıştırıldığını ilk kez görüyorum. Ne Yunan, ne Bulgar, Türkiye Cumhuriyeti'nin hiç bu kadar tehdit altında olduğunu ben görmedim.

Hükümet izin vermezse, istifa edersiniz

Türk ordusu halk çocuklarından oluşur. Bu işi generaller yapacak. Eğer bu işle ilgili hükümet generallere müsaade etmiyorsa, yapacakları tek şey vardır; istifa!

Bu sözleri nasıl söylersiniz?

Aşağıda 5000 kişi dururken biz neyi bekledik? Buna sabır dönemi denir, dolma dönemi denir. PKK sabır ve dolma dönemindeyken niye beklediniz? Şimdi gelinen yer neresi? Oslo görüşmelerinde hükümetin temsilcileri, PKK'nın temsilcilerine,

"Büyük şehirleri cephane ve silah deposuna çevirdiniz," diyor. Böyle bir cümle insanın ağzından nasıl çıkabilir?

O yaralı çocuklar ne olacak?
Şimdi oradaki çatışmada yaralı olan çocuklar ne olacak, kimsenin aklına gelmiyor mu? O yaralı çocukların kimi gözsüz, kimi kulaksız, kimi elsiz ve ayaksız kalacak, bunu hiç düşündünüz mü?

Bu bedelli, askeri yakar!
En çok askerliği kim yapıyor? Okuyamamış ve yoksul kalmış çocuklar. Bu acılar yaşanırken bedelli askerlik çıkmadı mı, pes! Bir de vicdani ret meselesi var. Bakın her şeyin üstesinden gelinir ama bu bedelli psikolojik olarak askeri yakar. Bu bedelliyi AKP ve CHP birlikte çıkardı.

PKK açısından genel af...
Asker için moral çok önemlidir. Genel affı çıkardığın zaman bu iş bitmiştir. Benim bizzat sorguladığım PKK'lılar vardı. Hepsinin gözü haberlerdedir. Genel affın onlardaki anlamı ise "işin sonuna geliyoruz"dur.

İsterlerse bilgilendiririm
Yetkililer terörle mücadele konusunda benden yardım isterlerse ben onlara, gece gündüz, yemeden içmeden her türlü yardımı yaparım, anlatırım.

Ohal zamanı gelmiştir
Özellikle Hakkari ve Şırnak bölgesinde Olağanüstü Hal zamanı gelmiştir. Daha ne bekleniyor?

Terör 365 günde bitirilir
Yapılacak iş şudur, biz de aykırı hareket etmeliyiz. Hayalet

ve şeytan adamlarla yapmalıyız bunu. 20.000 genç çocukla bu iş yapılır. Dağların ve ormanların olduğu bölgede kışla seçeceğiz. Onlara her şeyi öğreteceğiz. 20.000 kişiyi 4 gruba ayıracağız. Genç generaller vereceğiz. 4 general. Başına bu işleri çok iyi bilen bir başka general getireceğiz.

Sepetin içindeki solucanlar

Bu 20.000 kişiyi bir sepetin içinde binlerce solucan olarak görünüz. Bu sepeti götürüp o bölgeye boşaltacağız. Askerler kesinlikle bekâr olacak. Akıllarında aile ve çocuk olmayacak. Para pul diye bir meseleleri olmayacak.

ÜLKE HER GEÇEN GÜN ZAMAN VE KAN KAYBEDİYOR

ABD dışişleri bakanı geldi ve Ortadoğu'daki ABD çıkarlarına hizmette kusur etmeyen partiye bir köy kâhyasının, yanaşmalarına nasıl emir ve talimat veriyorsa, aynısını yaptı.

İstek şu: Nasıl, 1991'de Irak'ın kuzeyinde 36. paralel tesis edilerek bir Kürt bölgesi meydana getirildiyse, şimdi tıpkısı Suriye'de de yapılacaktır.

Böylece İran sınırından itibaren, Suriye'nin Lazkiye Limanı'na kadar güneyimizde 1260 km'lik bir Kürt bölgesi tesis edilmiş olacaktır. Musul ve Kerkük petrolü artık bu bölgede inşa edilecek boru hattından, doğrudan ve engelsiz bir araziden Lazkiye Limanı'na getirilip tankerlere yüklenecektir.

ABD ve AB için petrole ulaşmada en kısa yol budur. Artık İran'ın Hürmüz Boğazı yok, Ümit Burnu'nu dolaşmak yok, Hint Okyanusu'nu ve Pasifik Okyanusu'nu kat etmek de ortadan kalkmış olacaktır.

Bu, deniz ulaştırmacılığı yönünden katrilyon dolarlarca tasarruf ve büyük bir zaman kazancı demektir. Türkiye'nin güneyinde oynanan bu tehlikeli oyunun, sırnaşık resimlere, boş boş laflara nasıl yansıdığı ve yansıtıldığı gazetelerde boy boy yer almaktadır.

Güneyimizde Suriye, Irak, doğuda İran ve Ermenistan. Ve hiçbiri ile artık dostane bir ilişkimiz yok. Güneydoğu ise barut fıçısından farksız. Emperyalizmin maşası, din ve mezhep istismarcısı bir partinin Türkiye Cumhuriyeti Devleti'ni getirdiği yer, işte budur...

Beceriksiz, çaresiz, inisiyatifsiz, şahsi çıkar ve ikbal peşinde koşanlardan ne devletin başını dik tutması ne de milletin onurunu korumasını beklemek kadar aymazlık olabilir...

Kendi hallerini bildikleri için küçük bir dokunmada da etekleri zil çalmaya ve her yanları tutuşmaya başlıyor. Bu kadar yanar döner bu kadar yalancılara da siyasi alanda daha önce hiç rastlanmadı.

Anayasanın içeriği, özerklik, genel af, ev hapsi gibi milletin sabrını taşıracak olan çalışmalarla önümüzdeki zamanlarda her şeyi daha da köpürtecektir.

Bu istekler de kâhyanın yanaşmaya direktif ve talimatları olduğundan aşama aşama hepsi yapılacaktır.

MEDYA PATRONLARINA

Gazetecilikte temel işlev, gerçekleri bulup bozmadan, abartmadan ve hiçbir baskının etkisi altında kalmadan, en kısa zamanda ve edinilebilen tam bilgiyle kamuoyuna iletmektir.

Bir insan, sermayesini hangi amaçla medyaya yatırmış olursa olsun, "Kamuoyunu özgürce bilgilendirme" ilkesinden asla vazgeçemez ve böyle bir hakka da sahip değildir. Bu ülkede size ve basın mensuplarına yapılan hakaret, baskı ve şantajlar, bugüne kadar bu topraklarda görülmemiş ölçüde ve bin beter bir hal aldı...

Bugün medyada sayıları bir elin beş parmağını bile geçmeyen kişiler dışında, özgürce ve cesaretle program yapan ve yazı yazan kimse kalmadı. Korku kazandırmaz, her şeyi kaybettirir. İnsanların ekmekten sonraki ihtiyacı, şeref ve onurdur. İnsanı diğer türlerden ayıran tek üstünlük de şeref ve onur duygusudur.

Türkiye iç ve dış siyaset yönünden batmıştır. Dışarıda ve içeride olup bitenlerin, Türk ulusunun, hızla nerelere doğru sürüklendiğini anlaması için artık, zekâ ve akıl da gerekmemektedir. Gidilen yol vahimdir. Siyaseti sefalet ve meslek haline getirmiş, şahsi çıkar aracı yapmış, yılların düzen partilerinin gidişatı değiştirebileceklerini sanmak ise, aymazlığın ötesini geçmiştir...

7 Ağustos 2012 gecesi, HABERTÜRK'teki programda cin, lambadan çıkmıştır. O tarihten itibaren de Osman Pamukoğlu adı ile Hak ve Eşitlik Partisi, tutuşanlar için öcü haline gelmiştir. Biz, her şeyi takip ediyoruz, izliyoruz ve her şeyden haberdarız...

Türkiye'de 40 milyon kişi internet kullanıyor ve onlar da her şeyin farkındalar. Artık bu işler gazete ve TV sansürleri ile yürümez. Üstelik meydanlar ve sokaklar da serbest...

Hak ve Eşitlik Partisi, "Başı Dik Devlet ve Onurlu Millet" adına kurulmuştur. Halkın sureti ve halkın ateşidir. Hayrettir, bunu ilk fark eden de Avrupa Birliği olmuştur. Uyarısı ise, "Aman dikkat edin!" şeklindedir.

Biz, siyasi ideolojimizde yer aldığı gibi, kimseden ne icazet alırız ne de kimseye minnet ederiz. Yurtseverlik yüce bir erdemdir, cesaret ise insanı adam yapar. Kimseye bizi övün de demiyoruz. Dürüst davranmak ve vicdan sahibi olmak yeter.

Her kim ki, coşkulu bir yurtsever olarak vatanı ve ulusu için bir şey yapmadıysa, öldüğünde de hiç yaşamamış olacaktır...

ERDEMLİ YAŞAM

Bir toplumda dilencilik itibarda ise, orada hırsızlar, yankesiciler, dinsizler ve katiller vardır.
Yiğit olmak için azgın olmak gerekir. Ancak azgın olanlar yatıştırılamaz, yenilmez, gözü pek ve boyun eğmezdir. Ruhça azgın olmak gerekir. Hem yumuşak huylu hem de yiğit olmak; doğada ise böyle bir canlı yok.
Her dolaba aklı eren, paraya ve rüşvete düşkün olanları devlet idaresine getirmeyin.
Gelgeç heveslilerden ne partili ne de yurtsever olur.
İyi kaptan, hem gemiyi hem de yolcuları denizden korur.
Kaya durduğu yerde zararsızdır. Ama dağdan aşağıya yuvarlanmaya başlarsa, her şeyi ezer geçer. Hareket, hareket, hareket...
Doğruluk, herkese borçlu olduğumuz şeyi ödemektir. Doğruluk, herkese hakkını vermektir.
Cılız kafalar eyleme geçemez.
Bu ülkede hem siyasete hem de bürokrasiye tünemiş "yüksek yürütücü sınıf" mevcuttur.
Korkuyla yapılan hiçbir şeyden hayır çıkmaz, tıpkı korkuyla verilen oy gibi. Siyasal putları kırın.
İnsanları inceleyiniz. Kökleri nereden geliyorsa, dalları da oradan fışkıracaktır.
Topaç, hem duruş hem de dönüş halindedir. Topacın duran yeri ayrı, dönen yeri ayrıdır. Tıpkı bazı insanlar gibi...

İnsanlar bedeni yeteneklerini kaybettikçe, konuşmaya doymaz olurlar.

İnsanları yeryüzünde göründükleri günden bu zamana iki güç yönetir, o da: "korku" ve "sevgi"dir. Birincisi zihnin, ikincisi ruhun (kalbin) ürünüdür.

Halkı zarardan ve yıpranmaktan korumak için, herkes kendi payına düşen çalışma ve fedakârlıkları yapmak zorundadır. İnsan adamlık, halkı için katlanmaktır.

Milleti sayısız akbabalara yem olmaktan kurtarmak için, bu akbabaların hakkından gelecek bir avcıya ihtiyaç vardır. Bu da Anadolu kartalıdır.

Bütün olup bitenlere karşı kabuk bağlamış ve taş kesilmiş halde durmamalıyız. Yurttaş hem görevini yapmalı hem de kendi çıkarını korumalıdır.

İnsan güneşi görebilmek için mum yakmaz. Kartal üzerinizde ve hizmetinize hazır. İnanmazsan, anlayacaksın!

Görünüşte demokratik olan birçok şeyin yapılması, demokrasinin yıkılması ile sonuçlanabilir.

Zorba ruh ve zorba devlet, yozlaşma ve bozulmanın en kötü biçimidir.

Başı dik, onuruyla yaşamak bir hünerdir ama ölüme boyun eğip isyana başkaldırmak; işte bu cesarettir.

Vatan hava, su ve topraktır. Bu niceliktir. Bu üç şeyin gerçek sahibi isen o zaman bu niteliktir. Bunun ilkesi ise; "siyasi ve ekonomik bağımsızlıktır" gerisi boş gevezeliktir.

Çekingen ve korkak. Atılgan ve cesur... İnsanlar bu iki sınıftan birine mensuptur.

Bir insan doğuştan coşkun değilse, gevşeme daha da çabuk olur. Ortaya da bir sünepe çıkar.

Devlet çoğunluğun yararını temsil eden bir organizasyon değil, hukuk düzenleyen, adalet sağlayan ahlaki bir varlıktır.

Büyük adamlar olmasaydı tarih olmayacak, durgunluk olacaktı. Durgunluk ise, ölüm demektir.

Demokrasi çok gevşeklik ve başıbozukluk yaratırsa, bunun sonu köleliktir.

Ülkemizde toplumsal ve siyasal kargaşa yarattılar. Hak ve Eşitlik'te, yalan yok! Hırsızlık yok! Huzur ve ekmek var.

Cüretli olmak, çekingen olmaktan çok daha iyidir, çünkü yazgı, kendi üzerinde egemenlik kurmaya kararlı insanlardan yanadır.

Parmağının ucunu verirsen, kolun gider. Diyarbakır giderse, İstanbul gider.

Erdem her şeyden önce, eylem ve yiğitlik yeteneğidir.

Gerçek muhafazakârlık, inançlarını ve toprağını muhafaza etmektir.

Ölmüş ve sönmüş gibi hayat süren insanlara baş olmaktansa, yoksul bir çiftçinin yanında ırgat olmak çok daha iyidir.

Yurttaşlık esastır, insan olmak değil... Çünkü devlet yurttaşların toplamıdır.

Ya bir insanı, gerçek bir lideri ve devlet adamını gördüğümüz zaman tanımayı öğreneceğiz ya da sonsuza dek sıradanlarla yönetilmeyi göze alacağız.

İki şey vardır ki, iş gören insanı işe yaramaz hale getirir: Zenginlik ve yoksulluk.

Büyük, doğrudan ve kişisel bir atılım olmadan, bir yapanı bulunmadan, hiçbir eylem olmaz. Gerçek bir istek duymaksızın kimse, bir şeyi yapma gücünü kendinde bulamaz.

Benim ülkem sahip olduğum değil, yaptığımdır.

Bütün devletlerde üç kesim vardır. Çok zenginler, çok yoksullar ve orta halliler (aradakiler). Orta sınıf istikrar demektir. Demokrasi baştaki ve sondakilerle olmaz, orta sınıf ve onun büyüklüğü ile olur.

Özgür insan, iyi gelir ve servet sahibi yurttaşlar olmadan iyi bir devlet de olmaz. Doğruluk ve yiğitlik olmadan da iyi yönetilemez.

Özgürlüğün bayrağı rüzgârlı olur. Sonsuz olmanın şartı, cesur olmaktır. İnsanın ekmekten sonra en büyük ihtiyacı şereftir.

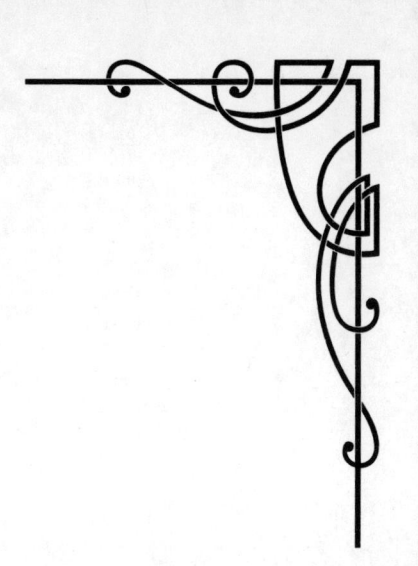

Uyuttular, Avuttular ve Soydular

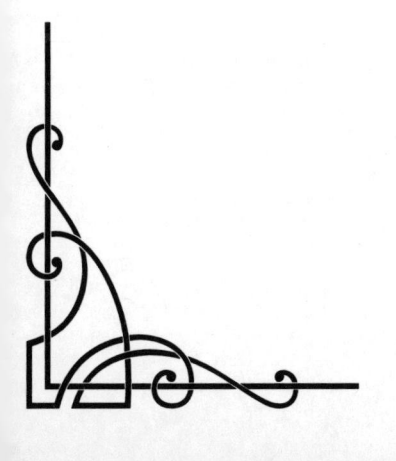

BİZ DE MUSUL'U KONUŞURUZ

Efsane komutan olarak adlandırılan Osman Pamukoğlu, Amerika Birleşik Devletleri'nin PKK'yı hem bize hem Suriye ve İran'a karşı kullanmak için yok olmasına izin vermediğini söyledi.

STAR TV'de Ruhat Mengi'nin sunduğu "Her Açıdan" programına konuk olan Hak ve Eşitlik Partisi Genel Başkanı Osman Pamukoğlu, PKK'nın son saldırıları üzerine hükümete ve Amerika Birleşik Devletleri'ne yönelik sert ifadelerde bulundu:

ABD, PKK'nın yok olmasını istemiyor

Amerika Birleşik Devletleri'nin istemesi durumunda PKK'nın hayat bulamayacağını ifade eden Osman Pamukoğlu, müttefikimiz olarak gözüken ABD'nin PKK'yı kendi amaçlarında kullanmak için hazırladığını ifade etti. Pamukoğlu, "Amerika şu anda görünen şekliyle bu profesyonel silahlı eşkıya örgütünden de istifade etmek istiyor.

Büyük Ortadoğu Projesi'nin içerisinde bunu hem bize karşı belli ölçülerde ve kontrollü hem de Suriye'ye karşı, İran'a karşı kullanmak üzere hazırlıyor. Fesh edilmesine, yok edilmesine, söndürülmesine taraftar değil," şeklinde konuştu.

ABD'nin onay vermesi durumunda ve kuzeydeki Kürtlerin karışmaması halinde Türkiye'nin PKK sorununu bitirebileceğini anlatan Osman Pamukoğlu, "Çözüm şu; başı dik devlet ve bağımsız bir hükümetle, ulusal bir hükümetle çözersiniz. Bana göre Amerika'nın yaptığı hata şu: Türkiye Cumhuriyeti Devleti gibi sahip olduğu coğrafya üzerindeki nüfus bunu oradaki gelişigüzel, derme çatma Kürt devletlerine tercih etme gibi bir lüksü yoktur. Bunu anlayacak. Bu, tarz ve üslupla ilgilidir," dedi.

Halkı Uyutuyorlar

Hükümetlerin ABD desteğine ihtiyaç duyma durumuna değinen Pamukoğlu, AK Parti hükümetine de gönderme niteliği taşıyan şu sözleri sarf etti: "Onun desteği olmadan ben hükümette duramam. O olmadan ekonomi batar. O olmadan dış siyasetimi düzenleyemiyorum falan derseniz, böyle bir hükümetle ülkenizi yönetmeye kalkarsanız ne Ak tütün biter, ne Diyarbakır biter ne de bundan sonra gelecek olanlar biter. Bunların hepsi tali şeylerdir, geçici şeylerdir. Bunu yapanlar yönetimdekiler, kendilerini avutuyor, halkı da uyutuyorlar."

Neyi, kimi bekliyorsunuz?

İstihbaratın önemine işaret eden Osman Pamukoğlu PKK'nın her 4 yılda bir yaptığı kongrelerden 10'uncusunun bu yaz gerçekleştiğini vurgulayarak şunları anlattı: "10. kongre nedir, ne değildir. Bunun kararları öğrenilseydi. Bu söylediğim çok önemli, en kıymetlisi. Siz devlet olarak veya müttefikiniz olarak, istihbarat örgütlenmesi ol bu kararı alacaktınız. Karar çok net ve kesin; 10. kongrede alınan karar şu: Eylemleri kırsalda ve şehirlerde artırın. Arttı; bir şey daha var. Siz 10. kongrede, 4 yılda bir yapılan bu kongrede oraya toplanmış yüzlerce kişinin artık resimleri var, fotoğrafları var. Salonu gösteriyor kitle halinde, önde kimlerin oturduğu belli. Hepimizin bildiği adamlar. Bu kadar salon, yurtiçinden yurtdışından gelmiş, oraya toplanmış. Neyi bekliyorsunuz? Kimi bekliyorsunuz? Neden hareket etmiyorsunuz?"

Biz de Musul'u Konuşuruz

1915'te yaşananların konuşulduğuna işaret eden Pamukoğlu, Türkiye'nin 1925'leri konuşabileceğini vurgulayarak şu ifadede bulundu: "Biz de Musul'u konuşuruz. Talabani, Barzani çok kenarda kalır."

Ulus Devlet Hazinesi ve Ordusuyla Vardır

Hava Kuvvetleri Komutanı Orgeneral Aydoğan Babaoğlu'nun Ak tütün saldırısı sonrasında golf oynaması ile ilgili medyada çıkan haberlerin TSK'yı yıpratmak olmadığını ifade eden Osman Pamukoğlu, "Golf meselesi günlerdir medyada. Bunun mazeret ve bahanesi olamaz," dedi. Asker ve sivil bürokratların da hata yapabileceğinin altını çizen Osman Pamukoğlu, ordunun işe yaramaz hale getirilmesi için bir dizi çalışmanın yapıldığı inancında olduğunu belirtti: 'Biz ulus devletiz.' Bir devlet iki şeyle vardır. Bir hazinesiyle, iki ordusuyla. Hazinesinin hali belli, yeni adıyla ekonomi. İkincisi ordudur.

Ordu'yu da hedef alacaksınız ve işe yaramaz hale getirmek için bir program yürüteceksiniz, bu program yürütülüyor."

www.televizyongazetesi.com / Engin Medya
24.12.2009

EŞKIYA'YA ADA TAHSİS EDEN TEK ÜLKEYİZ

Hatay'ın İskenderun ilçesinde, Türkiye'nin en büyük ikinci anıtı olan Atatürk Anıtı önünde kurulan platformda partililere ve İskenderun halkına seslenen Hak ve Eşitlik Partisi (HEPAR) Genel Başkanı Osman Pamukoğlu, "25 yıl halk düşmanlığı yapan eşkıyanın başına bu ülkeden başka ada tahsis eden bir ülke yok. Neymiş yeri dar geliyormuş, onun yıllardır mecliste ve sokaklarda siyasi uzantısı olan bir parti varmış, sineyi millete döneceklermiş, Onlar dönse dönse dağlardaki mağaralara döner.

Türkiye'de hâkimlerin elinden alınan idam geri gelecek. Hâkimlerin elinden alınan idam yetkisini geri getireceğiz, terör örgütü kuran, ona önderlik yapan ve o örgüte kadro görevi yapanlar için idam geri getirilecektir," dedi. Mitingde hükümete de yüklenen Pamukoğlu, "Hükümetin görevi halkı uyutmak, avutmak ve kayırmak, bunların hakkından geleceğiz," dedi. Polis evine, öğretmen evine, halk otobüsüne saldıranların halk düşmanı olduğuna vurgu yapan Pamukoğlu, "Biz hiç kimsenin hayal bile edemeyeceği bir zamanda 365 günde PKK'yı bitireceğiz.

Türkiye'de şehit mezarlığı olmayan bir tane köy kalmadı. 25 yıldır dışardan emir alanlar bunların hakkından gelemediler. Bugüne kadar tasmasız canlılar gibi bu ülkede dolaşmamızın sebebi. Bizle hiç kimse kavgada aşık atamaz, boy ölçüşemez. Adam gibi bir hükümetin ve adam gibi istihbaratın kurulamaması ve eşkıyaya denk bir kuvvetle çıkılmaması nedeniyle terör bitirilemedi, terörü bitirmek için NATO ile görüşülmeli, sonra da dağlardakini indirmeliyiz. Bu tek ayakla olacak iş değil," diye konuştu.

Partisinin dokunulmazlıkları kaldırılacağını sözlerine ekleyen Pamukoğlu, "Türkiye'de işçisi, memuru, çiftçisi perişan, çiftçimize 20 yıl vadeli kredi verme imkânı sunacağız.

Yolsuzlarla mücadele edeceğiz. Açılım denilen şey Elmas çarşısında boncuk satmaya benziyor. Karanlıkta başlayan şey karanlıkta son bulur. Bunlar, Avrupa ve Amerikan planının bir paçasıdır," dedi. HEPAR Genel Başkanı Osman Pamukoğlu'nun konuşması esnasında vatandaşlar, "Osman Paşa bizi dağlara götür," diye slogan atarken Pamukoğlu, "dağlardan önce Ankara'ya dönelim, onlar daha çok zarar veriyor," dedi.

www.iskenderun.biz.tr
25.12.2009

OTLAKÇILAR

Hak ve Eşitlik Partisi (HEPAR) Genel Başkanı Osman Pamukoğlu, AKP Hükümeti'nin Somali'ye asker göndermesini eleştirerek, "Bu hükümet Somali'ye gemi gönderiyor. Somalili korsanları bulmak için. Oysaki korsanlar burada. Deniz Feneri denilen yerde karaya oturmuşlar. Burada oturmuşlar, burayı soyuyorlar," dedi.

HEPAR Genel Başkanı Osman Pamukoğlu, Manisa Cumhuriyet Meydanı'ndaki mitingle yaklaşık 500 kişiye seslendi. Ülkenin sömürgeleştirilmeye çalışıldığını ileri süren Osman Pamukoğlu: "Yıllardır sahte Atatürkçüler, dinciler ve milliyetçiler sayesinde bu hale geldik.

Karşı taraf 17. yüzyıldan bu yana, 'Fethedemediğiniz yerleri parayla satın alın' mantığıyla hareket ediyor, limanlar, bankalar, madenler, topraklar yok pahasına elden gidiyor. Vatan, en sabit, en zorunlu, en temel ihtiyacımız olan toprağın adıdır. Bu ülkede vatan sevgisinden kaynaklanan fedakârlığı anlamayan cüceler de var. Onlara söyleyecek sözümüz yok, kendileri bilir. Her zaman bir mücadeleye başlarken karşı tarafla beraber olan, onlarla çalışan işbirlikçiler levantenler olmuştur. Kurtuluş Savaşı'nda da olmuştur.

Onlar serbest biz de serbestiz," dedi. HEPAR Genel Başkanı Pamukoğlu, Somali'ye asker göndermesine değinerek, "Bu hükümet Somali'ye gemi gönderiyor. Somalili korsanları bulmak için. Oysaki korsanlar burada. Deniz Feneri denilen yerde ka-

raya oturmuşlar. Burada oturmuşlar, burayı soyuyorlar," dedi.
Pamukoğlu dış güçlerin ülkeyi süper marketler sayesinde soyduğunu belirterek, "Üretici emek veriyor kazanamıyor," dedi.

Halci yüzde yüz kazanıyor. Süper marketlere gelince, yüzde 350 kazanıyorlar. Yatırım yok, istihdam yok. Türkiye'den oraya para pompalıyorlar.

Şunu herkes öğrensin, Türkiye'ye senede 6.5 milyar dolarlık et, hububat giriyor. Ama ekilecek arazilerimiz bomboş duruyor. AB'nin planı şu: "Siz yapmayın. Benim ürünlerim bu topraklara gelsin onu satın," dedi.

Milliyet
24.12.2009

HER TARAF UYKUDA

HaberTürk'te canlı yayına katılan Osman Pamukoğlu Paşa Ankara'da yeni bulunan mühimmatla ilgili öyle bir iddiada bulundu ki...

Ergenekon Operasyonu kapsamında Yarbay Mustafa Dönmez'in evinde bulunan krokiden yola çıkarak yapılan Ankara'daki kazıda çok sayıda mühimmat ele geçirildi. Ancak ele geçirilen bu mühimmatın temizliği gözlerden kaçmadı. Ankara'nın Sincan'a bağlı Yenikent Mahallesi'ndeki Zin Vadisi'nde bulunan tek katlı gecekondu bir evin çevresindeki aramalarda ele geçirilen mühimmatın temizliği Osman Pamukoğlu'nun da gözünden kaçmadı.

HABERTÜRK'ün canlı yayınına katılan Pamukoğlu, Ankara'da bu akşam yapılan kazılarda ele geçirilen mühimmat "3-4 gün önce gömülmüş gibi". Pamukoğlu'na göre olması gerekenden daha temiz ve kullanılır halde olan bu mühimmatı istediğiniz kadar muhafaza ederek toprağın altına saklayın yağmur ve karla mutlaka zarar görmesi gerekiyordu. Ancak bulunan mühimmatın bu derece temiz olması ve Pamukoğlu Paşa'nın bu yorumları akıllarda soru işaretleri de oluşturdu.

İşte Hak ve Eşitlik Partisi lideri Osman Pamukoğlu'nun Ankara'da bulunan cephanelikle ilgili olarak sıcağı sıcağına yaptığı yorumlar: "Çok bakımlı, çok pırıl pırıl görünüyor, yani bu mühimmat çok temiz. Ben bir şey söyleyeyim. Neyi açtılar da bunları gördüler, çok pırıl pırıl bunlar, çok temiz olması ilginç.

Fabrikadan yeni çıkmış, bugün üretilmiş gibi. Bunlar toprağın altından çıkmışa benzemiyor. Tabii ki bu görüntü hukuk dışı ama iyi araştırılmalı, çok tehlikeli şeyler bunlar. Hükümet bunu iyi araştırmalı. Nasıl gelmiş buraya? Kim getirmiş? İstihbarat bunun buraya nasıl geldiğini bilmeli. Bakın buradan gördüğüm kadarı ile bunlar karton içerisinde. Bunların dış kaplaması nedir? Kaç metre derinlikte? Toprağı iyi incelemeli. Başka toprak getirilip karıştırılmış mı? Bakın, en azından üst tarafı pas tutar. Pas tutar, imkânı yok. Tüfekler nerede? Tüfeksiz fişek neye yarar? Vardır, vardır. Tüfekler de vardır. Seri numaralarından tüfekleri çözebiliriz. Ama bu iyi araştırılmalı."

Ergenekon soruşturması hakkında konuşan Pamukoğlu Paşa, "Kim ihtilal yapacak. Bu içeri aldıklarınız mı? Hepsi ilaçla ayakta duruyor. Kim bunların lideri. Lider genç olur. Hepsi yaşını başını almış kimseler. Susurluk zamanında çözülseydi bugün bunlar yaşanmazdı. Bunlar akademisyen ve aydın. Tabii ki sansürsüz yazacaklar. Başka bir şey demiyorum." Daha sonra kurduğu parti hakkında konuşan Pamukoğlu Paşa iktidara geldikleri takdirde 365 gün içerisinde terörü bitireceklerini söyledi. Pamukoğlu Paşa, "Milletvekillerinin dokunulmazlığını kaldıracağız. Yargı tam bağımsız olacak," dedi.

Beltürk
24.12.2009

TIRMALAYIP GEÇMEK

Hak ve Eşitlik Partisi Genel Başkanı Osman Pamukoğlu, HABERTÜRK'te "Söz Sende" programında Balçiçek Pamir'in sorularını cevapladı.

BALÇİÇEK PAMİR: Paşa sıfatıyla hitap edilmesini neden istemiyorsunuz?
OSMAN PAMUKOĞLU: Devlete ait bir unvan. Bu sıfat sorumluluk ve yetkinlik belirliyor. O sorumluluğu taşımıyorsam ve o yetkiyi deruhte etmiyorsam devlete ait genel bir sıfatın ismimin önünde bulunmasının hiçbir anlamı yok. Bana göre insanların isimleri ve soyadları esastır, sonradan ilave edilen sıfatlar ve unvanlar değil.

BALÇİÇEK PAMİR: Asker olma ruhu, o hep asker derken doğru mu söyledik?
OSMAN PAMUKOĞLU: Asker de genel bir şey. Bunun tam keskin ifadesi var, savaşçı. Savaşçı olmak için birçok akademi ve harp okulu bitirmek de gerekmez. Savaşçılık bir ruh halidir.

BALÇİÇEK PAMİR: Doğulur mu öyle?
OSMAN PAMUKOĞLU: Bana göre evet. Kesin doğuştan ve çocukluğunda yaşadığı koşullar da bunu besler.

BALÇİÇEK PAMİR: Siz de savaşçısınız?
OSMAN PAMUKOĞLU: Ben aslında savaşı sevmiyorum. 5000 yıl-

lık insanlığın yazılı tarihinde sadece 236 yıl insanlar barış içerisinde yaşamışlar. Savaş insanın ahmaklığı, bencilliği ve ikiyüzlülüğünden kaynaklanıyor. Yeryüzünde başka bir türde daha yok. Gençlerini yetiştirip, silahla donatıp sonra birbirlerinin üzerine salmak, böyle bir şey yok. Bir aslan karnını doyurduktan sonra önünden kuzular resmi geçit yapsın başını çevirip bakmaz, bu insana özgü bir şey, doğasında var. Ama zorda kalırsanız, birileri özgürlüğünüze kastederse, sizi topraklarınızdan atmak isterse, bileğinizi bükeceğim derse o zaman meydan açık biz hazırız.

BALÇİÇEK PAMİR: Siz liderlik konferanslarınızda, "Hayatta her zaman avcı olacaksın," diyordunuz. Niye?
OSMAN PAMUKOĞLU: İnsanın 3 durumu vardır. Ya avlar, ya avlanır veya avını kaçırır. Sosyal, kültürel alan, bütün mücadele alanları ve savaş dahildir buna.

BALÇİÇEK PAMİR: Nasıl bir ruh hali vardır, 26 ay oralarda kalmış bir generalin?
OSMAN PAMUKOĞLU: Birileri sizi bu topraklardan atacağız diyor. Bangır bangır bağırıyor. Telsizlerden çatışmada emperyalist Türk ordusu Kürdistan'ı terk et derler. Klasiği budur. O zaman gel at diyoruz biz de. Öfke, öfke, öfke, ruhunuz bileniyor. Olay olmayan gece yoktur. 1991-1995 arası korkunçtu. Korkunç derken, biz hepimiz içindeydik. Biz korkmuyorduk ama kanın gövdeyi götürdüğü dönemdi. O dönemde sadece ayaklarımızı bastığımız yer sağlamdı. İşler sarpa sarmıştı, onlar da işi bitirme gözüyle saldırıyordu.

BALÇİÇEK PAMİR: Aktütün saldırısından sonra biz imkânsızlıktan dolayı o 5 karakolu daha yüksek yerlere taşıyamadık açıklaması geldi genelkurmaydan. Nasıl buldunuz bu açıklamayı mesela?
OSMAN PAMUKOĞLU: Karakolun bir yerden bir yere taşınmasının hiçbir amacı yok. Bunu 1993'ten beri söylüyorum. Dönemin

jandarma genel komutanına da açıkladım. Karakol bu iş için uygun değildir. Büyük ana kışlalar dışında birlikleri ne kadar çoğaltırsanız çoğaltın onları dağlara tepelere dağıtırsanız, baskına uğrama ihtimalleri çoğalır. Bir zaaf anı, bir dalgınlık, alışkanlık, aynı yeri uzun süre kullanma sonucunda kesinlikle baskına uğrayacaklardır. Biz karakolları kaçakçılık için kurmuşuz.

BALÇİÇEK PAMİR: Sabit olmasın diyorsunuz oradaki mücadele...
OSMAN PAMUKOĞLU: Bu mücadelede hiç durmayacaksınız. Hareketsizlik ve durağanlık kesin ölüm getirir.

BALÇİÇEK PAMİR: Bunu siz biliyorsunuz, herhalde ordudaki diğer subaylar da bilir...
OSMAN PAMUKOĞLU: Aslında bu karakol baskınlarını önleyen Aktütün değildir, Üzümlü'dür. 5-6 kere basılmıştı.

BALÇİÇEK PAMİR: Niye bile bile lades oluyor?
OSMAN PAMUKOĞLU: 23 Aralık 1993'ten itibaren Üzümlü lafını bir kere bile hiç kimse duymamıştır. O zamana kadar 6 kere basılmıştı. 80 kişi Kuzey Irak'tan geliyor ateş ettiğinde köylülerle beraberdiler. Yani 80 kişi Kuzey Irak'tan geliyor 40 kişi de köyden ateş ediyor. Köydeki adamları bulduk. Burayı tehdit eden Kuzey Irak'taki kampları üst üste vurduk. Böyle engelledik.

BALÇİÇEK PAMİR: Aktütün'deki baskının gün ortasında olması?
OSMAN PAMUKOĞLU: 25 yıldır ilk defa böyle bir şeyle karşılaşıyoruz. Bu tam anlamıyla devlete kabadayılık.

BALÇİÇEK PAMİR: Meydan okuma...
OSMAN PAMUKOĞLU: Tabii. Devlete meydan okuma.

BALÇİÇEK PAMİR: Yakın zamanda genelkurmayın açıklaması değil miydi, o kamplar bizim için BBG evleri diye?

Osman Pamukoğlu: Fazla bayan programı izlemişler. Komik ve düzey olarak da uygun değil. Bunu söyleyen için benim söyleyeceğim bir şey yok. Bu, bu mücadelenin ne olup ne olmadığını bilmemeye eşdeğerdir. Hiçbir şeyden ders almamaktır.

Balçiçek Pamir: Bölgeyi bilmemek mi?

Osman Pamukoğlu: Hiçbir şey bilmemek anlamına gelir. Beli kırıldı falan diyorlar. Hiçbir zaman olmadı. Şunun bir farkında değiller, bugün PKK profesyonel bir örgüttür. Ortadoğu'da kullanılıyorlar. Suriye kullandı, Saddam faydalandı, Farslar kullandı, bugün de Amerika kullanıyor İsrail ile beraber.

Balçiçek Pamir: Siz zamanında dönemin cumhurbaşkanı ile bir problem yaşamıştınız. 358 PKK'lıyı ele geçirmeniz söz konusuyken MGK kararıyla size geri çekilin dendi.

Osman Pamukoğlu: Aslında biz girmiştik. Bunlar Ankara'da bizim eylemimizin ötesinde bir şey yaptılar da bize ses çıkartmayın mı diyorlar. Böyle anlarsınız.

Balçiçek Pamir: Basın mensupları o zamanlarda siz albaydınız, öldürülen PKK'lıların toplanmasını istemişlerdi fotoğraf için. Siz de ben askerime leş toplatmam çıkışı yapmıştınız. Sonra da dönemin paşalarından Hurşit Tolon sizi arayıp keşke böyle sert çıkmasaydın demiş.

Osman Pamukoğlu: Böyle denmez diyor. Kibar konuşalım diyor. PKK ölülerine leş demeyelim diyor. İnsani vecibeler falan filan... Siz karargâh generali olarak bana nasıl söylersiniz dedim. Siz karargâh generalisiniz, ben komutanım. Siz nasıl orada oturduğunuz yerden bana böyle bir şey söylersiniz? Subay, astsubay ve askerlerime moral olması için de onu söylerim. Muharebedeki bir komutan bunu söyler. Karargâhtaki yapamaz.

Balçiçek Pamir: Niye emekli ettiler sizi? Demirel'le kavgadan mı?

Osman Pamukoğlu: İsmimiz çok öne çıktı. Her gün operasyon...

Balçiçek Pamir: Ama iş yapıyorsunuz?
Osman Pamukoğlu: Onu onlara anlatacaksınız. Bu insanlar çok değişik.

Balçiçek Pamir: Bu insanlar derken?
Osman Pamukoğlu: Bütün yönetimler. Siz çok şey yaparsanız, çok yükselirseniz de olmaz.

Balçiçek Pamir: Ordu da mı böyledir?
Osman Pamukoğlu: Ordusu, sivili yok. İnsan, insandır. Ama ben iyi ki üniforma giymemişim bugünkü koşullarda. Ülkenin bu koşullarında üniforma giymeye devam edemem. Bu hükümet ve bu koşullarda ben yapamam. Mümkün değil yapamam. Türkiye tasfiye ediliyor. Benim üniforma giyerek buna dayanmam mümkün değil.

Balçiçek Pamir: "Ben bu koşullarda iyi ki asker değilim bu koşullarda o üniformayı giymek istemezdim," dediniz.
Osman Pamukoğlu: Evet, yani ettiğiniz yeminler buna imkân vermiyor, ben etmem başkasını da bilemem.

Balçiçek Pamir: Hangi yeminler bunlar?
Osman Pamukoğlu: Cumhuriyet, sadakat, şeref, ülkenin bütünlüğü, can verme hepsi var sancak devir tesliminden askerlik yemini de dahil çocukluğumuzdan beri yaptığımız yeminleri göz ardı etmek.

www.haberturk.com
24.12.2009

CAHİLLİK, SAĞDUYUYU KAYBETTİRİR

Hürriyet'in bugünkü yayınında köşe yazarı Rahmi Turan Kürt Sorusu altındaki yazdığı köşe yazısında bu başlığı kullanıyor: "Baskı altındaki Türkler Unutuldu".

Son zamanlarda "Kürt sorunu için çözüm", "Daha çok Kürt demokrasisi" ve "Zaman geldi" sözcükleri Türkiye'ye yerleşmiştir. Her şey çok hoş ve güzel, ama bu terörü engeller mi? Bu gibi sözlere uymakla terör bitmiş olur mu? Herkesin bir şey söyleme hakkı var. Konuya vâkıf olsun olmasın. Bu yüzden bir karmaşa yaşanıyor ve bu da çözüm sözcüklerini bulmayı zorlaştırıyor. Bu arada ekonomik kriz etkisini sürdürmekle beraber işsizlik çoğalıyor ve problemler yükseliyor. Kürtler için yeni yönler (yollar) gösterilirken baskı altındaki Türkler unutulmuş oluyor. Son zamanlardaki yükseltilmiş Kürt açılım sözcükleri bir yığın hurda kâğıttan ibaret.

Bakan diyor ki, "Bu konuda çözüm için her bedel ödenmesi gerekli ki bu konuyu kökten bitirebilelim." Her şey çok güzel ve iyi, ama nasıl? Bu konuyu çözmek için her bedeli ödemenin sınırları ne? Tüm talepleri yerine getiren, PKK'yı işaret eden? AKP çok konuşuyor ama elle tutulacak çözümler veya somut çözümler görünmüyor ve ısrarla susuluyor. Aslında aralarındaki soru şu: Bir terör sorununu bir iktidar partisi halkın teveccühünü kaybetmeden tepkileri en azami şekilde olacak kadar nasıl halleder. Seçilmiş yol ne?

Osman Pamukoğlu, Hak ve Eşitlik Partisi'nin genel başkanı

politik sahnede yeni bir adam. Biz onu subay olduğu zamanlardan tanıyoruz. 1993-1995 Hakkari'deki Dağ ve Komando Tugayı'nın komutanlığını yapıyordu. Görevi zamanında PKK'ya karşı üstün başarılar elde etti ve bu onu olağanüstü kıldı.

Tümgeneral olarak subaylığına son verdi ve politikaya atıldı. Politikada daha müptedi (yeni gelme) ama askerlik kariyerinde çok tanınmış ve herkesçe beğenilen bir kişiliktir. Peki, bu siyasi adam geçmişte PKK'ya karşı mücadele etmiş biri olarak bize ne diyor: "PKK'ya karşı sadece bir yol vardır!"

Dağdaki teröristler kayıtsız şartsız silahları teslim etmeli ve bunun akabinde güvenlik makamlarına teslim olmalı. DTP'de olan milletvekilleri, milletvekili olmadan evvel işledikleri suçlara karşı yargılanmalı ve dokunulmazlıkları kaldırılmalı. Ama PKK'lıların teslim olmayacaklarını biliyorum, çünkü bunların başı İmralı'da ve uzatılmış kolları mecliste oturmaktadır, PKK'lı teröristler dağda silahları bıraksaydı, bunların koalisyonu bir balon gibi patlardı. Bunların varlıkları dağdaki PKK'dan ibarettir.

Hangi siyasi Parti PKK'lılar için programına bir genel af koydu veya ümit etti? Kim, hangi parti bunu programında ima etti? Ne olurdu sizce, eğer ki bunu seçim programına koysalardı?

Eğer koysalardı seçimin sonucu ters dönerdi. Tekrarlıyorum: Tek yol, bir çözüme ulaşmak için PKK'lıların silahlarını bırakmasıdır ve adalete teslim olmalarıdır.

Osman Pamukoğlu devam ediyor ve diyor ki: Şu an Ergenekon hakkında bir dava sürmekte ve bu davada sanık olarak fakat suçu kesinleşmemiş ve bu yüzden 2 senedir hapiste yatan insanlar var. Ama 25 senedir yaşadığımız bu terör 40.000 cana mal olmuş ve hâlâ da devlete karşı sürmekte olan bu terörün ve bunun sanıklarına genel af teklif edilmek isteniyor? Hukuk devleti sadece Kürtleri temsil etmez. 72 milyon birlikte yaşayanları temsil eder. Bu yüzden Türkiye hiçbir zaman demokratik devlet olmadı ve böyle devam ederlerse de olmayacak.

Şu anda hükümet teröristlerle ve hâlâ da devlete karşı savaşta olan teröristlerle aynı masada oturmakta ve müzakere etmektedir. Böyle bir şey anlayabilinir mi? Böyle bir şey ciddiye alınır mı?

Bir devletin bu kadar eğilmesi ve kıvrılması hiç dünyada görüldü mü?

Devlet güçtür.

Güç ve kudret kaybolursa gücün beş para etmez.

Bir Kartal serçe ile müzakere etmez.

Rahmi Turan
Hürriyet
25.12.2009

PAZARDAN ŞAN ALINMAZ

Hak ve Eşitlik Partisi Genel Başkanı Osman Pamukoğlu, Başbakan Recep Tayyip Erdoğan'ın "Ya sev ya terk et" anlamında yorumlanan konuşmasını değerlendirdi. Hak ve Eşitlik Partisi Genel Başkanı eski Tümgeneral Osman Pamukoğlu, Sakarya'da basın mensuplarının sorularını cevapladı.

Pamukoğlu, bir gazetecinin "Ya sev ya terk et" anlamında yorumlanan Başbakan Erdoğan'ın Güneydoğu ziyaretinde yaptığı konuşmayla ilgili sorusuna şöyle karşılık verdi: "O an içinde bulunduğu ruh halinden kaynaklanıyor. Benim izlediğim kadarıyla o bölgede sıkıntılıydı. Araçlar bile birkaç taneydi.

Sanki Amerikan başkanı geziyormuş gibi. Onda mı bunda mı diye çeşitli aldatma taktikleri uygulanıyor. Başbakan ülkesinde bu şekilde gezebiliyorsa, çok sıkıntılı bir halde olduğu ortadadır. Sıkıntı ve bunun getirdiği psikolojiye bağlı insan her şeyi söyleyebilir.

Bir siyasetçi bu sözü söylediğinden itibaren arkasından birtakım hareketlerin gelmesi lazım. Ben bir hareket ve tavrın geleceğini zannetmiyorum. Bozuk bir psikolojiyle söylenmiş bir ifade."

Son dönemlerde PKK terör örgütünün bitirilmesi için Barzani ile yapılan görüşmelere tepki gösteren Pamukoğlu şöyle konuştu: "Türkiye Cumhuriyeti hiç kimseyle terörle ilgili pazarlık yapamaz. Dün PKK'nın gerçekleştirmek isteyip gerçekleştiremediği şeyi aşağıda sınırlarımızın altında Barzani yürütmektedir.

Orada bir Kürt devletini yaşatacaklarını sananlar sadece bir hayal peşindedir."

Bir gün Amerika'nın şu ya da bu şekilde oradan çekileceğini anlatan Pamukoğlu şunları söyledi: "Şimdi özerk Kürt devleti dedikleri Kürt federe devletinin altında kim kalacak Araplar, doğuda kim kalacak İranlılar, kuzeyde kim kalacak Türkler. Siz ne yapacaksınız arada. Orta bölgede Amerika direnişçilerle çarpışıyor ve zor zapt ediyor. Sünni direnişçi Arapların kimin üzerine yürüyeceğini zannediyorsunuz. İran ne yapacak, Türkiye ne yapacak siz nereye gideceksiniz?"

Seçimlerinde başkanlığa siyah renkli Obama'nın seçilmesini de değerlendiren Pamukoğlu, sözlerine şöyle devam etti: "Amerika'nın devlet politikası değişir mi diye düşünüyorlar. Amerika devlet politikasını hangi devlet başkanı getirirsen getir rengi beyaz, siyah, mor fark etmez değişmez. Amerika yine Ortadoğu'da olacak, petrol alanlarında olacak.

Rusya'nın güneydeki enerji yollarını kesecek, yine Balkanlar'da olacak.

Bugüne kadar ne kadar askeri ve siyasi politika varsa hepsi yürüyecek, hiçbir şey değişmeyecek." İktidara geldiklerinde askere gitmemek için çürük rapor alanları yeniden sağlık muayenesine sokacaklarını anlatan Pamukoğlu, sözlerini şöyle tamamladı: "Terörün başlangıç tarihini dikkate alarak bugüne kadar kimler çürük rapor aldıysa, bunları yeniden tıbbi kurullara sevk edeceğiz.

Sağlam çıkanları silah altına alacağız yaşı ne olursa olsun. Bunları geri hizmete değil sınır karakollarında görevlendireceğiz."

www.haberturk.com
24.12.2009

RÜZGÂRLA SALINAN SAZLAR GİBİLER

Hak ve Eşitlik Partisi Genel Başkanı Osman Pamukoğlu Anadolu Kartalları adını verdiği harekete, ülke genelinde Adana mitingi ile başladı. Pamukoğlu çok önemli mesajlar verdi.

Hak ve Eşitlik Partisi Genel Başkanı Osman Pamukoğlu ülke sathındaki ilk mitingini Adana'dan başlattı. Pamukoğlu'nun mitingi çok kalabalık olmayan fakat inanmış bir kitle eşliğinde yapıldı. Osman Pamukoğlu konuşmasına Kanuni Sultan Süleyman ile devrin ulemalarından Yahya Efendi ile başlayan mektup bağlantısını anlatarak başladı.

Kanuni'nin yazdığı mektupta Yahya Efendi'ye devlet ne zaman çöker sorusunu sorduğunu hatırlatan Pamukoğlu, Yahya Efendi'nin verdiği cevapların özünün "nemelazımcılık başladığı zaman çöker"den ibaret olduğunu hatırlatarak başladı.

Partisinin ilkeleri ve programı üzerinde duran Osman Pamukoğlu Türkiye'nin çok önemli bir badireden geçmiş olduğunu belirterek Türkiye Cumhuriyet Devleti'nin yan sömürge bir ülke durumuna getirildiğini söyledi. Yabancı ülkelerin ekonomik yatırımlarının ülkeyi teslim almaya yönelik olduğunu vurgulayan Pamukoğlu, "Bugün yabancı sermaye özellikle marketler üzerinde durmaktadır. Dünyada para transferinin %50'si marketing sahasında dönmektedir.

Dikkat ediniz, yabancı sermaye marketlerden sonra özellikle bankalarımıza göz dikmiştir. Bankalarımız yabancı sermayeye peşkeş çekilmiştir. Hemen arkasından klasik bir metotla yabancı sermaye yeraltı ve yerüstü madenlerimize göz dikmiştir. Bu iktidar Türk milletinin onurunu ayaklar altına alarak ülkeyi resmen ve alenen peşkeş çekmektedir," dedi. Türkiye'deki mevcut siyasi partilerin neredeyse tamamen denenmiş olduğunu belirten Osman Pamukoğlu, "Onların iktidarları sayesinde ülke bugünlere getirilmiştir. Bugün Türk milleti bütün siyasi partileri ve liderlerini tanımaktadır," dedi.

Konuşmasında MHP Genel Başkanı Devlet Bahçeli'yi ima ederek, "İplik sever lider" tanımlamasında bulunan Osman Pamukoğlu, "Bebek katili Abdullah Öcalan yakalandığı zaman sen iktidarda değil miydin? Neden asmadın da aradan bunca sene geçtikten sonra meydanlarda elinde iplik ile dolaşıyorsun?" sorusunu sordu.

CHP Genel Başkanı Deniz Baykal'ı da "mayın sever" olarak nitelendiren Pamukoğlu, "Bu zat da mayın severdir. Nerede mayın varsa güllük gülistanlık ortamlarda mayınlı olarak bilinen aslında mayınsız arazilerde gezerek mayın nutukları çeker," dedi.

"Mayınları NATO temizlesin."

Son günlerde Türkiye'nin gündemine oturtulan mayınlı araziler meselesinin de kasıtlı olarak geniş kapsamlı ele alındığını ifade eden Osman Pamukoğlu, "Bu kadar tartışmaya ne gerek var. Türkiye NATO üyesidir. NATO ilkeleri çerçevesinde araziler mayınla döşenmiştir. Arazilerin savunma amaçlı da olsa, saldırı amaçlı da olsa döşenmesi NATO kararları çerçevesinde olmuştur. Şimdi mayınları temizlemenin zamanının geldiğine inanılıyorsa, bu mayınları temizlemek NATO'nun boynunun borcudur. Döşettikleri gibi temizlesinler," dedi.

Mayınların 1950'li yıllarda döşenmiş olduğunu hatırlatan Hak ve Eşitlik Partisi Genel Başkanı Osman Pamukoğlu, "Geçtiğimiz günlerde mayınlı olduğu iddia edilen bölgelerimizdeydim.

Vatandaşlarla, halkla, köylülerle konuştum. Burada mayın falan yok. 50 yıl önce 60 yıl önce döşenen mayının etkisi ne olabilir, ayrıca NATO bu görevi üstlenmezse, Türk Silahlı Kuvvetleri bu işi fevkalade yapabilir. Bundan daha güzel bir tatbikat olamaz. Teknolojik gücü de vardır, imkânları da. Bu iş sıradan bir tatbikat olarak değerlendirilerek dahi pek âlâ yapabilir, öyleyse neden milyon dolarları birilerine peşkeş çekiyorsunuz. Bu millete yazıktır, günahtır," dedi.

"Ekonomik krizi bunlar yaratıyor."

Türkiye'nin maddi imkânlarının da yeterli olduğunu belirten Osman Pamukoğlu Türkiye'de siyasi ve bürokratik oligarşinin egemenliğinin var olduğunu belirterek konuşmasını şu sözlerle sürdürdü: "Türkiye'de para var, fakat siyasi ve bürokratik oligarşi har vurup harman savurmaktadır. Her bürokratın altında birkaç tane araba var. Başbakan bir uçağı beğenmeyip milyonlarca dolara başka bir uçak alıyor. Bu siyasi oligarşinin savurganlığı değil de nedir?

Milyarlarca dolar bürokratların saltanatları uğruna harcanıyor. Bir bürokrata bir araç yetmiyormuş. Arıza yapabilirmiş. Arıza yaparsa halk gibi otobüse binsin gitsin. Halk nasıl yaşıyorsa siyasiler de bürokratlar da öyle yaşamak zorundadırlar," dedi. Halkın teveccühünü kazanarak iktidar oldukları zaman oligarşinin belini kıracaklarını anlatan Osman Pamukoğlu, "Allah nasip ederse ve Türk halkı teveccüh gösterirse iktidara geldiğimiz an, ilk saat içinde yapacağımız ilk eylem bütün siyasilerin ve bürokratların dokunulmazlığını kaldırmak olacaktır. Bunlar halk gibi yaşamayı öğrenmek zorundadırlar. Ve öğreneceklerdir de," dedi.

Hükümetin açılım politikası. Milli meselelerin hiçe sayıldığı devletin ve milletin onuruyla oynandığı günleri yaşamakta olduğumuzun altını çizen Osman Pamukoğlu şimdi bir de açılım politikası tutturdular. "Ne Mutlu türküm diyene!" yazılarını açılım politikaları çerçevelerinde sildireceklermiş. Neymiş efendim birileri çok bozuluyormuş. Ekonomik açılım dediler, bankaları peşkeş çektiler, demokratik açılım dediler bölücülerin maskarası oldular. Şimdi de açılım politikası diyerek Büyük İsrail Projesi"nin bir parçası olan Kürdistan'ı çaktırmadan Türk milletine yutturmaya çalışıyorlar.

Kürdistan'ın Kuzeyi neresi? Sorusunu kitlelere soran Pamukoğlu cevabını yine kendisi vererek, "Kürdistan'ın kuzeyi benim topraklarım içerisinde. Bunlar bu ülkeyi bölecekler ancak bu işi ısındıra ısındıra yapmak istiyorlar," dedi. Açılım politikasını sert ifadelerle eleştiren Pamukoğlu, "Kardeşim sizin açmadık, açılmadık nereniz kaldı? Söyleyin de bize zahmet olacak ama orasını da biz açalım," dedi.

Üniter devlet safsatası

Adana'da başlayan ilk mitinginin önemli olduğunu belirten Osman Pamukoğlu, "Dikkatinizi çektiyse biz sadece seçim döneminde halkın huzuruna çıkan bir siyasi parti değiliz.

Biz, her zaman Türk halkının içindeyiz. Halkla bütünüz. Halk biziz, biz halkız," dedi. Türkiye'de birilerinin üniter devlet dolmasını yutturmaya çalıştıklarını vurgulayan Pamukoğlu, "bir üniter lafıdır tutturmuşlar. Ne üniteri kardeşim, üniter Fransızca bir kelimedir. Birleştirilmiş, yapıştırılmış, yan yana getirilmiş demektir. Türkiye Cumhuriyeti Devleti üniter falan değildir. Birleştirilmiş, yapıştırılmış halklardan meydana getirilmiş bir devlet değildir: Bütün dünyaya buradan ilan ediyorum, Türkiye Cumhuriyeti Devleti üniter falan değildir. Biz ulus devletiz ve öyle kalacağız," dedi.

Pamukoğlu'nun bu sözleri sıklıkla mitinge katılanların, "Ne mutlu Türküm diyene" ve "Türküz, Türkçüyüz, Atatürkçüyüz!" sloganları ile kesildi. Türkiye'de mevcut ve gelmiş geçmiş iktidarların tamamının Batı'nın güdümünde hareket ettiğini söyleyen Pamukoğlu, "Bunlar Batı'nın kuklası gibiler, Batı ne diyorsa anında yerine getirmeyi görev kabul etmişler.

Batı'da idam yokmuş gibi Batı'nın, emperyalizmin önünü açabilmek için idamı kaldırdılar. Neyi kaldırıyorsun sen, nasıl kaldırıyorsun? Binlerce, on binlerce vatan evladını yok eden birini korumak ve kollamak için idamı kaldırıyorsun. Olmaz böyle şey. Hak ve Eşitlik Partisi iktidar olduğu zaman ilk yapacağı işlerden biri de idamı geri getirmek olacaktır. Bu millete zulüm eden, ceremesini çekecektir.

Allah nasip eder de iktidara gelirsek evvel emirde siyasilerin ve bürokratların dokunulmazlığını kaldıracak sonra da onları Türk adaletinin güvenilir ellerine teslim edeceğiz, hak etmişlerse de idam edileceklerdir," dedi.

İktidar ve İslamiyet

İktidarın İslam dinini de istismar etmekten çekinmediğini belirten Osman Pamukoğlu, sözlerini şöyle sürdürdü:

"Bunlar İslamiyeti de istismar etmektedirler. Şimdi başka örnek vermeyeceğim. Bir düşünün Türkiye'yi parçalama planı kimin planı? Kuzey Kürdistan dedikleri yer neresi? Büyük Ortadoğu Projesi kimin düşüncesi? İsrail'in, şimdiki başbakanı ne dedi, Ben Büyük Ortadoğu Projesi'nin 'eş başkanıyım' dedi mi demedi mi? Sen nasıl bir Müslümansın ki, İsrail'in; Amerika'nın yani Hıristiyan ve Musevi dünyasının hazırladığı, senin ülkeni bölmeye yönelik bir projenin eş başkanı olabiliyorsun?"

DHA
24.12.2009

ZAMAN, ŞİKÂYET ZAMANI DEĞİL

Osman Pamukoğlu: "Hesap sorulmayan bir ülkede demokrasiden söz edilemez." Hak ve Eşitlik Partisi Genel Başkanı Osman Pamukoğlu, "Zamanın şikâyet etme, ağlama ve sızlanma zamanı değil, kötü gidişata direnme zamanı" olduğunu söyledi.

Pamukoğlu, Eskişehir Büyükşehir Belediyesi Kültür Merkezi'nde düzenlediği basın toplantısında, partisinin kurulduğu iki aylık dönem içinde yaklaşık 40 il ve 60 ilçede örgütlenmesini sürdürdüğünü belirterek, söz konusu örgütlenmeyi hiç kimseden yardım almadan kendi imkânlarıyla yaptıklarını dile getirdi.

Ülkenin gerçek demokrasiyle yönetilmesi için vatandaşların seçilmişleri denetlemesi ve hesap sorması gerektiğini ifade eden Pamukoğlu, "Denetlenmeyen ve hesap sorulmayan bir ülkede demokrasiden söz edilemez. Türkiye'de vatandaşlar hükümeti denetlemiyor ve hesap sormuyor. Şimdi şikâyet etme, ağlama, sızlanma zamanı değil. Kötü gidişata direnme zamanı geldi," diye konuştu. Konuşmasında terör konusuna da değinen Pamukoğlu, terörün Türkiye Cumhuriyeti'ne karşı yarı askeri yarı siyasi bir kalkışma olduğunu belirterek, "Terörle mücadele güçlü bir devlet ve hükümet iradesi gerektirir. Terör meselesi yıllardır bilindik beylik laflarla geçiştiriliyor," dedi.

AA
24.12.2009

İŞGAL YOK, SATIN ALMA VAR

Hak ve Eşitlik Partisi (HEPAR) Genel Başkanı Osman Pamukoğlu, "Herkes şunu anlamalı, eskiden düşman süngü takıp geliyordu, şimdi işgal yok parayla satın alma var," dedi.

Pamukoğlu, Cumhuriyet Meydanı'nda düzenlenen partisinin "Milli Uyanış" mitinginde Samsunlulara seslendi. Türkiye'nin değerlerinin tek tek elden çıkarıldığını öne süren Pamukoğlu, stratejik kurumların satılmasının ülkeyi zarara uğrattığını savundu. İktidara gelmeleri halinde stratejik kurumları o günkü piyasa değerinden geri alacaklarını ifade eden Pamukoğlu, şunları kaydetti: "Bir memlekette postaneler ve bankalar yabancının eline geçtiyse o memleketten hayır çıkmaz."

Trakya'da, Anadolu'da dolaşıyorum. Topraklar boş, işleyen yok ama marketlerde yabancıların ürettiği meyve ve sebzeler dolup taşıyor. Herkes şunu anlamalı eskiden düşman süngü takıp geliyordu, şimdi işgal yok parayla satın alma var, her şey satılmış ve savılmış. Yoktan var edilmiş bu ülkenin imkânları, har vurulup harman savrulmuş."

Dokunulmazlıkları Kaldıracağız

Dünya Yolsuzlukları Araştırma Komitesi'nin bu yıla ait bir rapor yayımladığına işaret eden Pamukoğlu, bu raporda dünyadaki en çok yolsuzluk yapan ülkelerin sıralandığını anlattı. "Türkiye dünyada BM'ye kayıtlı 202 devletten ekonomisi yolsuzluktan bozulmuş 3. ülke," diyen Pamukoğlu, rapora göre

Türkiye'nin önünde Mozambik ve Somali olduğuna dikkat çekti. Pamukoğlu, halkın kendilerine yetki vermesi halinde dokunulmazlıkları kaldıracaklarını söyledi.

Demokratik Açılım

Demokratik açılım çalışmalarına da değinen Pamukoğlu, kendilerinin terörü gönüllü 20.000 askerle bir yılda bitirebileceklerini savundu. Pamukoğlu, terör örgütü elebaşı Abdullah Öcalan'ın mahkûmiyet koşullarını da eleştirerek, "Dünyada eşkıyaya ada tahsis eden bir devlet gördünüz mü hiç? Gördünüz işte. Böyle bir birinciliğiniz var. Hiç emsal yok. Bu rezillikler bitecek. İdamı geri getireceğiz," dedi. Heybeliada Ruhban Okulu ile ilgili taleplerin de "masum" olmadığını kaydeden Pamukoğlu, bu konuda dikkatli olunması gerektiğini sözlerine ekledi.

haber.ekolay.net
25.12.2009

AĞABEYİN SENİN İÇİN
ÇOK ÇİĞDEM TOPLADI

Çiğdem minibüsten indiğinde saat bire gelmek üzereydi. Üniversite yerleşkesindeki son durak fazla kalabalık değil.
Martın son günleri. Havalar bir sıcak bir soğuk. Bugün güneşli. Yine de sıkı giyindi. Bir haftadır hasta, yeni yeni iyileşiyor. Dersi yok. Bir arkadaşını, hocasını görmek için de gelmedi. Saat ikide üniversite konferans salonunda emekli bir generalin konuşmasını dinlemek için geldi.

Daha erken. Bir çay içeyim!

Yerleşkeye şehir merkezinden öğrenci taşıyan minibüs ve otobüslerin son durağından epey uzakta olan Kampus Kafe'ye yöneldi.

Üniversite yerleşkesi şehir dışında yüksek bir tepede kurulu. Hava güneşli olsa da bu mevsimde hiç eksik olmayan rüzgâr zaman zaman üşütüyor. Kırmızı, uzun atkısını iyice boynuna doladı. Bakındıysa da yolda tanıdık birine rastlamadı. Üniversitenin çok büyük olan kafesi kalabalıktı. Kapıdan içeri girince biraz durdu, boş masa baktı. Sağ taraftaki masaların birkaçı boştu. Onlardan birine oturmaya karar verdi ama çay için sol tarafa döndü. Kimseye çarpmamak için dikkatle yürüdü. Çay fişi satılan yerde sıraya girdi.

Fişi alınca yine döndü, geldiği tarafa yürüdü. Çay ocağı girişte, kapının solundaydı.

Burada çay içmek bir işkence!

Sıcak sıcak çay iyi gelir. Bu yüzden canı çekti. Yoksa bir şeye benzemiyor. En adisinden naylon bardak, naylon kaşık ve süzme poşet çay!

"İçilmez! Sıcak su mu içsem?"

Çay.

Kaynar suyu dökmemek için bardağı dikkatle tutarak oturmaya karar verdiği masaya geldi. Masa temiz değildi. Yandaki de kirliydi. Oturdu. Çağla rengi, uzun, ince deri pardösüsünün cebinden kâğıt mendil paketini çıkardı. İçinden bir tane çekti. Simit kırıntılarını bir köşede topladı. Az kalktı, pardösüsünü çıkardı, yanındaki sandalyeye koydu. Çay poşetini suya daldırdı, şekerleri de içine atıp karıştırdı.

Kafe gürültülüydü. Tek oturan yok. Her masada en az iki kişi. Herkes konuşuyor. Dışarısı apaydınlık. Güneş çok uzaktaki gölün karşısında, ilçenin sırtını yasladığı dağların tepesinde parlıyor.

Dağlar!

Çiğdem dağları çok seviyor!

Ağabeyi de seviyordu, babası da!

Adını babası koymuş. Sonbaharda açan kır çiçeği. Sarı çiğdem! Doğduğunda saçları sapsarıymış, şimdi kumral. Pek yüksek olmayan dağlarda da bitermiş bu çiçek. Babası öyle anlatırdı.

Baba, abi, ikinizi de çok özledim! dedi kendi kendine, yanında getirdiği kitabı çantasından çıkarırken.

Az sonra konuşmasını dinleyeceği generalin anı kitabı. Üç kez okudu. Her seferinde yaşadığı heyecan şimdiki gibi. O generali görecek, dinleyecek. Tanışmak istiyor.

Sayfaları karıştırırken yandaki masadan kahkahalar yükseldi. Döndü, onlara baktı. Dört kişiydiler. Üç kız, bir erkek. İlk gülen erkekti, kızlar da ona katılmıştı. Diğer masalardan da bakanlar oldu.

Tekrar kitaba döndü. Yandaki öğrenciler sustu, utanmış olmalılar, şimdi alçak sesle konuşuyorlar.

İşaretlediği sayfaya bakıyor.

Çayını unutmuştu. Poşeti çıkardı, izmarit dolu küllüğe bıraktı, bir yudum içti. Bardak ve kaşık sıcaktan yamulmuştu. Gözleri sayfada, altını kırmızı kalemle çizdiği isimde takılıp kaldı. Kitabı eline aldı, gözleri o isimde, arkasına yaslandı. Gözlerinin dolduğunu, ilk damlaların yavaş yavaş yanaklarından süzüldüğünü hiç hissetmedi. Yan masadaki dört öğrencinin hepten susup, kendisine baktıklarını da fark etmedi.

Yan masadakiler, kitaba dalıp giden, ince, uzun boylu kızın niçin ağladığını birbirlerine sordular. Kızlardan biri kalktı, Çiğdem'e yaklaştı, eğildi:

"Bir şey mi oldu arkadaş?"

Çiğdem birden farkına vardı.

Toplandı. Kitabı kapattı, sağ eli işaretli sayfada kaldı. Soruyu soran genç kıza baktı. Gülümsemeye çalıştı. Gözyaşları dudaklarına kadar süzülmüştü. Çantasının yanında duran mendil paketinden bir tane aldı, gözlerini, yanaklarını, dudaklarını kuruladı.

"Yok bir şey, yok, yok!" dedi.

"Hasta mısınız yoksa?"

"Yo, değilim, teşekkür ederim!"

"Ağlıyorsunuz ama..."

İnsan bu saatte, burada, hasta olduğu için ağlamaz! Bunu kıza söylemedi.

"Aklıma bir şey geldi de, bir anı. O yüzden ağladım herhalde."

Kız gülümsemeye çalıştı. Kendisini izleyen arkadaşlarına baktı. Bir şey yok, der gibi göz kırptı.

"Peki o zaman!" dedi kız. "İyi günler!"

Döndü, masasına oturdu. Çiğdem de kitabı çantasına koydu, gazetesini çıkardı. Saatine de bakmıştı bu arada. Konferans saat ikide. Daha var. Gazetenin başlıklarına göz attı. Diğer sayfalara. En dikkat çekici haber, birkaç gün önce güneydeki illerden birinde yapılan Nevruz gösterisinde Türk Bayrağı'nın yere atılması, yırtılmak ve yakılmak istenmesiyle ilgiliydi. Neşesi zaten yoktu. Bir de ağlamıştı. Heyecanı sıkıntıya dönüştü. Hızla toplandı, kalktı. Koşar adım kalabalığa çarpa çarpa, rüzgâr gibi kendini dışarı attı, güneşin üstünde parladığı dağlara gider gibi. Ne kadar yürüdü kendi de bilmiyor, üniversite binalarından birinin yanında durdu. Rüzgâr yine hafif esiyordu. Atkısını düzeltti. Yan tarafındaki çimlere, çam ağacının altına oturmak istedi. Yürüdü. Sırtını ağaca verdi, çömeldi, uzaklara baktı. Kendisinin, ağabeyinin, babasının sevdiği dağlara. Zaman zaman gezmek için gittiği ilçe dağların eteğinde yayılmış ve göl. Gölün mavisi bugün her gördüğünden daha güzeldi. İnsanı çağıran mavi.

Dördüncü kattaki konferans salonuna geldiğinde saat ikiye çeyrek vardı. Kapı önündeki yığılmayı görünce şaşırdı.

Keşke erken gelseydim, nasıl gireceğim şimdi?

Kapı önüne yaklaştı. Birine sordu:

"Konferans başladı mı?"

Uzun boylu, hafif sakallı genç gülerek yanıt verdi:

"Daha başlamadı ama salon doldu, giremeyiz, geç kaldık."

Çiğdem bu ilgiye sevindi. Günlerdir, acaba katılım nasıl olur diye merak ediyordu.

Konferansın duyurusu on beş gündür yapılıyordu.

Vücutlarını öne, yukarıya doğru kaldıran, basamaklardan salona göz atmaya çalışan kalabalığın arasına girdi.

"Müsaade edin lütfen, bir dakika, muhakkak girmem lazım!"

Bakanlar, gülerek yol verenler oldu.

Kız olduğum için şanslıyım. Bizim üniversitenin erkekleri gerçekten kibar ve hassas.

Birkaç basamak çıktı. Önü tıkandı. Çantası koltuğunun altında, biraz da terledi.

Konferans birazdan başlayacak, acaba içeride yer var mı? Yoktur, olmazsa basamaklarda otururum, önemli değil.

Yine rica etti, yol verdiler, birkaç basamak daha çıktı. Konferans salonunun kapısı artık arkada kalmıştı ama salonu henüz göremiyordu. Birkaç basamak daha gerekiyor. Yine rica, biraz çaba ve itekleme, sonunda başardı. Sahneyi, salonu gördü. Dolu. Aralar da dolu ama önemli değil buradan da generali görebilir, dinleyebilir. Zorlarsa daha ileriye de gidebilir. Az soluklandı. Isınmıştı. Birkaç adım daha!

Oturayım mı?

Yerde oturanlar vardı. Vazgeçti, yine yürüdü ve ön sıralara birkaç metre kala durdu. Ayak uçlarına basarak ön koltuklara baktı, generali görmek için. Onu iki kez televizyonlarda seyretti. Görürse tanırdı ama şimdi çıkaramadı. Kalabalık binden fazlaydı ve sessizce bekliyordu. Sahneye baktı. Sağ tarafa bir kürsü yerleştirilmiş, yanında takım elbiseli orta yaşlı bir adam ayakta bekliyor. Sahnenin içine, duvara bir tarafta büyük bir Atatürk afişi, öbür tarafta da Türk bayrağı asılı. Sahneye çıkan merdivenlerin başında da, Şehit Aileleri Derneği adına gönderilen bir çelenk duruyordu.

Ayakta durmaktansa oturayım.

Pardösüsünü çıkarıp katladı.

İyi ki pantolon giymişim.

Atkısını çıkarmadı. Özellikle yanına almıştı. Kırmızı atkı, beyaz dik yakalı kazak. Saat tam ikide ön koltuklarda bir hareketlenme oldu. Ayağa kalkanlardan lacivert takım elbiseli, orta boylu, zayıf biri sola doğru yürüdü. Çiğdem net olarak görüyordu. Ürperdi. Tüyleri diken diken oldu.

O!

General yavaş adımlarla basamakları çıktı, kürsüye geldi. Beyaz gömleğine çağla rengi bir kravat takmıştı. Düz saçlarını yana taramış, yanık yüzlü. Dağlarda yanmış bir yüz! Uzatılan mikrofonu aldı, salona baktı.

"Hoş geldiniz!"

Herkes alkışladı. Çiğdem de. Salon bir tıkırtının bile duyulabileceği sessizliğe gömüldü.

General birkaç saniye salonu süzdü.

"İlginize teşekkür ederim!"

Yanındakiyle bir şeyler konuştu. Yine salona döndü:

"Yarım saat kadar sürecek olan kısa bir film gösterisi var. Mücadelemizden bir kesit. Konuşmamı daha sonra yapacağım."

Sahneye seyyar bir beyaz perde yerleştirilmişti. Generalin yanındaki kişi kürsüde bulunan bilgisayarla ilgilenirken salonun ışıkları söndürüldü.

Çiğdem yarım saatlik filmi nefesini tutarak, zaman zaman gözleri dolarak, arada birden patlayan alkışlara eşlik ederek seyretti.

Türk askerinin dağlarda, vadilerde, kırlarda sürdürdüğü savaşın zorluğunu, o mücadeleyi kendi sorumluluk bölgesinde bizzat yürüten generalin eşliğinde izledi. Sırtlarında teçhizatları, ellerinde tüfekleriyle kollar halinde askerlerin, çetin kış koşullarında yalçın tepelere tırmanışını, köprülerden geçişlerini, havaya uçurulan köprüleri; bölücülerden ele geçirilen silahları; kahramanlığı, cesareti, inancı seyretti.

Film bitince, ışıklar yakıldı. Çiğdem yan tarafında boşalan bir koltuğa oturdu.

"Bu film, komutam altındaki birliklerin mücadelesinden bir parçadır. Gerçi biliyorsunuz ama bir daha seyretmenizi istedim," dedi ve konuşmasına başladı.

General, önce bölücü örgütün varlığı ve tehdidine değindi. Ulusa, devlete verdiği zarara. Ulusun, Milli Mücadele günlerinde verdiği şehit sayısının 11.000 civarında olduğunu, oysa bölücü örgütle yapılan savaşta verilen şehit sayısının 5000 olduğunu söyledi. Bu rakamlar, karşılaştığımız tehdidin ne kadar ciddi olduğunu gösterir dedi.

General:

"Savaş, insanlık tarihi kadar eskidir... İnsan tabiatındaki paylaşamama duygusu oldukça, savaşlar da olacaktır, bu süreç belki yıllarca sürecektir... Savaş artık günümüzde hükümetlerle, ordularla değil, halkla yapılır. Türkiye bugün, 1856-1923 arası koşulların aynısını yaşıyor. Savaşa, savaşlara hazırlıklı olmalıyız! Ve savaş, cesur, gözü kara, yetenekli, karakterli önderler tarafından yönetilmelidir. Savaş alanları, şeytanların cirit attığı, çelikçomak oynadığı bir alandır. Bu yüzden, savaş için, savaşa hazırlık için, insan aklının saldırganlığına ihtiyacımız var; her alanda akıl almaz örgütlerin kurulması gerekir. Bu yapılabilir, çünkü insan zihninin, duygularının ve hayallerindeki derinliğin sonu yoktur. Savaştaki en büyük ve güçlü silah ise, insandır. Bu mücadele orta kırat adamlarla değil, en iyileriyle becerilir, işin sonunu düşünenlerin değil, düşünmeyenlerin cesaretiyle! Emperyalizme dikkat! Emperyalizm savaşlara, pazar ve doğal kaynaklar için başvurur, demokrasi ve insan hakları için değil! Halk, Osmanlı'dan kalma 'kul' ruhuyla yaşayamaz, hesap soran yurttaş olması gerekir. Devlet, güvenlik ve adaletten sorumludur, vatan ve ulus temelinde var olur."

Daha birçok şey! Çiğdem kucağındaki çantasının üzerine koyduğu ince defterin iki sayfasına, kendince önemli gördüğü sözleri not etti. Generalin konuşması bir saat sürdü. Coşkuyla alkışlandı. Sorular ve yanıtlar bölümünde Çiğdem hem dinledi, hem düşündü.

General şunu söylemek istiyordu:

Vatanımız, ulusumuz, devletimiz tehlikededir. Herkes bunun bilincinde olsun, hazırlansın, örgütlensin. Çiğdem'in anladığı bu oldu.

Generale sorulan soruların yanıtlanması da yarım saat sürdü. Sorular bitince, general teşekkür etti.

Film sonrası bölümde Çiğdem daha sakindi. Generali uzun uzun alkışlayan dinleyiciler yavaş yavaş salondan çıkarlarken, o, sahnenin önünde etrafı çevrilen, tebrik edilen generale baktı.

Kendine güvenen, kararlı bir vatansever!

General yanındakilerle salonun çıkış kapısına doğru yürüdü. Çiğdem grubu izledi. Gruptan biri, komutanın salonun dışında kitap imzalayacağını duyurdu. Güldü Çiğdem. Çantasından kitabı çıkardı.

Salonun dışı da kalabalıktı. Yan yana konmuş iki masa vardı, dört de sandalye. Öğrenciler tek tek kitaplarını imzalatmaya başladılar. Arada soru soranlar da oluyordu. General hepsine yanıt veriyor, bazen gülümsüyor, yine de açıklıyordu. Çiğdem acele etmedi, *biraz ortalık sakinleşsin*, diye düşündü. Göle, uzaktaki dağlara doğru açılan bir kapı vardı, uzunca bir balkon. Oraya gitti. Kapının ağzında elinde kitap karlı tepelere baktı. Biraz daha baksa yine gözleri dolacaktı, bunu hissetti. Döndü, generalin masasına geldi. Kalabalık azalıyordu. Generalin yanında üniversite rektörü oturuyordu ve yaşlı başlı birkaç kişi daha. İki de yardımcısı olduğunu fark etti Çiğdem. Ellerinde çantalarıyla gözlerini dört açmışlardı.

Korumalarıdır herhalde!

İmza alan genç bir kadından sonra elindeki kitabın kapağını açtı, generalin önüne sürdü. General, Çiğdem'e baktı. Çiğdem gülüyordu.

"Adınız?" dedi general.

Çiğdem'in gülüşü soldu. Bir an ne diyeceğini bilemedi. Gözlerini kapattı. General ona bakıyordu, yanındakiler de. Çiğdem derin bir nefes aldı. Sonra ağabeyinin adını, soyadını söyledi.

Generalin yüzündeki merak birden parladı. Ayağa kalktı. Ellerini Çiğdem'in yanaklarına uzattı. Çiğdem kendini bıraktı.

"Yoksa siz..." diyebildi general, kalktı, yanına gitti.

Birbirlerine sarıldılar.

"Evet generalim, ben kız kardeşiyim!"

General, merak ve heyecanla seyredenlere tek tek baktı.

"Benim şehit askerlerimden birinin kız kardeşi!" dedi. "Şehit çavuşumun kız kardeşi!"

Elinden tuttu, yanına oturttu Çiğdem'i. Çiğdem önceden hazırlamıştı. Kimliğini çıkardı, masanın üstüne koydu. Ağabeyinin kendisiyle çektirdiği fotoğrafları, gönderdiği mektupları, generaliyle çekilmiş bir fotoğrafı da. "Bakın generalim!" dedi Çiğdem.

General sigara yaktı. Kimliğe, mektuplara, fotoğraflara baktı. Yanındakilere de gösterdi.

"Ağabeyin senin için çok çiğdem topladı!" dedi ve ilk sayfayı imzaladı.

Tarih olarak çavuşunun şehit olduğu günü, ayı ve yılı yazdı. Yer olarak da... Şemdinli!

O komutan kimdi sizce?

Tabii ki Osman Pamukoğlu.

İzzet Harun Akçay[*]
Nisan 2005
Sapanca / Sakarya

---

[*] Merhum İzzet Akçay'ın (1953-2011) ikisi ödüllü beş kitabı bulunmaktadır.

EFSANEDEN MASALA

Adı terörle mücadele sırasında efsaneleşmiş olan Osman Pamukoğlu, *Unutulanlar Dışında Yeni Bir Şey Yok* adlı kitabını yayımladığından bu yana da yeni bir şey yoktur, değişen bir şey yoktur dolayısıyla da "terörle mücadele" artık bir masaldır.

Masaldır, çünkü Osman Pamukoğlu ve onun gibi terörle mücadelede efsaneleşmiş isimlerin hiçbiri tümgenerallikten daha yukarıya çıkamamıştır. O halde, bugün terörle mücadelede başladığımız noktanın bile gerisine düşmemizin birinci derecede müsebbibi konumunda bulunanlar, terörle mücadelede başarılı olmayı askeri hiyerarşide yükselme ölçütü olarak dahi görmeyenlerdir.

Eğer terörle mücadelede başarılı olmuş generallerin hiçbiri tümgeneral rütbesinden daha yukarıya çıkamamışsa, bunun sebepleri sorgulanmalı ve hesabı sorulmalıdır.

Ancak belirtmek gerekir ki, bu konuda birinci derecede sorumluluk, siyasal yetke sahibi olanların değildir. Tayin ve terfilerin yapıldığı dönemlerde siyasal yetkeyi daima Türk ordusunun komuta kademesi yönlendirmiştir. Türk ordusunun komuta kademesinin başında ise 2006 yılının Ağustos ayına kadar dört yıl boyunca Hilmi Özkök bulunuyordu. Hilmi Özkök tarzıyla da terörle ancak bu kadar mücadele edilebilirdi.

Sözgelimi bir orgeneral, emekli olduktan sonra çıktığı bir televizyon kanalında, hem o bölgede asayiş kolordu komutanı iken Barzani'nin kendisine parlamento binasını gezdirdiğini anlatıyor hem de bugün Kürtlerin Kuzey Irak'ta bağımsız bir devlet ilan edecek noktaya geldiklerinden yakınıyordu.

Peki ama böyle birinin bundan ötürü yakınmaya hakkı var mıydı? İyi de, sormazlar mı adama? Senin döneminde Barzani'ye silah, para ve hatta eğitim (zirai mücadele değil terörle mücadele, yani savaş eğitimi) yardımı kimin tarafından yapıldı? O zaman aklın neredeydi?

Görülüyor ki, bu meselede en yüksek sorumluluk makamlarında bulunmuş rütbelilerde dahi, kendi alanlarını en çok ilgilendiren bir konuda, yani terörün sebep ve saikleri hakkında algılama zaafı vardır. Bu zaafın nelere yol açtığını ise hep birlikte yaşayarak görüyoruz. Daha da korkunç olanı, harp akademileri komutanlığı da yapmış olan bu emekli orgeneralin bundan iki yıl kadar önce yine Kuzey Irak, Irak Türkleri ve Kerkük'ün statüsünün konuşulduğu bir televizyon programında sergilediği tutumdu.

Sözüm ona Irak Türklerinin haklarını savunurmuş gibi yapıyor ama Kuzey Iraklı Kürtlerle Irak Türkleri arasında bir ayrım yapmadığını sık sık vurgulamak gereği duyuyordu bu orgeneral. Peki ama Birinci Körfez Savaşı'ndan bu yana Türkiye'nin yarısının Kürdistan olarak gösterildiği haritaların Kuzey Irak'taki Kürt berberlerin dükkânlarında bile asılı olduğunu bu adam bilmiyor muydu? Saddam'ın oğlu Uday'ın başında bulunduğu bir futbol takımının Erbil'de yaptığı maç sırasında stadyumda toplanmış Kürtlerin hep bir ağızdan biz Türklere ana avrat küfrettiğinden de mi haberi yoktu bu sayın komutanın?

Demek ki bu sayın komutan, askerliğin en temel iki kavramından, dost-düşman kavramından dahi habersizdi, üstelik aralarında ayrım yapmadığından söz ettiği taraflardan biri, yani Irak Türkleri dost ne kelime bizim özbeöz kardeşlerimizdi.

Bu derece miyopluk ve kafa karışıklığı, harp akademileri komutanlığı da yapmış bu orgeneral için söz konusu değildi yalnızca. Onların en üst konumundaki, bundan iki yıl önce, 2

Kasım 2006 günü Atina'nın Emperyal Oteli'nde, "Biz bu Cumhuriyeti Rumlarla da kurduk, Araplarla da kurduk, Çerkezlerle de kurduk," gibi inciler saçtıktan sonra gerisini varın hesap edin!

Av. Hanifi ALTA
Yeni Hayat Dergisi
Ekim 2008

KOZMİK ODADA YAZILI
SUİKAST EMRİ OLUR MU?

HEPAR lideri Pamukoğlu, kozmik aramanın tam bir ortaoyunu olduğunu söyleyerek, "Gizli bilgi genelkurmayın kozmik odasındadır. Aranan yere bakın, onca belgenin içinde böyle saçma suikast emri mi olur," dedi.

Osman Pamukoğlu kozmik araştırma, suikast iddialarıyla ilgili ilginç değerlendirmeler yaptı. Kendisine, "Faşist," diyenlere, "Allah akıl fikir versin. Onlar Hitler ve Mussolini'yi de asker sanıyordur," cevabı veren Pamukoğlu, "özgürlükçü," olduğunu söyledi. İşte Hakkari'de dağ ve komando tugayı komutanlığı yapan, pek çok madalyası bulunan HEPAR Lideri Pamukoğlu'ndan "Kozmik analizler": Suikast iddiaları, aramalar...

Olayın kozmik patates - çikolata tartışmasına kadar gelmesini eski bir asker olarak nasıl değerlendiriyorsunuz?
Tam bir tuluat. Ortaoyunu sahneliyorlar. Hangi delillere dayanarak olduğu söyleniyor? TSK'nın özel kuvvetleri ve içindeki Seferberlik Tetkik Kurulu varsa, bilinen işleri çerçevesinde oraya mensup subayların mahallelerde, sokaklarda bulunmaları, birilerini izlemeleri çok doğal. Bu gizli kapaklı, illegal bir örgüt değil. Subayların falan yerde görülmeleri ve birdenbire "Suikast düşünceleri var" değerlendirmeleri çok abes. İktidarın her zaman yaptığı gibi, kendini mağdur göstererek, "Bizimle uğraşıyorlar" mesajı vermesi. Aşçıların, teknisyenlerin yakalanması ise tam bir komedi.

Bunların suikast meselesi rahmetli İsmail Dümbüllü'nün konusu. Rahmetli yaşasaydı hal ve tavırlarından -çikolata, patatesten- yüzlerce skeç yapardı. Askerin suyla kâğıt yutma meselesini ilginç buldunuz mu? Bu işleri yapacak özel kuvvetler, subaylar iki cadde ile bir apartmanın adını aklında tutamayacaksa komedidir. Yapanlar beceriksiz demektir.

İstihbaratla ilgili insanlar çok zeki olmak zorunda. İstihbaratçı, elinde, cebinde falan kâğıtla dolaşmaz. Genelkurmay, "Subaylar bölgede şu maksatla bulunuyor," dedikten sonra, "Hayır senin dediğini kabul etmiyorum," diyerek kozmik oda, vesaireye hâkim sokmak normal değildir. Hukuk bunu gerektiriyor, deniyor ama hukuku da yapan insanlar.

Yarın başkası başka hukuk yapar ona sadık olmak zorundasınız. Kozmik oda araması bu kadar sürer mi? Üstelik varsayalım ki birilerine suikast emri var. Yahu bunun yazılı emri olur mu? Bunu düşünmek bir defa aymazlık, yani siz kanunsuz bir şey yapacaksınız, bunu da yazılı emre çevireceksiniz. Mümkün mü? Bunu zaten o odada bulmak mümkün değil.

Devletin güvenliği, işgal altında ülkede yapılacak şeylerle ilgili dokümanların arasında böyle bir saçma yazılı emir olur mu? O zaman ne arıyorsunuz orada? Amaç devleti zayıflatmak. Kürt açılımı da kozmik oda aramaları da bunun bir parçasıdır. Kapatmazsanız bir şeyler sıçrar.

Seferberlik Tetkik Kurulu 1950'li yıllarda Sovyetler'e karşı ABD'nin kurdurduğu bir kurumdur. Ama artık ne SSCB'si? Türkiye'yi işgal edecek güç ve tehlike yok. Avrupa'da da Gladio denilen kurum aynıdır. Avrupa bir kısmını kapattı. Bizim tutmamızın da anlamı yok. Tuttuğunuz sürece devamlı bir şeyler sıçrar ortaya. Gladio'nun kalbini arıyorlar yani? Kalbine gerek yok ki, kaldırırsın biter. Kaldırılmalı da.

Kim kimi işgal edecek ki? Ayrıca o odaya girilecekse, bunu hâkim, savcıyla yapmanıza gerek yok. Çağırırsınız genelkurmay başkanını, "Faaliyeti nedir, ne yapıyor?" diye sorarsınız. "İşe yarıyor mu?" Konuşur, kapatın dersiniz biter. Ama devamlı, 'Bize hareket mi, darbe mi tereddütüyle yaşayan bir iktidar var. Tereddütle yaşadığı için hayatı kendine ve halka zehir ediyor. Genelkurmay başkanıyla her hafta görüşüyor, MGK var. Bir defa konuşmaya korkuyor. Şu da sakat: Devlet gizlidir. O zaman başbakanlıktaki örtülü ödeneği soralım. Ne için kullanıyorlar? Her şeyin bir sınırı var. Sonra çok gizli bir şey, kozmik. Genelkurmayın bir astının Kirazlıdere'deki binasında mı durur? Gizli şey ya genelkurmayda ya bakanlıklarda durur. Bunu astlara devredemezsiniz. Gizli bilgi genelkurmayın kasalarında, kozmik odalarında durur. Ya da varsa kuvvet komutanlığının kendi binasında olur. Astının astında böyle şeyler olmaz. O belgeyi aradığın yere bak.

"Hitler'i asker sanıyorlar."

Sizin için Hitler, Mussolini benzetmeleri var. Faşist diyorlar yani...
Allah akıl fikir versin. Bunların çoğu Mussolini ve Hitler'i de asker zannediyordur. Biri ressam biri gazeteci. Bizim ne kara, ne kahverengi gömlekli adamlarımız var. Siyaset düşmanı bol olmak demek.

Kürtler Çanakkale'de yoktu sözleriniz tepki almadı mı bölgeden?
Kürt vatandaşlarımız için değil, ağababaları için söyledim. Bir sürü tarih profesörü aradı, "Doğru söylüyorsunuz," dedi. Dürüst ve gerçekçiyiz. Israrla Çanakkale Çanakkale derseniz biri de size doğruyu söyler.

www.gazetevatan.com
11.01.2010

BEN ORDUMU TUTARIM, ŞAHISLAR BENİ İLGİLENDİRMEZ

Hak ve Eşitlik Partisi Genel Başkanı Osman Pamukoğlu, "Balyoz Darbe Planı" iddiaları nedeniyle ülke gündemine bomba gibi düşen gözaltıları değerlendirdi.

Ordunun içinde çete kurarak, hükümet devirmeye teşebbüs iddiası için, "Bu bir seminer, gizli kapaklı bir şey değil. Gizli kapaklı bir planda slaytlar, ses kayıtları, dosyalar, belgeler mi olur? Kapalı bir salonda 164 general, amiral ve subayın bir araya gelmesiyle üstelik, Genelkurmay Başkanlığı bilgisi dahilinde ve resmi dokümanlarla duyurularak yapılan işe çete kurarak darbe planı yapmak mı denir?" dedi. 7 yıl önce yine mevcut hükümetin iktidarında yapılan ve bugün orduyu yıpratmak amacıyla kullanılan bu seminerin neden yapıldığının, muhatapları tarafından açıkça anlatıldığını söyleyen Pamukoğlu, "Bu seminerin neden yapıldığı açık; iç tehdit olarak kabul edilen terör ve irticaya karşı İstanbul'da neler yapılabilir ve bu iç tehditlere kuvvet uygulanırken dış tehditlere karşı meydana gelecek zafiyet açığı nasıl önlenebilir, yani 'işler çığrından çıkarsa ne yapılır' planıdır."

Asıl sorumlu dönemin genel kurmay başkanıdır, konuşsun!

Asıl sorumlunun dönemin Genelkurmay Başkanı Hilmi Özkök'ün konuşmaması olduğunu söyleyen Hak ve Eşitlik Partisi Genel Başkanı Osman Pamukoğlu, "General astlarının yaptıklarından bihaber olamaz ve bunlara sessiz kalamaz. Burada görevi ihmal var. Tüm bu çıkan iddialara zamanında karşılık verilseydi bugün bunlar yaşanmazdı. Bu sessizlik ve ihmaller yüzünden Türk ordusu ne hale getirildi? Sonuç işte bu olur," dedi.

Ben ordumu tutarım, şahıslar beni ilgilendirmez

Şahısları değil, Türk ordusunu tuttuğunu söyleyen Osman Pamukoğlu, işin başında, seminerden sonra gereğinin yapılarak hepsinin görevden alınması gerektiğini belirtti. "Ordular suya benzer, kontrolü çok zordur. Bunu kontrol etmek için, çok güçlü bir hükümet gerekir. Ordu sahiplenilmiyor, başka bir ulusun ordusu gibi. Genelkurmay başkanını bile bu hale getirdiyseniz, siz hükümet olarak orduyu yönetememişsiniz demektir," dedi.

Bu plana dahilseniz, siz bu ülkenin hükümeti değilsiniz

"İşler kötü gidince, herkes birbirini suçlar. Ne hükümet, ne de TSK halka bahane anlatamaz," diyen Pamukoğlu, partisinin yaptırdığı anketlerde, halkın algısının altüst olduğunu, çocuğunun cebine koyacak 1 lirası bile olmayan bu milletin bir de dışardan dönen bu dolapların içinde iyiden iyiye güvenini kaybettiğini söyledi. "Bu dolabın suyu dışarıdan dönüyor, ordunun yüksek seviyesini aşağı çekmek için uğraşıyorlar. Ordunun zayıflatılması ve yıpratılması, halk algısında güvenin sarsılması en çok kimin işine yarar herkes bunu düşünmeli. Belli ki hükümet bu dolabın içinde dönüyor. Bu plana dahilseniz, siz bu ülkenin hükümeti değilsiniz. Türkiye Cumhuriyeti Devleti'nin iç ve dış savunmasından ve güvenliğinden hükümet sorumludur. Bunu da ancak ordusuyla ve emniyet güçleriyle yapabilir," dedi. Halkta ürperti ve şüphe yaratıldığını söyleyen Pamukoğlu, "Bu yoldan giderseniz, bu dolaptan çıkamazsınız," dedi.

Cihan
23.02.2010

YOLSUZLUK YAPAN MİLLETVEKİLLERİNİN MALLARINA EL KOYACAĞIZ

Hepar Genel Başkanı Osman Pamukoğlu, milletvekilleri hakkında ihaleye fesat karıştırma, rant sağlama gibi suçlamalarla 608 fezlekenin mecliste beklediğini söyledi. Pamukoğlu, iktidara geldiklerinde, milletvekilleri ve bürokratların dokunulmazlıklarını kaldırarak, ayni ve nakdi malvarlıklarına el koyup satacaklarını ifade etti.

HEPAR lideri Pamukoğlu, Konya'da basın toplantısı düzenledi. Halk tipi bir parti olduklarını, örgütlenme ve finansmanlarının halk tarafından sağlandığını belirten Pamukoğlu, "Parti olarak 46 ilde örgütlenmemizi tamamladık. Seçime girebilmek için gereken 41 ilde teşkilatlanma şartını gerçekleştirdik. Örgütlendiğimiz ilçe sayımız 500'ü aştı.

Siz şimdi sorabilirsiniz, erken seçim mi yapılacak? Seçimler zamanında mı yapılacak diye. Erkeni baskını kalmadı artık, seçimler yaklaşık bir yıl içinde yapılacak," dedi. Bugüne kadarki partilerin ideolojileri ve söylemleri için "ucube" ifadesini kullanan Pamukoğlu, "Türkiye tükenmiş, halk fakir. Gelir gücü diye bir şey yok," dedi.

Hırpalanan sınıfların başında esnaf, çiftçiler, emekliler ve memurlar var. Sanal halkın işine yaramayan meselelerle uğraşıyorlar. Yok Ermeni meselesi, yok Kürt açılımı. Bizim partimizin önceliği ekonomi olacak. Önce ekmek ve huzur," şeklinde konuştu. Türkiye'de yolsuzluk ve rüşvetin diz boyu olduğunu söyleyen Pamukoğlu, "Partimizin programında var. Hepsini özel ihtisas mahkemelerinde yargılayacağız. Zaman aşımını kaldıracağız. Hepsinin ayni ve nakdi malvarlıklarına el koyup satacağız ve hazineye geri çevireceğiz.

Türkiye Cumhuriyeti Devleti, Birleşmiş Milletler'e kayıtlı 202 ülke arasında ekonomisi yolsuzluk, hırsızlık ve rüşvet nedeniyle çökmüş üçüncü ülke. Bu bir devlet için ardır, bir millet ve toplum için de haysiyetsizliktir. Ülkeyi yolsuzluk ve rüşvet belasından kurtaracağız. Yolsuzlukla mücadele 1 numara olacak. 550 kişilik mecliste 608 fezleke var. Yok ihaleye fesat karıştırma, yok rant... İşte böyle bir meclis var. Dokunulmazlıklar sadece bunlardan değil, bütün bürokratlar, memurlar... Hepsinden kaldırılacak. Vatandaş olmayı öğrenecekler," diye konuştu. Türkiye'nin genelinde Milli Savunma Bakanlığı ve Maliye Bakanlığı'na ait boş topraklar bulunduğunu dile getiren Osman Pamukoğlu, "Bunların hepsini halka dağıtacağız, halka. Halka dağıtılacak," dedi. Basın mensuplarının sorularını da cevaplayan Pamukoğlu, askerlerle siviller arasında bir gerginlik olup olmadığı yönündeki soruya, "Yalan söyleyen devlet yönetemez, Türkiye'nin özeti budur. Askeri sivili yok," şeklinde cevap verdi.

Cihan
17.03.2010

ÜLKEYE DELİ GÖMLEĞİ GİYDİRDİLER

Hak ve Eşitlik Partisi Genel Başkanı Osman Pamukoğlu ile Ankara Genel Merkez'de yaptığımız görüşmede, Türkiye siyasetiyle ilgili çarpıcı açıklamalar yaptı. Pamukoğlu Türkiye'de yaşanan krizlerin geçmişte alınan kararlar nedeniyle olduğunu söyledi.

Onu, efsane komutan olarak anılmaya başladığında yazdığı *Unutulanlar Dışında Bir Şey Yok* kitabıyla tanımıştım. Şimdi ise çok farklı bir kulvarda koşuyor. "Artık sızlanma, şikâyet etme, ağlama zamanı geçti. Her yerde çöküntü, gayesizlik ve yanılgı havası hâkim. Bu gidiş nereye diye sormaya kalkışmak ise aymazlıktır. Artık yolun ötesi görünmüştür. Siyaset, ekonomi ve güvenlik meseleleri diz boyu olup, bunları ortadan kaldırmak için cesur ve erdemli bir siyasi mücadele şarttır," diyen Pamukoğlu ile Genel Yayın Yönetmenimiz Süha Alparslan'la birlikte görüştük.

Neden siyasetle ilgilenmeye başladınız?
Bu memlekette halk ekonomik anlamda tükendi. Halk bitmiş, halk zayıflamış, halk bir deri bir kemik kalmış. Halkı gürbüzleştireceğiz. Bu konuda ne yapılması gerekiyorsa elimizden geleni yapacağız. Biz teoriler ve nazariyelerle uğraşmayız. Dünyada teoriler ve nazariyeler hep konulmuş. Bu durumu değiştirmek için yola çıktık.

Siz 47 doğumlusunuz ve 68 kuşağına yakından tanık oldunuz. Bir kısmımız harp okulunda, bir kısmımız fakültelerde okuyorduk. 68 kuşağı dedikleri budur.

Siz o dönemde öğrenci miydiniz?
Evet, Harp Okulu'ndaydım.

Okuduğunuz dönemde Deniz Gezmiş'in ve arkadaşlarının sürdürdüğü mücadeleden etkilendiniz mi?
Biz o dönemde bir Harp Okulu öğrencisiydik. Askeri eğitim alan yapılan siyasi hareketi rejime karşı yapılan bir hareket gibi algılamıştır. Rejime karşı hareketlere biz tahammülsüzüz. Rejime karşı yapılmış bir harekettir ve dış kaynaklı güçler tarafından yönlendirilmiştir o dönemdeki siyasi hareketler. Türkiye'deki hareketler Sovyet radyolarında anons edilirdi. Onlar destek veriyorlardı. Aslında her iki taraf da ülkesi için iyi yaptığını, doğru düşündüğünü zannediyordu. O dönemki siyasi algıda uç siyasi fikirler vardı. Zaten kendi aralarında da bir sürü çelişki yaşıyorlardı. Kendi aralarında da anlaşmazlıkları vardı. Bu siyasi hareketlerin temelinde, mülkiyetin devlet kontrolü altına alınması fikri vardı. Sermayeyi ortadan kaldırmayı hedefliyorlardı. Bunun klasik tabiri komünizm. Ama bunu yaparlarken de tek kol, tek kanatta değillerdi. Kendi içlerinde de bölünmüş haldelerdi. Birbirlerini de yıpratıyorlardı. Türkiye'de 1970'li yıllarda böyle bir şey yaşandı. İki taraf da gözü karaydı. İki taraf da peşlerinden gittikleri doktrin ya da ideolojinin bu ülkeye yarar getireceğine inanıyorlardı. İki taraf da vatanseverdi. İkisi de vatanseverdi ama yollar farklıydı. Bütün çarpışma ve didişme yollarının farklılığından kaynaklanıyordu. Esasında ülkede hak ve eşitliğin sağlanmasını istiyorlardı.

12 Eylül'e dair izlenimleriniz...
Trakya'da kurmay yüzbaşıydım. O zaman harekât şube mü-

dürüydüm. Bize bir plan geldi, biz de uyguladık. 12 Eylül 1980 harekâtında gözümüzün önünde standart günde 20 kişi hayatını kaybediyordu. Ülke bölünmüş. Parçalanmıştı. Ülke bölgelere ayrılmıştı, hatta semtler bile ayrılmıştı. Mesele sadece siyasal ideoloji meselesinden öte mezheplere kadar sirayet etmişti. Kurumlar içerisinde polisler, öğretmenler dahil hepsi bölünmüş vaziyetteydi. İş o dönemde doğasına bırakılsaydı ülke altüst olurdu. Kan revan içerisinde kalırdı, zaten kaldı. Ama su iyice bulanmadan durulmaz diye bir söz vardır. Her şey altüst olur yine durulur. Çok büyük bedeller olurdu. Çok büyük kayıplar olurdu. Sonuçta müdahale yapıldı. Ancak ülke iyi yönetilmiyordu. Hükümet de bölünmüş vaziyetteydi. Koalisyonlar vardı. Her biri bin parçaya bölünmüş durumdaydı. O dönemde hareket kaçınılmaz görünüyordu ve herkesin onayladığı bir haeketti. Halk belli koşullarda istekli ve hazırdı. Bırakılsaydı kan gövdeyi götürecekti. Site devletleri kurulmaya başladı. Zaten Birinci Dünya Harbi sonrası savaşı kazananların planıdır site devletleri. Arap Yarımadası'nda küçük küçük şeyhliklerden kurulan devlet modeli aynı şekilde bizde de uygulanmaya çalışıldı.

Sizinle sohbete 12 Eylül'den başlamamızın sebebi, 12 Eylül sonrası ortaya koyulan anayasa ve o anayasanın ülkede ortaya çıkardığı sonuç...

Ülkeye bir deli gömleği giydirdiler, çık işin içinden çıkabilirsen. 30 yıldır bu anayasa kaldırılıp atılamadıysa, 30 yıl içinde iktidara gelenlerin suçudur. Sonuçta iktidarı yapan da halkın kendisidir. 12 Eylül Anayasası paçacılara benzedi, işkembecilere benzedi. Her bir parçası kaç defa değiştirildi. Anayasa hukukçuları bile yapılan değişikliklerin ne kadar yapıldığını tahmin edemiyor. Anayasanın tümden değişmesi gerekiyor. Hükümetseniz, parlamento iseniz, halk yönetimiyseniz ve kendinize güveniyorsanız her şeyi yaparsınız. Ama o beğenilmeyen anayasanın beğenilmeyen kısımlarını kendinize göre iyi, işinize gelmeyenleri kötü olarak ilan ederseniz olmaz. Hayatta her şey ya iyidir ya da kötüdür. Sizin düşünceniz yapıyordur bunu. Kaldırıp atın, yenileyin. Hükümet iktidardır, güçtür, dirayettir ve otoritedir. 30 yıldır bu saydığım kavramları elinde tutanlar vardı. Neden yapmadılar? 12 Eylül Anayasası'nda işlerine geleni yaptılar. İşlerine gelmeyeni yapmadılar. Türkiye'de siyaseti ortaoyuncular yapıyor. Türkiye'de siyaset ne bu halk ne de bu topraklar için yapılmadı. Menfaat ve çıkarlar için yapıldı. Tersini kanıtlayan birisi varsa kanıtlasın konuşalım. 22 tane liman var, bu limanlardan hangileri bizim. Bankalarınızın %54'ü kimde? Bundan 20 yıl önce bu ülke tarım ve hayvan ürünlerinde 7 kat fazladan üretim yapıyordu. Şimdi köylü kendini besleyemiyor. Madenlerin %56'sı yabancılarda. 1919 yılında da durum böyleydi. Geri kalan %40 bizde ama onun da hamallığını yapıyoruz. Sosyal adaletçi olduğunuzu söylüyorsunuz. Sosyal adaleti nasıl sağlayacaksınız? Bahsettiğiniz değişikliklerin yapılabilmesi için çok radikal kararların alınması gerekiyor. Evet, son derece radikaliz. Onun için diğerlerinden farklıyız. Radikal değilse Türkiye'de 60 küsur parti var. Ülke parti çöplüğüne dönüşmüş durumda. Biri de parti kuracağım diye somuncu pehlivanı gibi dolaşıyor. Siyasi erk kendilerinde olmadığı için dışarıdan yardım bekliyorlar.

Zeki Ercivan
Bolu Gündem
15.03.2010

BU YOL, ÇIKMAZ YOL

HEPAR Genel Başkanı Osman Pamukoğlu, Edirne'de yaptığı açıklamada dört gündür Trakya bölgesinde ziyaretlerde bulunduğunu belirtti.

Anadolu'daki insanların yaşadığı sıkıntılar ile Trakya bölgesinde yaşayan insanların sıkıntılarının aynı olduğunu vurgulayan Pamukoğlu, ülke ekonomisinin çöktüğünü, tarım ve hayvancılığın, üretimin bittiğini, işçi, memur, çiftçi ve emeklinin durumunun perişan olduğunu söyledi. Trakya halkının bunu gördüğünü ve kararlı bir şekilde seçimi beklediğini vurgulayan Pamukoğlu, "Trakya halkı bu yolun nereye gittiğini görmüş, anlamış, çıkmaz yolu görmüş ve kararını da vermiş. Trakyalılar kararlı. Ne yapacakları da belli. Seçim gününü bekliyorlar," dedi.

Gazetecilerin sorularını da yanıtlayan Pamukoğlu, CHP Genel Başkanı Deniz Baykal'la ilgili olay hakkında bilgi sahibi olmadığını ifade etti. Magazin tarzı haberlerle ilgilenmediğini anlatan Pamukoğlu, şöyle devam etti: "Bu konuda bilgim ve merakım yok. Hiçbir şeyden haberim yok. Ben böyle magazin tarzı konulara meraklı değilim.

İnsan yaşamları ile ilgilenmiyorum. Bu memleketin o kadar çok derdi var ki... Avutulmuş, soyulmuş, tarımı, hayvancılığı bitmiş, ekonomisi çökmüş, bankaları elden çıkmış, bir tane dahi liman kalmamış, halk inim inim inliyor. Ve de bunların arasına bu tip şeyler giriyor.

Bunların hepsi bana göre tali işler. İşin aslında olacağız. Dijital ortam, internet çıktı. Bu şuna benziyor: Tüfek çıktı, mertlik bozuldu.

Bu dijital sistemde de ne doğru, ne yanlış her şey birbirinin içine girdi.

AA
08.05.2010

KALABALIKTAN FAYDA GELMEZ

Çeşitli ziyaretlerde bulunmak üzere Fethiye'ye gelen efsane komutan ve HEPAR Genel Başkanı Osman Pamukoğlu partisine ve gündeme ilişkin önemli açıklamalar yaptı.

HEPAR Genel Başkanı Osman Pamukoğlu, Fethiye Gaziler ve Şehit Aileleri Yardımlaşma Derneği Başkanı Namık Ünal'ı dernekteki makamında ziyaret etti. Burada partisi ve ülke gündemine dair değerlendirmelerde bulunan Pamukoğlu, CHP'nin geleceğinin bulanık göründüğünü söyledi.

Osman Pamukoğlu, CHP genel başkan adayı Kemal Kılıçdaroğlu için ise, "Kalabalıklar yanıltır, duygular oynaktır, bulutların içinde kaybolmamak lazım. 1950 yılından beri halk CHP'yi bir kere bile hükümet yapmadı," dedi. Hak ve Eşitlik Partisi Genel Başkanı Osman Pamukoğlu Fethiye ziyaretinde ilk olarak Fethiye'nin Alaçat Köyü'nde şehit er Adem Şimşek'in ailesini ziyaret etti. Pamukoğlu bu ziyaretten sonra Fethiye Zihinsel Özürlüler Derneği Başkanı Necdet Yaman'ı ve Fethiye Gaziler ve Şehit Aileleri Yardımlaşma Derneği Başkanı Namık Ünal'ı ziyaret etti.

HEPAR Genel Başkanı Osman Pamukoğlu burada yaptığı değerlendirmede, "Hükümetin yapması gerekenleri dernekler yapıyor. Milli Savunma Bakanlığı'na bağlı bir genel müdürlük kurulup bütçe ayrılarak şehit ve gazi aileleri yalnız ve muhtaç bırakılmamalı," dedi. Osman Pamukoğlu burada bir gazetecinin sorusu üzerine, "Askerliği 6 ya da 9 aya indireceğim. Bir savaşçı

9 haftada yetiştirilir. 700-800 bin askere bakmaya gerek yok. Terör olaylarında çıban başı Hakkari'dir. İkinci olarak Şırnak'tır. Hakkari'nin doğusu ve güneyidir, çünkü sınırdan iki ülkeye de geçiş kolaylığı var," dedi.

"Kuzey Irak'ı bombalamak işe yaramadı."

Kuzey Irak'a son yapılan bombalama operasyonundaki başarıyı soran bir gazeteciye ise Osman Pamukoğlu, "Bizzat gireceksin, botunla basacaksın. Bombalamak korkutur, taciz eder ama bitirmez. 17 gündür dışarıdayım. 1,5 yıldır halkın içerisindeyim. Her şeyin başı halk. Halk hesap sormuyor. Hakkını aramıyor. Halk seçiyor, denetlemiyor. Halk umutsuz ve ruhu karartılmış, mevcut siyasi partilerden sıtkı sıyrılmış. Bunlar 40 yıllık parti. Bu partilerden yahni olmaz. Bunun için siyasi alana çıktık," dedi.

CHP'de Kılıçdaroğlu'nun genel başkanlığa seçilecek olmasını da değerlendiren Osman Pamukoğlu, "Kalabalıklar yanıltır, duygular oynaktır. Bulutların içinde kaybolmamak lazım. 1950'den beri bu partiyi halk bir kere hükümet yapmadı. İktidar olabilmesi için CHP'ye Satürn'den birilerini mi getireceksiniz? Bana göre CHP bulanık görüyor," dedi.

Efsane komutan Pamukoğlu vatandaşların yoğun sevgi gösterileri arasında dernekten ayrıldı.

IHA
22.05.2010

BEKLEMEK YAŞLILARIN İŞİDİR

Geçen de Akdeniz Basın Birliği'ni Sayın Pamukoğlu ziyaret edecekti. Bana sen de gel dediler. Bildiğiniz üzere ben kendinden geçenlerdenim. "Zor Dostum Zor" şarkı dizeleri ağzımda.

Gördüğüm kişilere ne olacak bu ülkenin hali der gibi bakmakla geçen bir yaşam.

Eh dedim. Gideyim. Bildiğiniz üzere bayrağı, kartalı, müziği partinin tastamam. Etkilenmemek mümkün değil. Eh bir de başındaki kişilik paşalarımızdan. Hani diyorlar yağ yapma. Düzgün yaz. Şimdi ben de yağ yapmayayım diyorum. Saldırayım Sayın Pamukoğlu'na da sebep bulamıyorum.

Gayet beyefendi bir şekilde mevcut odaya girdi. Her bir kesimi selamladı. Oturdu. Kendisi tam karşımdaydı. Belliydi ki yorulmuş. Geziyormuş tüm ülkeyi. Paraya pula onun için gerek bulunmamakta ama geziyor. Kendisi gibi şu dünyada bin kadar kişi bulunsa dünya kurtulur.

Kelime haznesini çok geliştirmiş. Bilgili. Akıllı. Konusuna hâkim. Takım elbise giymiyormuş. Genel de sportif. Asilzade fakat halkçı! Kendisiyle gerçek bir sohbet yapmak isterdim. Bilgilenmek ve bildiklerini öğrenmek dileğindeyim. Lakin o hizmet adamı. Hafif de bizlerin bildiği Raki ve Rambo karakterlerini çağrıştırmakta.

Fiziksel yapısı yerinde birisi! Dedikleri doğruysa ki yalanının veya yanlışının olduğunu zannetmemekteyim genel başkanı olduğu Hak ve Eşitlik Partisi HEPAR bayağı üye kaydetmeyi başarabilmiş durumda.

Genel seçimlere gireceğini söylüyor. Gene bildiğiniz üzere ülkemizde partilerin varlığı çok, fakat seçimlere girmek oldukça zor bir iş! Ama kesinkes seçimlerdeyiz diyor. Bu yazımla belki onu ve Partisini tanıttım ama partisini hoş karşılamama rağmen onun partisine geçmeyeceğim. En azından şimdilik kararım bu doğrultuda. Lakin seçime girmeyi başarabilecek bir partiden milletvekili adayı olmak da ne güzel olurdu demeden geçemeyeceğim.

Deseniz ki kazanma şansı falan bulunmamakta, bu işler hiç belli olmaz derim. Zira şimdiki hali bayağı iddialı! Kaldı ki seçimlere daha da zaman var. Bu halde bu söz konusu partiye gitsek dahi dediği gibi seçimlere girebilirse, belki ben aday olmak için kolları sıvasam dahi binlerce adayın arasında sıkışır kalırım.

Sayın paşamız Pamukoğlu diyor ki; "Beklemek yaşlılara özgüdür." En azından ben bunu böyle anladım. Haklı. Beklemek yerine girişmek lazım. Haklı. Hata yaparım diye korku duyulacağına gerekirse hata yapmak lazım. Haklı. Yerinde durmayla bu iş olmaz.

Benim yaşım 32 civarlarında. Onun yaşını bilmem ama inanın, sanki o 32 yaşında ben de onun yaşındayım. Sevgili Pamukoğlu ömrün uzun ve muhabbetin bol olsun.

Şimdikini ve sonrasını bilmem ama öncesi için sana teşekkür ediyorum. Bu vesileyle de iyi bir şeylere hizmeti geçen tüm insanlara teşekkürlerimi bir borç bilirim. Sağ olun ve iyi ki vardınız ve gene varsınız.

Av. Burak Canlı
mezitli.org
27.05.2010

DOĞA BOŞLUK KALDIRMAZ "PAMUKOĞLU" DOLDURUR

TÜRKİYE'nin sinirleri bozuk. Sınır karakollarında şehit edilen askerler, kentlerin göbeğinde düzenlenen eylemler derken, gerilim iyice arttı. Halk hükümetin, devletin ileri gelen birimlerinin ve siyasetçilerin söylemlerinde bir imdat kolu arıyor.

Gecikmiş açılımın travması pek olurmuş.
Türkiye'nin sinirleri bozuk. Sınır karakollarında şehit edilen askerler, kentlerin göbeğinde düzenlenen eylemler derken, gerilim iyice arttı. Halk hükümetin, devletin ileri gelen birimlerinin ve siyasetçilerin söylemlerinde bir imdat kolu arıyor. Demokratik açılım, Kürt insanının mağduriyet hissini, örselenmiş onurunu rehabilite etmekten başka bir amacı taşımıyordu.

Ancak zaman içinde ülkenin Kürtler dışında kalan kesimleri de rehabilitasyona muhtaç hale geldi. Her şehit haberi, her şehit cenazesi, her suikast ile birlikte bu ihtiyaç daha da artıyor. Başbakan, cenaze haberlerinden ötürü yine medyaya yükleniyor.

Psikologlar da başbakan gibi düşünüyor: "Terörün amacı tam da budur, şehitlerimize ağlayalım derken terörün maksadına nail olmasını sağlıyoruz," diyorlar. Oysa Türkiye, terörden hayatını kaybedenlerle ilgili olarak yıllarca üzerini örtme tekniğini kullandı. "Anadolu'dan Görünüm" yıllarında, '5 terörist ölü olarak ele geçirildi', askerimiz 'kimliği belirsiz kişiler' tarafından pusuya düşürüldü ve vatan için ölenlerin haber bültenlerindeki yeri önceden hazırdı: 20 sn.

Bu vasatta Türkiye'nin, ne olmuş da insanların bir kısmı dağa çıkmış, tarihte hangi etmenler söz konusu olmuş da bu adamlar şiddete, silaha meyletmişler gibi bahislerde doğru bir intiba sahibi olması beklenemezdi.

Yaranın gizlenmesi, tanı, teşhis ve konsültasyonun da kapalı kapılar arkasında kalması demekti. Türkler bu ülkenin yarasının boyutları hakkındaki gerçeklerden mahrum bırakıldı. Dolayısıyladır ki, "zaman" Türkler ve Kürtler için aynı hızda geçmedi, iki grubun zamanları senkronize değildi. Türk halkının içinde bulunduğu zaman 'devletimiz de epey kötü şeyler yapmış canım' fikriyle yeni yeni kırılmaya uğruyordu.

Oysa Kürtçülerin, PKK sempatizanlarının nezdinde çok hızlı geçmişti zaman. Onlar için devletin verdiği iyi niyet senedinin üzerinde tepinme vaktiydi artık.

Doğa Boşluk Kaldırmaz, "Pamukoğlu" doldurur

Ortalama Türklerin Kürtlerin taleplerindeki haklılık payını idrak arefesi, "açılım" meselesiyle altındaki zeminin kaydığını fark eden PKK ve uzantılarının tavırlarıyla başka bir faza geçti. Karşılarındaki 'mağduriyet' öyle ceberrut bir hal almıştı ki, "Ben mağdurum ve her şeyi yapmaya hak sahibiyim" söylemi öylesine burnundan kıl aldırmaz bir düzeye ulaşmıştı ki, Türklerin idrak süreci başlamadan bitti. "Arkadaşım bilmiyorduk?", "Arkadaşım iyi de..." Ve derken: "O halde canınız cehenneme." Şimdi bu "canınız cehenneme" ile "Kürt meselesi" eskisinden çok daha şedit bir şekilde "terör sorunu"dur artık. Çünkü doğa gibi zaman da boşluk kaldırmıyor. Travma ertelenince, yüzleşme çarpışmaya dönüşüyor. İnsanlar aradıkları imdat kolunu Osman Pamukoğlu'nun cümlelerinde buluyorlar.

Herkes geçtiğimiz günlerde Cüneyt Özdemir'e konuk olan Osman Pamukoğlu'nu konuşuyor. Kürtlere ana dilde eğitim hakkı verilmesini makul bulanların demokratlığı, dil için kan dökülmesinin mantık dişiliği karşısında eksiye düştü. Pamukoğlu'nun mevcut askeri statükoya da tavır koyması, OHAL'e filan gerek olmadan bu sorunun çözüleceğini ifade etmesi, son günlerde onu dinleyenlerin sayısını hızla artırıyor.

Kürtler ne yapacak?
Terör arttıkça "güvenlik sorunu", demokrasi ihtiyacından baskın hale geliyor. Terör el yükselttikçe artık samimiyetsiz bulunan MHP'nin eli değil, "Pamukoğlu etkisi" yükseliyor. Fakat şu da var; Pamukoğlu konuştukça ve "görev talebini" sürdürdükçe, Güneydoğu'daki Kürtlerin merkezdeki partilere kayması ihtimali artmakta, çünkü bölgede yaşayan ve DTP/BDP'nin kendini temsil ettiğine inanan Kürt taban içinde bizimkiler işin suyunu çıkardı diye düşünenler de var.

Nihal Bengisu Karaca
www.haberturk.com
25.06.2010

ÜLKENİN KADERİ BU MU?

Hak ve Eşitlik Partisi (HEPAR) Genel Başkanı Osman Pamukoğlu, "Terörün ekonomik kaybı sonucu terör bölgelerinde 426 milyar doları toprağa gömdük," dedi.

Rize İsmail Kahraman Kültür Merkezi'nde HEPAR Rize il teşkilatınca düzenlenen programda konuşan Pamukoğlu, son günlerde artan terör olaylarının halkı tedirgin ettiğini söyledi.

Terör olaylarının ülkenin 26 yıllık değişmeyen kaderi olduğunu, iktidar ve muhalefet partilerinin yanlış tutumları sonucu son zamanlarda olayların daha da çok arttığına dikkat çeken Pamukoğlu şöyle dedi: "20 yaşında gencecik askerlerimiz hayatlarını kaybettiği için orada harcanan trilyonlar kimsenin aklına gelmiyor.

26 yıldır o bölgede harcanan milyar doları kimse hesaplamıyor. Terörün ekonomik kaybı olsa olsa ne olur şeklinde bir hesap çıkartıldığında sonuç görülüyor. Terörün ekonomik kaybı sonucu orada 426 milyar doları toprağa gömdük.

Hem kan kaybettik hem de ekonomik kayıp yaşadık. Terörü bu ülkeden ve topraklardan def etmedikçe kimse bugünüyle ve geleceğiyle ilgili huzur beklemesin."

www.haberturk.com
04.07.2010

BU DÜNYANIN KANUNU, SÜREKLİ MÜCADELEDİR

Hak ve Eşitlik Partisi Genel Başkanı Osman Pamukoğlu Habertürk ekranlarında yine oldukça çarpıcı açıklamalarda bulundu.

Osman Pamukoğlu, "Neden PKK bitirilemiyor?" sorularına cevap verirken, Yiğit Bulut'un, "6000 teröristi nasıl imha edeceksiniz?" sorusunu yanıtlarken hayli ilginç bir cevap verdi.

Pamukoğlu, "Dağdaki eşkıyaya denk teşkilat yapısıyla çıkacağız. 20.000 kişiyi, 5 ile 6 ay eğiteceğiz. Bütün hepsi seçme subay, astsubay ve uzmanlardan olacak, tercihen bekâr olacak, gönüllü olacak. Tüm mali ihtiyaçlarını karşılayacağız. Bunun içinde zaten 4-5 general kullanacağız. Daha fazla değil. Bunların hepsi genç generaller olacak.

60 yaşından sonra generallik yapılmaz. Bugün dünyayı 40 küsur ile 50 küsur yaşlarındaki insanlar yönetiyor. Devlet başkanları onlardan, hükümet adamları onlardan oluşuyor. General dediğin civa gibi bir adam olacak," sözleri ile bir anda dikkatleri çekti.

Bu milletin çocuklarının köküne kıran mı girdi. Osman Pamukoğlu'nun bu sözleri üzerine Yiğit Bulut, "Genelkurmay başkanının yaşı tutmuyor nasıl yapacaksınız?" sözleri ile karşılık verince Pamukoğlu, "siz yasaları öyle yaparsanız olmaz tabi. Değiştiririz hepsini. Dünya savaş tarihine bakın yaşlı generallerin genç generalleri yendiği nerede görünmüş. General dediğin 32 tankı yan yana dizdiğinizde hiç yardım almadan birinci tanka çıkıp 32. tanktan atlayabilecek birisi olması gerek. General dediğin böyle olur," sözleri ile hayalindeki generalin tarifini yaptı. Bulut, "Göbekli olmayacak diyorsunuz yani?" sözlerini ifade edince Pamukoğlu şu general tarifini yaptı: "Şimdi şöyle, yok tansiyonu var, yok şekeri var, yok böbrek, yok dalak, yok ciğer, yok şuydu buydu. Eğer fiziksel olarak, biyolojik olarak böyle sıkıntın olursa kenarda dur. Bu milletin çocuklarının köküne kıran mı girdi? Subayların köküne kıran mı girdi?" ifadeleri ile generallere açık bir mesaj gönderdi. Akşam evinde torun seven adam ölüm emri veremez. Pamukoğlu, "Akşam evine gidip de 65 yaşındaki bir general sağ tarafında kız torununu sol tarafında erkek torununu severse, bu adam ölüm emri veremez," sözleri ile generalleri eleştirdi.

www.ensonhaber.com
13.07.2010

DEVLETİ MASALCI NİNELER YÖNETİYOR

AKP'nin dillendirdiği projenin asıl sahibi Pamukoğlu *Yeniçağ*'a konuştu. Osman Pamukoğlu, Önsel Ünal'ın sorularını yanıtladı. Hak ve Eşitlik Partisi HEPAR Genel Başkanı Osman Pamukoğlu, AKP iktidarını eleştirerek, "Tutturmuşlar, 'Döktükleri kanda boğulacaklar...' Bunlar boş konuşmalar. Artık bu millet masal dinlemiyor ve dinlemekten de usandı," dedi.

AKP hükümetinin artan PKK terörüyle mücadelede acz içinde kaldığını ifade eden Pamukoğlu, çözümü de şöyle anlattı: "Öncelikle dış destek ve lojistik mekanizma engellenmeli. Terörün önünü kesmek için eşdeğer hareket şart. Terör silahla çözülür!" HEPAR Genel Başkanı Osman Pamukoğlu, AKP hükümetinin terörle mücadelede acz içinde kaldığını ifade ederek, "Terörün önünü kesmek için ona eşdeğer hareket yapmak gerekir," dedi. "Kozmik oda, TSK'nın bütün karizmasını çizdi. Yetki verilmediği için asker eşkıyanın üzerine gidemiyor."

AKP hükümetinin açılımcı politikalarıyla son günlerde artan terör olayları ve beraberindeki şehit haberleri halkı canından bezdirdi. Ekonomik sıkıntılar ve işsizliğin her geçen gün artması ve bunlara terörün eklenmesiyle AKP'ye olan tepkiler de giderek artıyor. 12 Eylül tarihinde yapılacak olan referandum ise bir nevi küçük seçim niteliği taşıyor. Bir zamanlar PKK ile en etkin mücadeleyi veren Pamukoğlu, PKK'nın 1992 yıllarındaki günlerine döndüğü ve bugün Türkiye'yi masalcı ninelerin yönettiği şeklinde iddialı söylemlerde bulundu. İşte Pamukoğlu'nun terör ve ülke gündemi konusundaki tespitleri...

Başı Dik, Onurlu Bir Devlet Yok.
Dış desteğin siyasi ve lojistik mekanizmasının engellenmesi gerekli. Yabancı ülkelerden ve devletlerden siyasi ve lojistik destek almadan bir ülke içerisinde uzun süre terör faaliyeti yürütmek mümkün değil, ilk yapılacak şey, devletin dik bir duruşu lazım. PKK'yı ruhsal olarak, zihinsel ve fiziksel olarak besleyen ülkelerle görüşüp bu desteğin kesilmesi şart. Ne var ki bu ülkelerin büyük bir kısmı ile biz NATO'da askeri ittifak halindeyiz. Bugüne kadar mevcut hükümetlerin hiçbiri bu ittifakı NATO savunma sistemi içerisinde beraber bulunduğumuz ülkelerin PKK'ya olan siyasi ve lojistik desteğini kesemedi. İlk yapılacak iş budur.

Başı dik bir devlet, onurlu olarak yürütülmesi gereken dış siyaset, bu yok. İkinci olarak topraklarımızda ve Kuzey Irak'ta olmak üzere kamplarda yaşayan eşkıyanın silahlı gücünün tesirsiz hale getirilmesi lazım, çünkü bu güç orada olduğu sürece ve bu gücün yerleşim alanlarındaki milis diye tabir edilen yardım, yatakçı ve destekçileri olduğu sürece maalesef bu örgütün TBMM'de temsil edilen partisi bulunduğu sürece bu işin üstesinden gelinemez. Sağlam bir istihbarat olmalı. Daha doğrusu eşkıyanın yardım ve yatakçıları ve siyasi uzantısının mutlaka kesilmesi şart.

Dağdaki eşkıyanın varlığı her şeyin kötü gitmesine ve çözüme ulaşmasına mani olan en büyük sebeptir. Neden 26 yıldır bu iş elinde silahıyla dolaşanların tesirsiz hale getirilmesini biraz stratejik ve taktik anlamında düşündüğümüzde hiçbir zaman doğru, sağlam ve hızlı bir istihbarat tesis edemediler. Eşkıyaya denk kuvvetlerle onun karşısına çıkılamadı. Bu, kuralsız gayrinizami bir harptir. Sürekli hareketlilik gerektiriyor. Sürekli saldırı halinde olmamız ve eşkıyayı bulunduğu kamplarda, üslerde rahat bırakmamanız lazım. Tatbik anlamda eksiklik bu.

Örgütsel yapı eşkıyaya göre uygun değil. Hızlı ve sağlam istihbarat yapılamıyor. Mesela benim son zamanlarda söylediğim bir söz var. İnsandan insana istihbarat. Ama birileri bugün çıkıp bunu daha yeni konuşuyor. PKK 1992 dönemine geri döndü, Bunu daha yeni öğreniyorlar, İsrail'in ya da ABD'den uydu üzerinden gelecek haber alma sistemini konuşuyorlar. Bunların hepsi devlet zafiyetidir. Bir devlet güvenliğini, haber alma sistemini ve bilgi toplama mekanizmalarını başka devletlerin keyfine bırakırsa, o ülkenin vay haline! Baştan aşağıya bir garabet var.

Artık zayıf siyasiler ve skolastik kafalı bürokratlarla bu işin geldiği yer bu. Bugün PKK'nın bölgede veya Bah'da uyguladığı yöntemler ve eylemler aslında 1992-1993'lere geri dönmenin ta kendisidir.

Devleti Masalcı Nineler Yönetiyor

Pamukoğlu, muhabirimiz Önsel Ünal'a terörle mücadelenin nasıl yapılması gerektiğini anlatırken, AKP iktidarını eleştirip "Tutturmuşlar, 'Döktükleri kanda boğulacaklar, son çırpınışları, terörle mücadele tek terörist kalıncaya kadar azimle sürecekmiş.' Bunlar boş konuşmalar. Artık bu millet bu tür masalları dinlemiyor ve dinlemekten de usandı. Eskiden masalları nineler anlatırdı, şimdi ise siyasiler ve bürokratlar anlatıyor halka. Masalcı ninelerin yerini aldı bunlar. Devleti nineler idare ediyor," dedi.

"Terörle mücadelede ilk yapılacak şey, devletin dik bir duruşu lazım. PKK'yı besleyen ülkelerin desteğinin kesilmesi gerekir. Benim son zamanlarda söylediğim bir söz var. İnsandan insana istihbarat. Ama birileri bugün çıkıp bunu daha yeni konuşuyor. Bir devlet güvenliği, haber alma sistemi ve bilgi toplama mekanizmaları başka devletlerin keyfine bırakılırsa, o ülkenin vay haline! Kozmik oda meselesi TSK'nın bütün karizmasını çizmiştir.

O odadan bir şey çıkıp çıkmama meselesi değil olay. Halkın algısı önemli. 1 Temmuz 2003 yılında Süleymaniye'de askerin başına geçirilen çuval milleti nasıl yaraladıysa kozmik oda meselesi de aynı şekilde milleti yaralamıştır. Kendi içinde de TSK'nın sıkıntıları var.

Böyle olunca da halk şöyle düşünüyor: 'Bir sürü açılan davalar var. Bunlar doğrudur, orduyu yıpratmak için yapılıyor.' Diğer tarafta Güneydoğu'da meydana gelen terör olaylarına tedbir alamaması, kendini Heron'lara, ABD istihbaratına bağlaması, bunlar hep halk nezdinde olumsuz olaylar. TSK'nın içinde de sıkıntılar var. Her şey sadelik ve doğruluktan uzaklaştı. Sonuçta gelinen yer bunlarla bu iş olmaz diyorum. Hem siyasetçi hem bürokrat hem de asker için. İstediğin kadar ağzınla kuş tut. Kozmik odaya girilmesine hiçbir şekilde müsaade edilemez.

Kozmik odaya girilecekse, hukuk devleti diye sıradan bir hâkimi oraya gönderip inceleme yapmasına müsaade edemezsiniz. Buraya girecekse genelkurmay başkanı, başbakan ve cumhurbaşkanı girer. Üstelik girilip çıkıldı da ne oldu? Sen bunu yap testiyi kır, arkadan da yapıştırıcıyla bunu tamir et. Burada yapılacak şey ülkenin siyaset cambazları ve skolastik bürokrat zihniyetinden arındırılmasıdır."

Sizin yıllardır dile getirdiğiniz profesyonel askerlik sistemini hükümet şimdi gündemine aldı ve sahip çıkıyor. Buna ne diyeceksiniz?

Osmanlı eşkıyayla hapisteki kabadayıları eğiterek mücadele etti. 20 yaşında genç de savaşır. Savaş genç general ve genç askerlerin işidir. Fakat nasıl eğiteceğiniz, ne kadar sürede eğiteceğiniz önemli bu insanları. Ben önerimde 4-6 ay arasında bir eğitim şeklini öngörüyorum Bu seçilmişlerin hepsi tek değerlendirmeden geçirilecek. Bu kişiler 4 ay sonra hazır olmayabilirler. Hazır olana kadar süre uzatılabilir Bu eğitim asla yapay yerlerde değil, dağlarda yapılacak. Batıda seçilmiş ormanlar, vadiler ve sarp arazide yapılacak ve birçoğu elenecek belki de. Terörün çözümü silahın çözümünden geçiyor.

Adam silahlı ve silahı bırakmıyor. Siz devletsiniz ve bu durum karşısında ne yapacaksınız? Korku ve dehşet yaratılıyor. Bunun önünü kesmek için ise, ona eşdeğer hareket yapmanız gerekli. Dünyanın her tarafında bu böyle. Bunun tarihi var. Nerede, nasıl yapılmış? Bunlar sıradan insanların işi değil. Bunu Balkan Dağları'nda Osmanlı eşkıyayla uğraşırken hapishanelerde külhanbeyleri, kabadayıları eğitimden geçirerek onları öne sürdü. Acemi marangozun yongası çok olurmuş, yani aykırı insan gerekiyor mücadelede.

PKK'nın erkek ve kadınlarının hiçbiri normal değil, öyle eğitilmişler ki siyasi ve askeri olarak taşlaşmışlar adeta. Özel harekâtçılar şehirlerde mücadele edebilir, dağlarda değil. Dağlar genç askerin işidir. Eğitimi farklı vereceksiniz. Dağlarda helikopter yönetecek, uçak yönetecek, topçuyu, tankı yönetecek. Ne normal askerin ne özel harekâtçının işi değil bunlar. Bugün konuşuluyor, özel ordu kurulacak. Sınırları bekleyecekmiş. Karakol yapacakmışlar. Ne sınırı? Böyle bir şey olmaz.

Acemi marangozun yongası fazladır. Biz sınır mınır beklemeyiz. Bu kuvvet sınırları aşacak. Şehit haberleri toplumda bir gerilmeye neden oluyor. Bu gerilim ileride toplumsal bir çatışmaya dönüşür mü? Bizim milletimiz buna meydan vermeyecek kadar olgun bir kültüre sahiptir, fakat benim gördüğüm boğazına kadar da öfke dolu. Dağdaki eşkıya bizim ve yabancı ülke topraklarından kaldırılacak.

Açılım diye bir şey sıktılar ortaya. Ne açılımı? Söylesinler de millet öğrensin. Kamu Güvenliği Müsteşarlığı kurdular. Toplamışlar oraya bürokratları. Bunlarla olur mu bu iş, bunların işi mi bu? Bu istihbaratla ilgili, parti programımızda Yüksek İstihbarat Konseyi vardır, özel bir örgüt vardır bizde.

Bu Kamu Güvenliği Müsteşarlığı bizimkinden alakasız bir yapı. Parti programımızda yer alan şeyleri eciş bücüş yaparak, işe yaramaz hale getirerek uygulamaya çalışıyorlar. Silahlı gücü yok etmek dediniz ama o gücün başı bugün İmralı'dan emirler yağdırıyor, PKK saldırıyor...

Şu ana kadar yapılan işlemler, söylemler ve uygulamalar akıl almaz bir şey. Acizlik. Kaç kere Avrupa Konseyi'nden insan hakları heyetleri geliyor. Şartları nasılmış diye. Bunlar ne kadar meraklılarmış. Eskiden bu şahısla ilgili "Bebek katili", "Eşkıya başı" derlerken bugün ismini söyleyebiliyorlar, hatta sayın diyerek sayanlar da var. Böyle mücadele olmaz. Burada yapılacak tek şey, çenesini kapatacaksınız. İdamı geri getireceksiniz. Bizim parti programımızda var. Bunu da yapacağız.

Size göre bazı çevrelerin de sıkça dillendirdiği TSK savunmada PKK taarruzda söylemleri doğru mu?

TSK terör konusunda hatalı davranıyor. Şu anda TSK hukuken devrede değil. Bu ne demek? Şu anda seferberlik var mı? Savaş anı var mı? OHAL var mı? Sıkıyönetim var mı? Yoksa TSK niye devrede? Su an sorumlu olarak İçişleri Bakanlığı var. Jandarma, Emniyet Genel Müdürlüğü ve ona bağlı teşkilatlarla yönetiliyor bu mücadele. TSK'nın araya girmesini ben anlayamıyorum. Halkın dikkatini kendi üzerine çekiyor. Böylece halkı esas meselenin siyasi sorumluluğunu, hükümetten, içişleri bakanından sorma işini de bulandırıyorlar. Yanlışlık orada.

Hücum, devamlı saldırı meselesine gelince, saldırılan yerler Jandarma karakolları ve İçişleri Bakanlığı'na bağlı. Halkı ikileme sokuyorlar. Tekrar söylüyorum, burada TSK yanlış olarak işin içerisine giriyor. Onlara hukuken bir yetki verilmiş değil. Verilmediği için de olması gereken gücünü, yeteneklerini eşkıyanın üzerine tam süremiyor. Şu anda savaş hali yok, seferberlik hali yok, sıkıyönetim yok.

TSK ile ne ilgisi var bunun.

Bakınız burada benim en çok önemsediğim durum budur. Böylece halkı ikileme sokuyorlar. Bunun faturası hükümete çıkartılması gerekirken TSK'ya çıkartılıyor. Bu hükümetin bir taktiği. Onlar kurnaz. Niye bu işlerin hesabını medya içişleri bakanından sormuyor? Tutuyor cevabı genelkurmay veriyor.

Jandarma karakollarıyla genelkurmayın ne ilgisi var?
Siz hiç içişleri bakanını Güneydoğu'da karakolları denetlerken, jandarmayı denetlerken gördünüz mü? Adamcağız kahvaltı yapıyor. Etrafına kırk gazeteciyi topluyor, kahvaltılar yapıyor.

O nedenle TSK'nın şu safhada hukuken bu işin içerisinde kendisine yetki verilmemiş iken kendilerini varmış gibi göstermesi en büyük eksiklik ve hatadır. Israrla da bu yanlışlığı sürdürüyorlar. Asker bugün kendisini savunur hale geldi. Bu bir duruş meselesi ve tavırdır. Bu duruş ve tavır gösterilemediği için de orada burada beyanatlar, programlarla kendini savunuyor ve kendine göre gerekçeler üretiyor. Fakat ben gece gündüz halkın içinde olduğum için şunu gördüm. Halk artık bu tip şeyleri dinlemiyor, umursamıyor. Askerin bu hale düşmelerine de üzülüyorlar ve yakıştıramıyorlar.

Önsel Ünal
Yeniçağ
15.07.2010

VATAN, TAŞ VE TOPRAK DEĞİL, ŞEREFTİR

Emekli Tümgeneral Osman Pamukoğlu PKK ile mücadelede akla gelen ilk isimlerden biriydi. Ona herkes efsane general diyordu. 2008 yılında Hak ve Eşitlik Partisi'ni kurarak siyasete atıldı. Askeri disiplinden geldiği için söylemleri net olduğu kadar sert de. Pamukoğlu'na partisinin hedeflerini, ordunun şu an içinde bulunduğu durumu ve PKK ile mücadeleyi sorduk.

Türkiye'nin dış politikasını nasıl değerlendiriyorsunuz? İsrail'le aramızda tırmanan gerginliğin ne gibi bir sonucu olacaktır?

Dengesiz, tutarsız, yönünü belirleyemeyen boş bir tenekeden farksız. Günlük yaşayan bir ülke manzarası veriyor. İsrail'le olan ilişkilerde sadece hamamda kendi kulakları için türkü söyleyen birine benziyor. Sonunda bir şey olmaz. Her şey kendi doğasına oturur.

İsrail meselesinin başı neresi, Davos'taki hadise yüzünden mi tırmandı, yoksa daha da mı geriye dayanıyor?

Hiçbiri değil, asırlık kültür ve inançlara dayalı. Yönlendirilmiş bir zihniyet ve ona göre ruhlara yerleşmiş doğru veya yanlış bir sürü düşünce. İsrail kendisini savunma amacıyla yardım gemilerini durdurmak istiyor, en azından onların açıklaması bu.

İsrail'in tutumu konusunda sizin değerlendirmeniz nedir?

İsrail'in söz konusu konvoyu ambargo ilan ettiği suların ötesinde vuracağı çok açık bir şey olmasına rağmen, mevcut hükümet göz göre göre insanları tehlikeye atmıştır. Olaydan sonra da her şey çenebazlığa kalmıştır.

Başbakan Erdoğan'ın kanlı baskın sonrası hemen savaş sözünü ağzına alması kornişimin düşünüyorsunuz? Savaş mı? Sadece kargaları değil, sığırcıkları da güldürüyor.

Yaz aylarıyla birlikte terör olayları arttı. Bunun nedeni ne olabilir? PKK ne demeye çalışıyor? Ya da bölge çok mu başı boş bırakıldı?
Siyasi ve bürokratik beceriksizliğin, hayal gücü ve yaratıcılık noksanlığının, geçmişten ders alamamasının sonu budur.

Önümüzde bir referandum var. Siz daha önce referanduma gidilirse oyunuzun "hayır" olacağını söylemiştiniz. Kararınız hâlâ aynı mı? Yeni Anayasa Paketi'nde neyi eleştiriyorsunuz?
Partimizin sloganı "Ne Şam'ın Şekeri, Ne de Bunların Paketi! Tümüyle Ret ve hayır"dır. Yüksek yargıya müdahale edilmesine fırsat vermeyeceğiz.

Orgeneral İlker Başbuğ katıldığı "Arena" programında birtakım açıklamalar yaptı. Programı izlediniz mi? Değerlendirmeniz nedir?
Hayat karar ve eylemdir. Tüm insan faaliyetlerinde geçerli, evrensel tek ilke vardır: "Yapamayan, konuşur."

Yapılan operasyonlar göz önünde bulundurulunca sizce orduyu tasfiyeye yönelik bir çalışma mı var?
Ordunun gücünü, halk nezdindeki prestijini kırmaya yönelik, dış destekli bir planın içerde uygulamaları var. Bunu durdurmak öncelikle bir tavır meselesidir ve bunu ordunun başındakiler yapar. Konu siyaset, devlet yönetimi ama generallerin de siyasi erki doğru bilgilerle donatması, neyin, ne kadar yapılabi-

leceği konusunda bir tavırları olmalı. Bu müdahale anlamında değil. Ordu, devletin en büyük gücüdür. Devletin politikaları ve diplomasisini güçlü bir ordu ve kasaları dolu bir hazineyle yürütebilirsiniz. Yoksa sınırlarınızın dışında hiçbir diplomasi yürütemezsiniz.

Devlet kendi gücünü zayıflatamaz. Orduyla çok uğraşırsanız savaş gücünü hem madden, hem manen kaybeder ve bunun bedelini sonuçta halkın kendisi öder.

Halkın bu duruma bakış açısı nasıl sizce?

Şu anda Türkiye, genelindeki genel hallerden yorgun, bıkkın ve yaralı bir yürekle dolaşıyor. Aynı zamanda bunlara öfkeli. Siyasetçi, bürokrat nasıl oluyor da kendi ordusunu bu hale düşürebiliyor diye kızgın. Yani iki tarafa da kızıyor. Sonuçta ordu halkın çocuklarından oluştuğu için hem siyasetçiye hem de ordunun doğru yönetilmeyip, bu hale düşmesine de kızıyor.

Siz uzun süre Hakkari'de görev yaptınız. Hakkari artık olayların kontrol edilemediği ve kendi içinde özerkleşmiş gibi görünen bir yer. Bu olayların önü nasıl kesilir?

Devlet devlet gibi olup, gücünü kudretini fark eder, kanunları tatbik ederse, hiçbir şey olmaz. Ben Hakkari'nin en belalı, en cehennem gibi döneminde 26 ay kaldım, hiç bunlar söz konusu değildi. Devlet güç, kudrettir ve kazanmak zorundadır. Yüz verirseniz, şımarırlar. Bu kafayla gidilirse hiçbir şey yapılamaz. Bu hükümetlerle ve meclisin içindeki bu partilerle bu işin üstesinden gelemez.

Bu 30 yıllık bir mesele ve 30 yıldır bu partiler, aynı liderlerle yola devam ediyorlar. Geldiğimiz yerin sorumlularıdır bunlar. Biz Hak ve Eşitlik Partisi olarak kamu hizmetiyle gidip, gerekli yatırımları yapıp, dağları kısa sürede eşkıyadan temizleyeceğiz.

Anayasa değişikliği yeniden gündemde ve eylül ayında referandum yapılacak. Sizin yaklaşımınız nasıl?

1982 Anayasası'nın birinci bölüğündeki temel ilkelerdeki üç madde ve onların üzerinde oynanamayacağına dair dördüncü madde dışındaki maddelerin hepsi ele alınabilir. Bizim siyasi ilkemiz budur.

Ancak şu anda AKP'nin yaptığı devletin yüksek yargı organlarını siyasallaştırıp, kendilerine benzetmek. Anayasa Mahkemesi'ndeki üyelerin artırılması, cumhurbaşkanının seçilmesi, yüksek yargı organının da sayısının artırılması ve hâlâ adalet bakanıyla müsteşarının Hâkimler Savcılar Yüksek Kurulu'nda olmasını kabul etmiyoruz. Birtakım düzenlemelerle, bal yalatır gibi yaparken bir sürü şamam yedirmek istiyorlar. Bu da siyaseten Anayasa Mahkemesi'yle HSYK'ya hâkim olmak istediklerini gösteriyor. Bunun için referandumda bizim oyumuz reddir. Kamuoyu yoklamaları da bunu gösteriyor.

AKP son seçimlerden %47 oyla ayrılırken yolda kime sorsanız oy vermediğini söylüyor. Anketler yanıltıcı değil mi?

Onlar yaptıklarından utandığı, pişman oldukları, korktuğu, kendilerine güvenmedikleri için öyle diyorlar.

AKP hükümetinin genel politikasıyla ilgili genel bir değerlendirme yapabilir misiniz?

Onlar halkla falan ilgilenmiyorlar, dertleri kendileriyle ilgili. İnsanların doğal, din duygularını siyasetle istismar ediyorlar. Bu kara bir hastalık, zehirdir. Zenginleştiler, çevrelerini genişlettiler, sattılar savdılar. Yoktan var edilen bir ülkeyi, vardan yok ettiler. Halkın ekonomik durumu vahim. Köylü topraklarını yabancılara satıyor, bütün arazilerimiz yabancı bankaların ipoteği altında. En kıymetli tarım ürünlerine kota konulmuş durumda. Her yer yabancı ürünlerle dolu. Kendisini besleyen dünyadaki yedi ülkeden biriyken, köylü kendini bile besleyemez hale geldi.

Başbakan Amerika'daki nükleer zirvesinde İran'ı savundu. Bu İsrail'le ilişkileri kopma noktasına getirmeyecek mi?

Bütün bunlar göstermelik. Ne İsrail ne de İran Türkiye'den zaten böyle bir şey istemiyor. Obama 10 devlet başkanı veya başbakana randevu vermiş. Son anda Türkiye ve Nijerya'yı da bu listeye ekledi. Görüşmede İran'la, Ermenistan'la ilgili talimatlarını verdi, yolladı.

PKK'ya karşı yok ciddi bir mücadele yürüttünüz ama örgüt hâlâ yok edilemedi. Bunu neye bağlıyorsunuz?

Çok basit. Dış siyasetle olması gereken diplomatik tavır tam konulmadan, net bir sonuç alınamaz. PKK'nın orduyla falan alakası yok, ordu sadece icraat yapar. Bu beceriksiz hükümetlerden kaynaklandı. Dış politikada olması gereken tavrı koyup dış desteği kesemediler, içerde de gerçek, net, açık ve keskin bir siyasi tavır koyamadılar. Mücadele yönünde de istihbaratları kötü, eşkıyaya denk kuvvetlerle eşkıyanın karşısına çıkıyorlar. Bir de sezgileri, öngörüleri, cesaretleri yok. Yolun nereye gittiğini görecek zekâya sahip değiller.

Siz bir istihbaratla PKK'nın üst düzey yöneticilerinin olduğu bir toplantıyı basmak istemiştiniz, ama yetki verilmemişti!

Bizim dışımızdaki bir bölgedeydi. Herkesin, devletin tüm üst düzeyinin haberi vardı. Adamlar üç ay önce, üç ayrı yerde 600 kişi toplanmıştı. Bütün istihbaratlar bu yöndeydi. Ama hiçbir şey yapılmadı. İstekli olmadıkları için bir şey yapmadılar.

Doğuda karakolların kaldırılması gerektiğini söylemiştiniz. Neden?

Ben sabit olan, durağan hiçbir şeyi sevmem. Muharebede durağan her şey ya ölür ya yıkılır. Hareket edeceksiniz. Muharebe harekettir, durursanız ölürsünüz. Her yerde olup, görünmeden hareket edeceksiniz. Dağlar 20.000 kişiyle bitirilir. Onlar nerdeyse biz orada olacağız. Kimse bizi görmeyecek. İstediğimiz zaman karşılarına çıkacağız. Önce dağ baskınları, sonra da şehir uzantılarını toplayacaksınız, kimse kalmaz. Cumhuriyet kanunlarını tam anlamıyla uygulasanız, örgüt bitirilir.

Genelkurmay başkanı olsanız ne yapardınız?
Eğer şu anki halinde getirip bir anda bana veriyorsanız, kolayı var. Artık ben siyasetçiyim ve iddiamız hükümet olmak. Olduğunda da sivilin ve askerin nasıl olması gerektiği, sınırları, hudutları talimatla bildirilecek. Ona göre hareket edecekler veya etmeyecekler, kendileri bilir.

Ordudan emekli olanların basında konuşmasıyla ilgili birtakım önlemler alındı. "Konuşan" kişilerin orduevine alınmayacağı söylendi. Bu eski ordu mensuplarının sesinin kesilmesine mi neden oldu?
Asker kökenlilerden kim konuşuyor ki? Onu zaten benim için çıkardılar, diğerlerinin hepsi sahibinin sesi. Ben zaten hayatımda kaç kere orduevine gitmişim? Hiç kampa bile gitmedim. Emir çıkararak benim 47 yıllık kamu hizmeti hakkımı elimden alamazlar. Ben orduevine gideyim de sen sokma göreyim. O emri çıkaran gelsin. Gitsin beklesin orduevi kapısında ben de geleyim. Hem de şu anki unvanımla. Bir görsün bakalım ne oluyor.

Partinizin ana hedefi nedir? Parlamentoya girmek mi yoksa sadece fikir üreterek siyasal hayatı etkilemek gibi bir misyonunuz mu var?
Hepsi. Bir siyasi partinin kuruluş amacı devlet yönetimine talip olmaktır. Parlamentoya girmek, halka vadedilen konularla ilgili kanunlar çıkarmak ve hükümet olarak bunları uygulamaktan geçer.

Ordunun şu anki tutumunu nasıl değerlendiriyorsunuz?
Ben davranış falan görmüyorum. Bütün sistem Türkiye'nin

geneli, adaleti, ekonomisi, güvenliği sel önünde kütük gibi çarpa çarpa gidiyor. Büyük suya gelince durur.

Parti kadrosunda sizin dışınızda hiçbir isim öne çıkmıyor. Hükümet kurma hedefiyle yola çıkıyorsunuz. Kadronuzda kimleri göreceğiz?

Devlet yönetimi sağlıktan eğitime, adaletten dış siyasete, tarımdan hayvancılığa pek çok alanı kapsıyor. Bu alanların hepsinin uzmanlarının olması gerekiyor. Bizim partimizde de bu böyle. Herkes bilinen isimler, aşina olunan yüzler olsun istiyor. Ama bizde öteden beri siyaset yapan, daldan dala konan siyaset cambazları, artık siyasetin her sahasında denenmiş yüzler yok. Her alanda uzmanlar, bilimadamları var.

Parlamentoda yer bulursanız öncelikli olarak nelerin değişmesi için çalışacaksınız?

Madem ki parti devlet yönetmeye talip, devletin iki görevi vardır. Biri adaletin sağlanması, diğeri güvenliğin tesisidir. Bunu sağlamak için devlet içinde mekanizmalar var. Ama halk daima şunu ister: Beni aç bırakmayın, sömürttürmeyin, güvenliğimi sağlayın ve huzur içinde bir yaşam süreyim. Bütün siyasi partilerin ana amacı bu olmalıdır.

Boxer Dergisi, S. 8
04.08.2010

YAZIKLAR OLSUN!

Osman Pamukoğlu'nun hedefinde Yaşar Büyükanıt vardı. Pamukoğlu, Büyükanıt için çok sert çıktı. Hak ve Eşitlik Partisi (HEPAR) Genel Başkanı Osman Pamukoğlu, Yaşar Büyükanıt'a, "Yazıklar olsun!" dedi.

Ordunun belinin kırılmasının Büyükanıt döneminde başladığını savunan Pamukoğlu, Süleymaniye çuvalı geçiren Amerikalı generalin Büyükanıt'ın arkadaşı olduğunu hatırlattı. Pamukoğlu o komutanın Türk basınından olayı gündeme getirmemesi için Büyükanıt'a ricada bulunduğunu söyledi.

Pamukoğlu şunları söyledi: "Ordunun beli ne zaman kırıldı biliyor musunuz? 2003 Temmuz'unda Süleymaniye'de; askerlerin başına çuval geçirilmesiyle başladı. Şimdi soruyorum. Buna meydan veren Yaşar Büyükanıt denen general o zaman ikinci başkandı ve o kuvvet ona bağlıydı.

Amerikalılar özür bile dilemedi. Bunlar da zokayı yuttular. Çuval geçiren general için üzülüyor. Bir de gelmiş ne diyor? Amerika'ya gitmiş görüşmüş, o çuval geçiren generalin arkadaşıymış bu Büyükanıt.

Rica etmiş, "Basına söyle ki, Türkler bana kızmasın çuval geçirildi demesin, bundan üzülüyorum," bu da basını topladı. Aynısını söyledi ve ilave etti, "O benim arkadaşım size söylemiş olayım." Yazıklar olsun sana.

Başbakan Erdoğan ve dönemin Genelkurmay Başkanı Orgeneral Yaşar Büyükanıt'ın Dolmabahçe'de yaptığı görüşmenin bir türlü açıklanmamasını sert bir dille eleştirerek, "Duvarları konuştururum," dedi.

AA
08.08.2010

HER TARAF UYKUDA

Hak ve Eşitlik Partisi Genel Başkanı Osman Pamukoğlu, Türkiye'de kendisini Kürt siyasetçi olarak tanımlayan kişilerin şoven olduğunu ve demokrasi maskesiyle ülkede Kürt milliyetçiliği yaptıklarını söyledi. PKK bitirilmeden bölgede huzurun sağlanamayacağını da söyledi.

Osman Pamukoğlu, Habertürk'te gündemi değerlendirdi, "iki dil" önerisine tepki gösterdi. İsim vermeden BDP'li milletvekillerini eleştiren ve bu isimlerin bölge insanını temsil etmediklerini söyleyen Pamukoğlu, PKK bitirilmeden bölgede demokrasinin hâkim olamayacağını ifade etti.

Pamukoğlu canlı yayında şunları söyledi: "Eğer dağdaki, yani Kuzey Irak'taki eşkıyayı yok edip, oradaki insanlar kendini iyi hissetsinler bunlar oy falan alamazlar. O bölgede güneş çarığı, çarık da ayağı sıkıyor. O bölgede eşkıya dağdayken bana kimse demokratlıktan, seçimden bahsetmesin. Asla, yok böyle bir şey. Ben yıllarca oradaydım, üsteğmen olarak daha o rütbedeyken de oradayım. Ben onların içindeyim, kültürlerini kendilerini bilirim. Mezrada ayrı ayrı evler. Silahla geliyor ve ensenize dayanıyor. Burada demokrasi falan olmaz."

"Demokrasi onların maskesi."
Kürt siyasetçilerin, bölgede etnik ayrımcılık yaptığını söyleyen Pamukoğlu, isim vermeden BDP'li milletvekillerini eleştirdi, şovenlikle suçladı. Pamukoğlu şunları ifade etti: "Onların söyle-

dikleri demokrasi, özgürlük değildir. Doğrudan doğruya yaptıkları etnik bölücülük ve milliyetçilik yapıyorlar. Yani Kürt milliyetçiliği yapıyorlar. Şoven bunlar, demokrasi lafları ise bunların maskesi.

Oradaki halkın iki şeye ihtiyacı var: Huzur ve ekmek. O birinci bölüm sağlanamayınca öbürü, ikinci ayakta çalışamıyor. Yolları kesiyorlar, yardımları engelliyorlar. Oranın gelişmesini istemiyorlar. O bölgedeki halkı korkutarak bölgedeki varlıklarını sürdürüyorlar. Dağdaki eşkıyayı kaldırmadan bu sorunlar çözülemez.

Pamukoğlu kimlerden oy alıyor? Bize gelenler; CHP, DSP, MHP ve fanatik olmayan AKP'liler. Asıl kitle ise gençlik ve kadınlar...

www.internethaber.com
20.12.2010

HAYRA YORMA, ÇIKMAZ

Terörle ilgili sert yorumlarıyla dikkatleri üzerine çeken Hak ve Eşitlik Partisi (HEPAR) Genel Başkanı Osman Pamukoğlu, bu kez ekranda kahkaha attı. Sert ve ciddi görüntüsüyle bilinen Pamukoğlu, "BDP ile ittifak" sorusuna gülerek tepki gösterdi.

TV 8'de gazeteci Candaş Tolga Işık'ın sunduğu "Bunu Konuşalım" programına Hak ve Eşitlik Partisi (HEPAR) Genel Başkanı Osman Pamukoğlu konuk oldu. Konu seçim ittifaklarından açıldı. Pamukoğlu seçimde eşkıyanın meclisteki siyasi temsilcileri ve Anadolu kartalı Hak ve Eşitlik Partisi'nin çarpışacağını iddia etti. İttifakla ilgili kırmızı çizgisinin partinin kurumsal kimliğinin çizilmemesi olduğunu ilan eden Pamukoğlu'na Tolga Işık, "BDP ile yapmazsınız herhalde," diye sordu.

"Eşkıya ile yapacak başka işimiz var."

Soruya şaşıran ve bir süre duraksayan Pamukoğlu, kahkahayı bastı ardından da ekledi: "Kardeşim eşkıya ile yapacak başka işimiz var. Dağlarda ve şehirlerde. Yurtiçinde ve yurtdışında. 365 günde dağları temizleyeceğiz." CHP'nin savunulması gereken bir kale olduğunun altını çizen Pamukoğlu, bu partinin 5. kolla işgal edildiğini iddia etti. Emperyalist ülkelerin yeni partilerden ve gençlik hareketlerinden korktuğunu savundu.

Okyanusun öbür yanındaki dayıları, iki dil meselesinin Afrikalının kar hayal etmesi gibi olduğunu savunan Pamukoğlu, "Türkiye partisi olarak Güneydoğu'dan oy alabileceğinizi düşünüyor musunuz?" sorusuna zehir zemberek yanıt verdi: "Güneydoğu'da çok oy olsa eşkıyanın partisi barajı aşar meclise gelir. Türk topraklarında 2000 eşkıya hemen onun altında 4500 eşkıya olduğu sürece oradan hiç kimse demokratik anlamda oy alamaz. Burada şunu yapacaksınız: Kürt seven ve onun destekçileri ve ithal aydınlar bu işi körüklüyorlar. Yardım ve yatakçılık yapıyorlar. Benim dediklerime geldi. Ama önünü kesmeliyiz. İmralı Ada tahsisli eşkıya, Kandil eşkıyası, Talabani'si, Barzani'si, içerideki çalıştayları, onun meclisteki partisi. Okyanusun öbür yanındaki dayıları...

Yapmak istedikleri şu: Küçük lokma kolay yenir. Etnik ve mezhep halinde bölücülük. Aynı plana Hükümet de dahil, besleme medya ve güya bazı aydınlar. Bir karar lazım. Bu kararı onlar değil Türk ve Kürt vatandaşlarım verecekler. Bunlarla bu yola gidilirse sonunda ne olacağına karar verecekler. Ama şu var. Ben oradaki insanların karakterini biliyorum. Orada güvenliği sağlayın. Daha doğal ve demokrat olacaklar.

www.internethaber.com
06.01.2011

DÜRÜSTLÜKTEN BAHSEDENE BAK!

Hak ve Eşitlik Partisi (HEPAR) Genel Başkanı Osman Pamukoğlu, CHP Genel Başkanı Kemal Kılıçdaroğlu'nu eleştirerek, "10 aylık torununa sigorta yaptıran kişi, bu memlekette dürüstlükten bahsedemez," dedi. MHP'ye de yüklenen Pamukoğlu, "Siz ovada bir yürüyün göreyim, dağa sonra bakarız," diye konuştu.

Hak ve Eşitlik Partisi Genel Başkanı Osman Pamukoğlu, partisinin ikinci olağan kurultayında yaptığı konuşmada CHP ve MHP'yi eleştirdi. Ahmet Taner Kışlalı Kapalı Spor Salonu'nda gerçekleşen Hak ve Eşitlik Partisi Kurultayı'na Saadet Partisi Genel Başkanı Necmettin Erbakan ile Demokrat Parti eski Genel Başkanı Hüsamettin Cindoruk'un kutlama mesajı göndermesi dikkat çekti.

Kurultayda partililere seslenen Pamukoğlu, "neme lazım" dendiği zaman bir ülkenin batacağını söyledi. Bir şey yapmadan yalnız konuşulmasını eleştiren Pamukoğlu, hayatın karar ve icraattan ibaret olduğunu ileri sürdü. İçişleri Bakanı Beşir Atalay'ın Mescidi Aksa'da namaz kılacağını söylemesini eleştiren Pamukoğlu, "Namaz kılacaksan Ayasofya'da kıl da göreyim," dedi. Başbakan Recep Tayyip Erdoğan'ın, Galatasaray'ın yeni stadının açılışında protesto edilmesine destek veren Pamukoğlu, "Galatasaray'ın yeni stadından kovdular bunu. Hani milletti, işte millet stattaydı. Tunus devlet başkanı kaçtı, sıra sana gelecek," diye ileri sürdü.

Füze kalkanı ile Kürdistan'ın İsrail için hazırlandığını iddia eden Pamukoğlu, ampulü kırma kararının Avrupa ve Amerika tarafından verildiğini ileri sürdü. Bunun işaretleri olarak ise, başbakanın Amerika'ya davet edilmemesi, Yunanistan başbakanı ile Almanya başbakanının açıklamalarını gösteren Pamukoğlu, Suriye'nin teröristleri affetmesine ilişkin açıklamaları eleştirerek, Suriye'nin affedemeyeceğini, çünkü onların askerleri öldürdüğünü ifade etti. 1090'dan beri buranın adının "Türk" olduğuna dikkat çeken Pamukoğlu, CHP'nin şimdiye kadar laiklikle oyalandığını savundu.

CHP'nin belediyelerin yolsuzluklarıyla uğraştığını ifade eden Pamukoğlu, "Çorlu ile Edirne belediye başkanları kimden?" diye sordu. "10 aylık torununa sigorta yaptıran kişi, bu memlekette dürüstlükten bahsedemez," diyen Pamukoğlu, Kılıçdaroğlu'nun partisinin gençlik kollarının yaptığı protestoyu eleştirmesi hatırlatarak, "Hadi ordan, sen kendi işine bak," diye konuştu.

CHP'yi Atatürk'ün kurduğunu ama bugün onunla bir ilgisinin kalmadığını vurgulayan Pamukoğlu, MHP'nin tavrını da eleştirdi. MHP Genel Başkanı Devlet Bahçeli'nin, "Amerika'ya karşı AKP'yi savunmak vatan borcudur," sözlerini eleştiren Pamukoğlu, "siz ne zaman bir şeyi önceden öğrenip, doğru kararlar vereceksiniz? Ovada bir yürüyün göreyim, sonra dağa bakarız," şeklinde konuştu. Yolsuzluk ve rüşvet konusunda ne kadar parti varsa aynen mercimek gibi alt ve üstleri, hepsinin aynı şeyleri yaptığını ileri süren Pamukoğlu, bunların hakkından Anadolu kartalının geleceğini savundu.

Örtülü ödenek parasına "keyif parası" dediğini aktaran Pamukoğlu, halkın çayı bile veresiyeye içtiğini iddia etti. Kamuda kullanılan makam araçlarının çokluğunu eleştiren Pamukoğlu, Türkiye'de kamu araçlarının diğer ülkelere göre 20 kat fazla olduğunu söyledi.

Avrupa'da bisiklet ve metro ile işe gidildiğini anlatan Pamukoğlu, Türkiye'de ise generaller dahil, herkesin Mercedes'e bindiğini belirtti. Mecliste 550 milletvekilinin bulunduğunu, 5000 kişinin de hizmet ettiğini dile getiren Pamukoğlu, tek telefonun yetmediğini, birer tane daha telefon alındığını ileri sürdü. Kendi cep telefonunu hâlâ kullandığını ve faturasını kendisinin ödediğini anlatan Pamukoğlu, Güneydoğu'nun yandığını iddia etti.

Bölgedeki askerin halinin 'sanki başka ülkeye gidip işgal etmişler gibi' olduğunu savunan Pamukoğlu, "Ülke bölünüyor, herkes aklını başına toplasın. Ülke kaos ve anarşiye gidiyor, o zaman sizi ben bile kurtaramam," diye konuştu. Devletin güvenlik ve adalet üzerine kurulduğunu dile getiren Pamukoğlu, devletin soyut bir kavram olduğunu belirterek, asıl olanın halk olduğunu söyledi.

Ordunun 200-250 bin kişiye indirilerek çelik çekirdek gibi olacağını vurgulayan Pamukoğlu, askerlerin başına çuval geçirme hadisesinin bu milleti yaraladığını ifade ederek, dönemin Genelkurmay Başkanı Hilmi Özkök başta olmak üzere sorumlu olan herkesi millet adına yargılayacaklarını, ölürler ise gıyabında yargılanacaklarını savundu.

Halkın artık çaresiz olmadığını ve ampulü kırmak için Hak ve Eşitlik Partisi olduğunu savunan Pamukoğlu, ittifak tekliflerine karşı çıktı.

Pamukoğlu, "Kartalın kanatları altında kendinizi güvenli hissedeceksiniz. Ama bizle pazarlık olmaz. Kanatlarımızda güvende olursunuz, pençede işiniz zor.

Oylar bölünecekmiş, oylar sen sağlamsan niye bölünsün şeklinde konuştu.

Cihan
17.01.2011

İNKÂR FELSEFESİ

Hak ve Eşitlik Partisi (HEPAR) Genel Başkanı Osman Pamukoğlu, "Ergenekon bugün dallandı budaklandıysa, sap saman birbirine karıştıysa, Hilmi Özkök denilen, aslında bu unvanı (Genelkurmay Başkanlığı) hiç yapamayan şahıs yüzünden Ergenekon bu hale geldi."

"Her şey Çetin Doğan denen zatın kafasından çıktı"
Pamukoğlu, Balyoz davasından yargılanması gereken isimleri şöyle sıraladı: "Balyozdan yargılanacaksa şunlar yargılanacak; bir Çetin Doğan denilen o zat, çünkü bu onun kafasından ve karargâhından çıkmıştır. Onun karar ve düşüncelerini kaleme alan ve belge haline getiren kurmayları. İki, kara kuvvetleri komutanı, burada neyin dönüp dönmediğinden, doğru yapılıp yapılmadığından kara kuvvetleri komutanı sorumlu. Yetmez, ve Hilmi Özkök denilen genelkurmay başkanı sorumlu. Bakın konuşmada ne diyor: 'Çetin Paşa sen darbeye mi teşebbüs edeceksin?'

Bir genelkurmay başkanı böyle laflar konuşur mu ordu komutanıyla? O da ona cevap veriyor. Böyle disiplin mi olur, böyle savaş sanatı mı olur, böyle bir şey olur mu? Sonuç, Çetin Doğan denen şahıs, o da şimdi konuşuyor, yok Hilton'a gidecekmiş de, seferberliğe gidecekmiş, esas müsebbip odur. Ve onun kararlarını kaleme alanlar kimse onlar. Sonra bu kara kuvvetleri komutanı, vazifeyi ihmal, görevi kötüye kullanmak. Ve bu Hilmi Özkök denilen zat vazifeyi ihmal, görevi kötüye kullanmaktan bunlar yargılanmasa da, Türk ordusunu rencide ettikleri için, dünya ve halk nezdinde prestijini düşürdükleri için bunları biz yargılayacağız."

"Ölseler de gıyaplarında yargılayacağız."
Irak'ta askerin başına çuval geçirilirken de Hilmi Özkök'ün genel kurmay başkanı olduğunu ve hiçbir şey yapmadığını ifade eden Pamukoğlu, "O çuval meselesi dahil, müfrezenin başındaki yüzbaşı binbaşından, özel kuvvetlerin başındaki general, Genel Kurmay İkinci Başkanı Yaşar Büyükanıt ve Hilmi Özkök, bunları yargılayacağız. Ölürseniz gıyabınızda yargılayacağız.

Türk ordusunun itibarı, Hilmi Özkök, Yaşar Büyükanıt ve İlker Başbuğ zamanında hızla eritildi. Bu Yaşar Büyükanıt döneminde, PKK'nın en güçlü olduğu dönemde yapamadığı yapıldı, karakollarımız gündüz basıldı," şeklinde konuştu. Bir gazetecinin, Yaşar Büyükanıt ve İlker Başbuğ'un da tutuklanacağına dair iddialar olduğunu hatırlatması üzerine Pamukoğlu, bunun da mümkün olabileceğini ifade etti.

"Kıbrıs'ta yanından tankını çaldılar."
Hilmi Özkök hakkında önemli bir iddiada bulunan Pamukoğlu, onun Kıbrıs'ta tümen komutanı olarak görev yaptığı sırada bir onbaşının tankını çaldığını ileri sürdü. Özkök'ü, etrafına hâkim olamadığını savunan Pamukoğlu şu iddiayı dillendirdi: "Bu şahıs, Kıbrıs'ta da tümen komutanıyken bunun binasının 150 metre yanında bizim bir onbaşı bunun bir tankını çaldı. Tankı aldı kaçtı. Magosa-Lefkoşa yoluna çıktı. O herkesin aşılamaz dediği Beşparmaklar'dan tankı aşırmış Girne Limanı'na götürmüş. Orada Türkiye'ye getirmek isterken tankın üstünde feribotta yakalandı onbaşı. Yanından tankını kaçırdılar bunun. Başka bir yerde derhal emekli edilmesi lazımdı."

"TSK'dakilerden daha fazla sivil darbe meraklıları var."

TSK'nın darbeci olarak adlandırılmasına da karşı çıkan Pamukoğlu, "Türkiye'de darbe teşebbüslerinde hiç halkın olduğu görülmemiştir. Hiç halk yok. TSK içerisinde ne kadar darbeye yatkın kafalı insan varsa, sivillerin içinde de en az onun kadar darbe heveslisi var. Ama şunu söyleyeyim, askerler içerisinde ne kadar sıkı rejim, şiddetli rejim özlemi olan varsa, siviller içinde de onlardan daha fazla var. İnsana özgü bir şey demek ki," dedi.

"Anadolu kartalı gagasında yük taşımayacaktır."

Partisinin genel seçimlerde tek başına seçime gireceğini belirten Pamukoğlu, ittifak tekliflerine ise, "Müttefik aramak zayıfın işidir. Dengeyi zayıflar arar. Bize de görüşmeye geliyorlar. Ama Hak ve Eşitlik Partisi, Anadolu Kartalı tek başına genel seçimlere girecek. Ne kanadında, ne pençesinde ne gagasında ekstra bir yük taşımayacak. Biz bu siyasi putlar, bunların başındakiler bir işe yaramadığı için parti kurduk," cümleleriyle karşı çıktı.

Cihan
16.02.2011

NEME LAZIM

Hak ve Eşitlik Partisi (HEPAR) Genel Başkanı Osman Pamukoğlu, Balyoz soruşturmasıyla ilgili yaptığı açıklamada, "Ordu komutanı, kuvvet komutanı ve Genelkurmay Başkanı Hilmi Özkök yargılanmalı," dedi.

HEPAR Genel Başkanı Osman Pamukoğlu Bursa Mustafakemalpaşa'da esnaf ziyaretinde bulunduktan sonra ilçe şehitliğini ziyaret etti. Partisinin ilçe başkanlığında açıklama yapan Pamukoğlu, Balyoz ve Ergenekon davalarının siyasi kararlar neticesinde ortaya çıktığını ve bu karmaşık meselenin 12 Haziran'daki sonuçları ile netlik kazanacağını söyledi.

Balyoz soruşturmasında 200'e yakın insanı tutuklamaya gerek olmadığını kaydeden Pamukoğlu görev yapan binbaşı, yarbay, albay Selimiye'de kuvvet komutanının yaptığı bir seminerin amacının ne olduğunu bilemez. Sadece verilen konu üzerinde çalışır.

Balyoz davasında da hükümete karşı bir art niyet hareketi varsa, bunun müsebbibi o ordunun başındaki ordu komutanıdır, çünkü o karar vermiştir. Onun çevresindeki karargâh ve kurmayları onun bu karar ve görüşüne göre hazırlık yapmıştır," dedi. Türkiye'de yapılacak olan tatbikatların genelkurmayın hazırladığı kitapçık ile yapıldığını anlatan Pamukoğlu şöyle konuştu: "Birinci hesap sorulacak, ordu komutanıdır. İkinci ise, onun başındaki kuvvet komutanı ve genelkurmay başkanıdır.

Diğerlerinin bu işle hiçbir alakaları yoktur. Binbaşı, albay, yarbay içeriği, niyeti ve maksadı bilmez. Selimiye'de hazırlanan bu senaryonun biraz farklı olduğunu Kara Kuvvetleri Komutanlığı fark etmiştir ve hiçbir şey yapmamıştır. Genelkurmay da fark etmiştir. Fakat hiçbir şey yapmamıştır. Yapılması gereken idari tahkikat yapılmadığı için ordu komutanı, kuvvet komutanı ve Genelkurmay Başkanı Hilmi Özkök yargılanmalıdır.

Diğer komutanların bu işle hiçbir şekilde uzaktan yakından alakası yoktur. Askeri kanunlara göre bir ast bir şey yaptığı zaman üst bundan sorumludur. Görevi kötüyü kullanma, sorumluluğunu yerine getirmeme ve vazifeyi ihmal, bunlar askeri ceza sisteminde en ağır suçlardan biridir. Bundan dolayı üçü de yargılanmalıdır.

Bu şahısların zayıflığı ve zaafı Türk ordusunu yıpratmaktan hırpalatmaktan, prestijini kaybetmekten başka bir şey yapmamıştır, bundan dolayı bu üçü suçludur."

Vatan
18.02.211

SİLAHSIZ İŞGALİN ADI "ÖZELLEŞTİRME" OLDU

HEPAR lideri Osman Pamukoğlu, seçim öncesi ekonomik program ve hedeflerini açıkladı. Ekonominin silahsız işgale uğradığını belirten Pamukoğlu, "istihdamsız büyüme" ve "adaletsiz bölüşüm" sorunlarını bitirme sözü verdi.

Pamukoğlu, ekonomideki sorunun istihdamsız büyüme ve adaletsiz bölüşüm olduğunu söyledi. 12 Haziran'daki seçimlere hazırlanan Hak ve Eşitlik Partisi (HEPAR) ekonomi program ve hedeflerini açıkladı. Programla ilgili açıklama yapan HEPAR Genel Başkanı Osman Pamukoğlu, yalanı, talanı, yolsuzluğu, rüşveti görüp de önlemek için elini uzatmayan insanların bunları yapanlar kadar suçlu olduklarını belirterek, "Panayır hokkabazlarından farksız siyasetçileri izleyip de, dilsiz ve ölü kayalar gibi bekleyenlerin, çocuklarının da ülkelerinin de geleceğine vereceği hiçbir şey yoktur," dedi.

Adaletsiz Bölüşüm

Partinin programında, Türkiye'deki ekonomik durumun "istihdamsız büyüme" ve "adaletsiz bölüşüm" den kaynaklandığı belirtilerek, halkın kemer sıkmanın sonu gelmediği için her geçen gün daha da yoksullaştığına dikkat çekildi. Dünya üzerinde yoksul 60 ülke içinde 44'üncü sırada olduğumuzun yer aldığı programda, "Ülkenin %28'i ise tam yoksuldur. Türkiye, borçlarına günlük ortalama 156 milyon dolar faiz ödemektedir. Bu, haftada 1.1 milyar, ayda 4.7 milyar faiz ödemesi demektir.

Ülkemiz toplam vergisinin üçte birini, bütçe gelirinin dörtte birini borç faizine aktarmaktadır. Türkiye, 193 ülke üzerinde yapılan araştırmalara göre, tarımda üretim verimliliği sıralamasında 123'üncü, 194 ülke üzerinde yapılan araştırmalara göre de, büyük ve küçük baş hayvan üretiminde 174'üncü sıradadır. Ülkemizde gıda üretiminin %60'ı yabancıların elindedir. Bunun adı, gıda emperyalizmidir," denildi.

HEPAR'ın programında özelleştirmenin de silahsız işgale dönüştüğünün altı çizildi.

Zenginlikler Yağmalandı

Programda, "Özelleştirme basit bir mülkiyet devri değildir. Uluslararası sermaye ve şirket egemenliği, topraklarımızda sınırlarını her geçen gün genişletmektedir. Tüm ihalelerin yabancılara açılması, Türk firmalarının idam fermanı olmuştur. Özelleştirme adı altında devletin fabrikaları (halkın serveti) yeraltı ve yerüstü zenginlikleri yağmalandı. Bu ekonomik soykırımdır.

Ulusun serveti, gücünün bir parçasıdır. Düzen, rüşvet, yolsuzluk, talan ve yağma düzenidir. Bunlar bir devletin yozlaşmasının kanıtlarıdır. Yüksek yürütücü sınıf hem siyasette hem de bürokraside konuşlanmıştır.»

Yeniçağ
27.02.2011

TOPRAK, AĞALARIN ELİNDEN ALINACAK

Hak ve Eşitlik Partisi (HEPAR) Genel Başkanı Osman Pamukoğlu, "Libya'daki Türk vatandaşlarının tahliyesi ile ilgili o kadar insanı bir anda tahliye etmek kolay değil," dedi.

Denizli Gazeteciler Cemiyeti'nde basın toplantısı düzenleyen HEPAR Genel Başkanı Osman Pamukoğlu, basın mensuplarının sorularını yanıtladı. Pamukoğlu, Libya'daki gelişmelerle ilgili, "Libya'da yaşayan 25.000 Türkün tahliyesi için hükümet elinden geleni yapıyor. Bu kaos ortamında o kadar insanı tahliye etmek kolay iş değil. Bu konuda hükümeti başarılı bulduk," görüşünü dile getirdi.

Türkiye'nin asla Mısır ve Libya gibi olmayacağını vurgulayan Pamukoğlu, "Kaos ortamı Türkiye'de 1923'te bitti. Türk ulusu derebeylikle yönetilen ülkeler gibi olmaz," dedi.

"Ergenekon ve Balyoz Siyasallaştı."

Pamukoğlu, Ergenekon ve Balyoz davalarıyla ilgili yaptığı değerlendirmede, "Ergenekon ve Balyoz davaları siyasallaşmıştır. Mahkemeler gece dahi çalışıp bu davaları bir an önce sonuçlandırıp, milleti garabetten kurtarmalıdır. Ülke ikiye bölündü. Bir grup savcı, bir grup avukat, bir grup ise hem avukat hem savcı haline geldi. Çık işin içinden çıkabilirsen. Neden tutuklu olduğunu bilmeyen insanlar var," diye konuştu.

"Toprak ağaların elinden alınacak."
Partisinin baraj sorunu yaşamayacağını iddia eden Pamukoğlu, iktidara gelir gelmez ilk icraatlarının Türk Telekom'u ulusallaştırmak ve hazine arazisini kullanan 170 ağanın elinden toprakları alıp halka dağıtmak olacağını söyledi.

"Cumhuriyetçiyiz deyip baskıyla yönetiyorlar."
Pamukoğlu, bir önceki durağı olan Aydın'da da Mısır ve Libya gibi ülkelerde tırmanan olaylarla ilgili, "Ortaçağ rejimi ve krallık ile yönetilen ülkelerde yaşayan halk, günün birinde patlayacaktır. Bu ülkelerdeki rejimler demokrasinin dışında kapalı rejimlerdir. 'Cumhuriyetçiyiz' diyorlar ama bu ülkeleri yönetenler 30-40 yıl boyunca ülkeyi baskı rejimi uygulayarak yönetiyorlar. Kendileri, sülaleri, çocukları büyük servetler elde ediyorlar. Tabii tüm bunlar bir yerde patlak veriyor," yorumunu yaptı.

Hürriyet
24.02.2011

DEREBEYLİKLERİN SONU

Hak ve Eşitlik Partisi (HEPAR) Genel Başkanı Osman Pamukoğlu, Tunus ve Mısır'ın ardından son olarak Libya'da meydana gelen olaylara ilişkin "Aşiret gibi, faşizm gibi diktatör ve derebeylik yönetimlerin sonu budur," dedi.

Manisa'da parti teşkilatı ile toplantı yapan Pamukoğlu, gazetecilerin, Tunus'ta başlayan, ardından Mısır ve Libya'ya sıçrayan ayaklanma hareketlerine ilişkin sorularını da yanıtladı.

Pamukoğlu, Tunus, Mısır ve Libya'da kalkışmaların normal olduğunu, ancak yine de aynı anda birden çok ülkede benzer gelişmelerin yaşanmasının, bunun arkasında birilerinin olduğunu gösterdiğini ifade ederek, "Aşiret gibi, faşizm gibi diktatör ve derebeylik yönetimlerinin sonu budur. Bu gelişmeler geç bile kalmıştır.

Bu kadar geniş alanda bu kadar ülkede aynı hareketliliğin yaşanması da kendi kendine olmaz, olamaz. Mutlaka bu hareketlerin arkasında birileri vardır," dedi. "Balyoz" ve "Ergenekon" davalarına ilişkin sorular üzerine, gündemde olan tutuklamaların tamamen siyasi olduğunu ileri süren Pamukoğlu, "Bunların hepsi siyasi. Bunları söylemekten artık yoruldum," ifadelerini kullandı.

AA
25.02.2011

KESER DÖNER, SAP DÖNER

Hak ve Eşitlik Partisi (HEPAR) Genel Başkanı Osman Pamukoğlu Ordu'da yaptığı açıklamada, Ergenekon operasyonları kapsamında yaşanan son gözaltılara tepki göstererek, "Keser döner sap döner," dedi.

Hak ve Eşitlik Partisi Genel Başkanı Osman Pamukoğlu, Ordu Gazeteciler Cemiyeti'nde gazetecilerin sorularını yanıtladı. Terör örgütü elebaşısının "ev hapsi" tartışmaları konusunu, "30 yıldır dinlediğim öykü," olarak tanımlayan Pamukoğlu, "Akıl almaz bir şey. Bütün çiviler yerinden oynadı derler ya, çiviler yerinden oynamış, hepsi sapır sapır yerlere dökülmüş," dedi.

Terör örgütü elebaşısının idam edilmesi gerektiğini söyleyen Pamukoğlu, "idam cezası" ile ilgili partisinin de bir doktrini olduğunu belirterek, "AB uyutmasıyla, onların dayatmasıyla idam kaldırıldı. Partinin doktrini, terör örgütü kuran ve onlara liderlik yapanlar idamla yargılanacaklar," diye konuştu. Ergenekon operasyonları ile ilgili olarak da konuşan HEPAR Genel Başkanı Osman Pamukoğlu, "Bu keçi boynuzu gibi. Aşure gibi. Biraz da denizanası gibi.

Nereden başlayıp nerede bittiği, denizanalarını bilirsiniz. Sizin bu sahillere de geliyor mu kitleler halinde? Hani sahile gelirler kitleler halinde. Ergenekon böyle bir iddia. Yapılacak şey şu: Bir an önce sap samanı ayrılacak ve dava süreci sonuçlanacak.

Her yerde söylüyorum. Gece bile o mahkemeler çalışacak. Ne buluyorsan at. Onu da bulmuş Ergenekon, bunu da bulmuş

Ergenekon. Bir şey söyleyeyim, bir laf vardır: Keser döner, sap döner diye. Bence herkesin çok dikkatli olması lazım. Çok duyarlı olması lazım. Aynı şeyler, buna sebep olan, meydan veren ve yapanların da başına gelebilir. Onlar da adalet aramaya kalkarlar, hukuk aramaya kalkarlar.

Dürüst yargı yapan mahkemeyi aramaya kalkarlar. Siz hayatı ne zannediyorsunuz? Hayat ne iyidir ne kötüdür. Ortada bir şeydir. Sana bazen iyisi, bazen kötüsü gelir. Bundan kurtulamazsınız," dedi.

Hürriyet
04.03.2011

BUNLAR DEVLET Mİ YÖNETECEK?

Hak ve Eşitlik Partisi (HEPAR) Genel Başkanı Osman Pamukoğlu, askerliğin düşürülmesiyle ilgili projesini çaldığını iddia ettiği CHP'yi eleştirdi.

Pamukoğlu, "Halkın karşısına seçim bildirisi diye saçma sapan çalıntılarla nasıl çıktıklarını görün. Bunlar hükümet olup devlet mi idare edecek? Çok beklersiniz. CHP'de şaşkınlığın ölçüsü kaçmış," dedi. Pamukoğlu, partisinin Eskişehir'de düzenlediği basın toplantısında gündeme ilişkin açıklamalarda bulundu.

Pamukoğlu, görevlerinden istifa edip milletvekili aday adaylığı için partilere başvuruda bulunan bürokratları fareye benzetti. Partisinin aday kriterlerini açıklayan Pamukoğlu, "O bölgenin çocuğu, halktan biri ve temiz bir insan olacak. Bakınız üst düzey bürokratlara. Yasa itibariyle ayrılın görevlerinizden, terk edin makamlarınızı dendiğinde görüyorsunuz.

Peynirin nerede olduğu kokusundan hareketle, nerelere gidiyorlar? İşte halkçılık. Bu partide bu tip insanlar hiç olmayacak," şeklinde konuştu. Pamukoğlu, partiler arasındaki ittifak çalışmalarıyla ilgili olarak da, "İttifak düşünmüyoruz, böyle bir şeyimiz yok," açıklamasında bulundu.

Hepar'ın resmi iki kitabı var

Partilerinin siyasal ve toplumsal ilkelerini anlatan iki ana dokümanı olduğunu aktaran Pamukoğlu şöyle devam etti: "Bu partinin resmi kitabı. Beyaz kitap ise partinin ekonomik program ve hedeflerini anlatıyor. Ana muhalefet askerliği 9 ile 6 aya indirecekmiş. Bu söyledikleri bizim partinin resmi programıdır. Kırmızı kitabın 19. sayfasında var. Artık hırsızlık böyle mal mülk çalmayla olmuyor. Bu siyasi korsanlıktır. Partimiz deniz ve yurtdışında yaşayan Türkler Bakanlığı kuracaktır." Partilerinin kırmızı kitabının 19. sayfasında ordu ve askerlikle ilgili bilgilerin yer aldığını kaydeden Pamukoğlu, "Burada ordunun 250.000'e indirileceği, nasıl örgütleneceği, bu eğitimin nasıl olacağı, seferberliğin nasıl olacağı yazıyor. Sonra bu işlere akıl erdiremedikleri için aradan çekip almışlar. Bu iş, bu kadar basit mi?" ifadesini kullandı.

CHP'de şaşkınlığın ölçüsü kaçmış

CHP'de şaşkınlığın ölçüsünün olmadığını iddia eden Pamukoğlu şöyle konuştu: "Eşkıya var hani, kendisine ada tahsis edilmiş. Eşkıya ev hapsine alınacakmış. 'Ne olacak?' diyor onların milletvekillerinden biri, 'barış gelecek ise olabilir, görüşürüz,' diyor. Aynı partinin bir başka milletvekili, 'PKK silah bıraksın, ordu da bıraksın,' diyor. Gene bunun genel başkan yardımcılarından biri, 'Eşkıyanın siyasi örgütü mecliste olabilir. Onunla koalisyon yapabiliriz,' diyor. Yetmiyor bu çalıntıyı yapanların genel başkanları 'toplumsal mutabakat, genel af da çıkabilir,' diyor. Bunlar terazinin ölçüsünü kaçırmış. Bunlarda şaşkınlığın ölçüsü yok."

CHP'li Kılıçdaroğlu'nun, "Dersimde Türkler katliam yaptı," sözlerine de sert tepki gösteren Pamukoğlu, "Dersim harekâtını Atatürk bizzat idare etti. Haritalar ortada. Kırmızı, mavi işaretlenmiş, isyancılar ve Türk askerleri tabur tabur, alay alay nerede, nasıl hareket yapacak? Hepsi Atatürk'ün kaleminden bizzat çıkmıştır.

Bunları söylemek zorunda kalıyorum. Halkın karşısına seçim bildirisi diye saçma sapan çalıntılarla nasıl çıktıklarını görün. Bunlar hükümet olup devlet mi idare edecek? Çok beklersiniz.

Söylemek istediğim şu: Herkes, "eskiden dedem de buna oy verirdi saplantılarından kurtulsunlar" şeklinde konuştu.

Cihan
14.03.2011

UYUTTULAR, AVUTTULAR VE SOYDULAR

Hak ve Eşitlik Partisi (HEPAR) Genel Başkanı Osman Pamukoğlu, CHP'ye gecekondu operasyonu yapıldığını belirterek, "Artık o parti Atatürk'ün emaneti falan değil, asla ve kat'a olamaz," dedi.

Pamukoğlu Adana'da yaptığı konuşmada, "Dün Ulusal Egemenlik ve Çocuk Bayramı'ydı. Kutlandı, varmış gibi. Ulusal egemenlik işgal altında, yok. Sadece bayramı kaldı bu topraklarda. Biz Türk siyasi hayatına katıldık. Neden, partiler az olduğu için mi? Hayır. Bunları benim kuşağım gördü. Hepsinde 3 şey gördük, uyuttular, avuttular ve soydular. Bunlardan kimi Atatürk'e, kimi milliyetçiliğe, kimi ise sosyalizme sırtını dayadı," diye konuştu. Kuzey Irak'ta askerin başına çuval geçirildiğini hatırlatan Pamukoğlu buna sebep olanlardan hesap sorulacağına dikkat çekerek şunları kaydetti:

"Ben hiçbir zaman milletin, devletin onurunun bu kadar ayaklar altına alındığını görmedim. O dönemde buna müsamaha gösteren, milleti bu hale düşüren, o askerlerin başındaki adamdan, o ordunun başındaki genelkurmay başkanından hesap sorulacak. Habur maskaralığı, dağdan eşkıya getir. Devletin mahkemesini çadırlarla giriş kapısına koy. Polis öldürmüş, asker öldürmüş, yakmış yıkmış insanlar zorla konuşturuluyor. Pişman mısınız deniyor ama adam pişman değilim, diyor. Adamlar otobüsün üzerine çıkarak halaylar çektiler, alkışlandılar. PKK bayraklarını dalgalandırdılar. Bu nasıl bir hükümet? İçişleri Bakanı, Habur'un hesabını vereceksin."

CHP'ye gecekondu operasyonu yapıldı

CHP'yi ağır cümlelerle eleştiren Pamukoğlu bir gecekondu operasyonu olduğunu, onun da ana muhalefet denen CHP'ye yapıldığını ifade ederek, "Operasyondan ne çıktı, bakın çıkan ne? Herkesin çok dikkat etmesi gerekir. Anayasa özerk ve demokratik olacakmış. Seçim bildirgesi yayınlıyorlar, ne demek bu? Bu şu demek: Anayasanın 3 temel maddesi var. Burdan Türkiye Cumhuriyeti lafını, Türk lafını çıkartmak istiyorlar.

PKK'nın kurulduğu günden bugüne gündeme aldığı koruculuk kalksın isteği de seçim beyannamesinde var. Bildirge yayınlıyor, efendim bizim AB ile olan çalışmalarımızda özerklikle ilgili bazı sakıncalarımız var. Beyannameye yazıyor o sakınca kalkacak diye. Bu ne demektir biliyor musunuz? Türkiye Cumhuriyeti Devleti'ni Dicle'den itibaren ortadan ikiye bölmektir. Türk askeri de PKK da silah bırakmalı diyor bazı milletvekilleri, üstelik savaş bitecekse bu adadaki eşkıya ev hapsine gidebilirmiş. Sen savaş görmemişsin, bugüne kadar terör diye ilan ettiniz ancak bundan sonra, eğer böyle giderse savaşı göreceksiniz," diye konuştu.

"O parti Atatürk'ün emaneti falan değil artık!"

Pamukoğlu, CHP Genel Başkanı Kemal Kılıçdaroğlu'nun bedelli askerlik çıkışına da karşı çıkarak şunları söyledi: "Sanki her şeyden anlarmış gibi orada milyonlarca çocuk o dağlardan eksi 40 derecelerden, yardan, bataklıktan, kayalıklardan geçtiler, her şey bitmiş gibi tam seçime girerken bedelli diye bir şey çıkartıyor."

Vicdansız. Bu vicdansızlıktır. 100-150 bin tuzu kuru, paralı asker kaçağına yönelik bir seçim hamlesidir bu. Bu senin anlayacağın bir iş mi? Bir dediğin bir dediğini tutmuyor.

Devlet ciddiyetle yönetilir, böyle kapkaç yapıyor gibi değil. Artık herkes şunu kafasından çıkarsın, o parti Atatürk'ün emaneti falan değil, asla ve kat'a. Halka et verecekmiş, süt verecekmiş bu nedir? Sen milleti ne zannediyorsun. AB ile bütün faaliyetler dondurulacak. Biz onun bunun maskarası olamayız.

Bu Güneydoğu'daki 170 toprak ağasının toprağı alınıp halka dağıtılacak. Bu terör örgütü kuran, yöneten ve ona liderlik yapanlar için 2,5 yıldır parti programında var, idam geri getirilecek diyebiliyor musun?

Pamukoğlu asgari ücretin 1000 liraya çıkacağını sözlerine ekledi.

www.haberx.com
24.04.2011

BİRİ TENCERE, ÖBÜRÜ DE KAPAK

Hak ve Eşitlik Partisi Genel Başkanı Osman Pamukoğlu, bu günden daha zor günlerin yaşandığı 1993, 1994, 1995 yıllarında Hakkari'de hiç kimsenin kepenk kapatmadığını belirterek, AK Parti hükümetinin politikalarını ve ana muhalefeti eleştirdi.

Pamukoğlu, "Gelelim bunlara, hem örgüte kızıyor hem de onun siyasi uzantısı partiye kızıyor, hem de Kürtçe Hakkari'nin ilçelerinin isimlerini sayıyor. Şaşkın. Öbürkü de çıkıyor, CHP'nin başındaki de, 'ben de sizdenim,' diyor. Sonuç, bu güvenlikle ve terörle ilgili biri tencere öbürkü kapak," ifadelerini kullandı.

Hak ve Eşitlik Partisi Genel Başkanı Osman Pamukoğlu, Polatlı'da gazetecilerin sorularını cevapladı. Pamukoğlu, bir gazetecinin, "Hakkari'deki kepenk kapatma ve açma olaylarını nasıl değerlendiriyorsunuz?" sorusuna, "ben oradaydım 1993, 1994, 1995'lerde kıyamet koptu. Hiç kimse kepenk falan kapatmadı. Kontak da kapatmadı. Hakkari'ye gittiğimde kurmay albaydım. Henüz görevi teslim almamıştım. Gene aynı böyle kepenk kapatma, açma meseleleri vardı. Ben komutayı devralmamıştım.

OHAL valisi, Hakkari valisi, benden önceki tugay komutanı gene kepenk kapatılacak diye konuşuyorlardı. Talimat veriliyordu. PKK veriyordu talimatı, bilinen bir şey. Bundan 30 sene sonra bunu öğrenmeye çalışıyorlar. Bunların anladığı bir iş değil bu. Devlet güvenliği, devlet yönetmek, devlet adamlığının zaten bunlarla hiç alakası yok. Ben o zaman şunu demiştim: "Kapatın göreyim." Bir daha asla açamazsınız. Ben ordaydım 26 ay 1993, 1994, 1995 kıyamet koptu. Hiç kimse kepenk falan kapatmadı. Kontak da kapatmadı.

Gelelim bunlara, hem örgüte kızıyor hem de onun siyasi uzantısı partiye kızıyor, hem de Kürtçe Hakkari'nin ilçelerinin isimlerini sayıyor. Yaptığı ne? Örgütün istediğini yapıyor. Hem örgüte hizmet ediyor hem de örgüte kızıyor. Şaşkın. Şaşkın ördek ters dalarmış. Bu bir. İkincisi, öbürü orada "biji apo" deniyor. Kürdistan lafları deniliyor. Öbürü de çıkıyor, CHP'nin başındaki, 'ben de sizdenim,' diyor. Sonuç: Bu güvenlikle ve terörle ilgili biri tencere öbürü kapak," dedi.

"CHP'ye oy verme alışkanlığınızdan kurtulun."
Hak ve Eşitlik Partisi Genel Başkanı Osman Pamukoğlu, «Eşkıyanın beşinci, yedinci kongre dediği bütün kararlarını koyduğu koruculuğun kalkması dahil, hepsini şimdi CHP'nin başındaki bu zat söylüyor. Onun için, öyle atam da, dedem de hepimiz CHP'ye oy verdik falan alışkanlıklarından kurtulsun, buna oy verecekler.

Kime oy verirlerse versinler. Düşünsünler sonra pişman olacaklar, acı çekecekler," diye konuştu. Pamukoğlu şöyle konuştu: "CHP'nin başına getirdikleri, programlı getirdikleri, bilerek getirdikleri Batı'nın getirdiği. Özerklik neymiş, özerklik.

Orda Hakkari'de kem küm ediyor, ertesi gün de düzeltmeye çalışıyor. Zaten işi gücü düzeltmek, işleri güçleri düzeltmek. Ben Kürt demedim, Türk de demem. Dersim arşivini açacakmış. Faili meçhuller varmış. 17.000. Neymiş faili meçhul. PKK lafı 17.000. Kimmiş o 17.000, bunlar PKK lafları. Sonuçta bu AKP belli, kırk harami partisi.

Ülkeyi soydu soğana çevirdiler. Hiçbir şey kalmadı. Halkın servetini darmadağınık ettiler. Şimdi öbürkü de bütün lafları, bütün söylemleri bölücülük üzerine, 'hakikatler komisyonu' lafı kime ait? Eşkıya başının adadakine ait, yani eşkıyanın beşinci, yedinci kongre dediği bütün kararlarını koyduğu, koruculuğun kalkması dahil. Hepsini şimdi bu CHP'nin başındaki bu zat söylüyor. Onun için, öyle atma da, dedem de hepimiz CHP'ye oy verdik falan alışkanlıklarından kurtulsun buna oy verecekler.

Kime oy verirse versinler. Düşünsünler sonra pişman olacaklar, acı çekecekler."

Cihan
25.05.2011

ÜLKENİN SATILDIĞINI GÖRMEYENİN ALNINI KARIŞLARIM

Hak ve Eşitlik Partisi (HEPAR) Genel Başkanı Osman Pamukoğlu, ülkenin bölündüğünü ve satıldığını, bunu herkesin duyduğunu öne sürerek, "Bu ülkenin satıldığını görmeyenin anlını karışlarım. Bu ülkedeki her birey, bu ülkede olan her iyi şeyden de, kötü şeyden de sorumludur," dedi.

HEPAR lideri Osman Pamukoğlu Tekirdağ'da, Türkiye'yi adım adım gezdiğini kaydederek şunları söyledi: "Ben Türkiye'yi adım adım geziyorum. Şuan 45'inci ildeyim. Gezdiğim ve gördüğüm sorunların en başında ekmek kavgası ve huzurun kaçtığını gördüm. Trakya'yı çok iyi biliyorum."

Trakya'da 7 yıl görev yaptım. Türkiye'nin genelinde rahatsızlık şu, ekonomi batmış. Kimi kastediyorum. Çiftçiyi, esnafı, emekliyi, emeklinin işçisini, memurunu kastediyorum. Durum çok kötü, çok vahim. Aranızda bazıları, "Ben dedemin, atamın oy verdiği partiye oy veririm," diyor. Bu düşünce artık ortadan kalkmalı.

Halk huzursuz, halk yorgun, bitkin, ruhu yaralı. Hepinizin yapacağı, seçimlerde altın ve inci değerindeki oylarınızı doğru kullanmak.

"Sağır sultan bile duydu."
Türkiye'nin bölündüğü sağır sultanın bile duyduğunu iddia eden HEPAR Lideri Pamukoğlu sözlerini şöyle sürdürdü: "Ülkemiz bölünüyor. Bunu Mısır'daki sağır sultan da duydu, ye-

raltındaki köstebek de. Bu ülkenin satıldığını görmeyenin alnını karışlarım. Bu ülkedeki her birey, bu ülkede olan her iyi şeyden de, kötü şeyden de sorumludur, çünkü bu ülkenin iktidarını siz belirliyorsunuz. Siz dediniz ki, "Bunu da bir deneyelim." Alın bakın denemenizle ülke ne hale geldi. Karar senindir. Vicdan senindir."

DHA
05.06.2011

ACEMİ MARANGOZUN YONGASI ÇOK OLUR

Mevcut ordu yapısı PKK ile mücadeleye uygun değil. Efsane komutan, terörü yok etmek için nelerin yapılması gerektiğini *Yeniçağ*'a anlattı. Osman Pamukoğlu, "Geçen 30 yıllık süre, TSK'nın mevcut yapısıyla terörün bitirilemeyeceğini gösterdi. Ordunun bir bölümü profesyonel olsun çalışması da asla çözüm olamaz," dedi.

Kandil'in kan'ını ve dil'ini manşetlere taşımayı gazetecilik sayan dönekler konuşuyorlar her gün. Gün onların. Ekranlara demirbaş olarak kaydedildiler AB ve ABD'nin azman uzmanları. PKK'nın İmralı postaları, liberal hastaları, yardımcı kuruluşları, sivil uzantıları, silah korkusuyla seçilmişleri, Erzurum deyimiyle "eltisinin görümceleri" ahkâm kesiyorlar, tehditvari, şımarıkça, çokbilmişçe... Bağırtlak karıkoca, Sabahçı Sazan ile Akşamcı Zırlayan, söz onlarda bitiyor artık. Velinimetleri AKP'den en kocaman "effferim"i almak uğruna boğaz patlatıyorlar, yırtıyorlar, yırtınıyorlar...

Hayatında hiç Güneydoğu'ya gitmeyenler, ana muhalefetin 26 yaşındaki terör uzmanı oluveriyorlar bir anda... Yani "Bilen de konuşuyor, bilmeyen de" sözü bile hükmünü yitirdi. Bilen değil, sisteme yanaşıp işini bilenler, bir de onlara garnitür olanlar konuşuyorlar. Yalnızca *Yeniçağ* yer vermiyor bu haşarata, bu herif-i naşeriflere. Bilenlere, bu yurdun kıymetini bilenlere yer veriyor.

Bu "bilenlerin" en bilgelerinden biriyle, Sayın Osman

Pamukoğlu'yla söyleştik... O Pamukoğlu ki, Güneydoğu'daki efsaneleşen mücadelesini anlattığı kitabı *Unutulanlar Dışında Yeni Bir Şey Yok* tam 500.000 adet sattı, çoksatar dizelgesinin başında kaldı aylarca. Hâlâ da basılıyor, satılıyor, okunuyor... O kitapta yalnızca anlatı yok, hikmet var, felsefe var, özdeyiş var, tarih dersi var. Nasıl mı?

İşte böyle: "Klasik muharebe akılla yürütülebilir. Gayrinizami harpte akıl yetmez, çok zeki olmak gerekir. Konvansiyonel çatışmada zebaniyle karşılaşabilirsiniz, gayrinizami savaşta karşınızda şeytan bulunacaktır.", "Bilinmezlik yeryüzündeki tüm canlıları rahatsız eder. Gayrinizami harbin de temel kurallarından biridir.", "Türk askeri sabır ve tahammülü dolayısıyla dünyanın en dayanıklı askeridir.", "Bugüne kadar tüm savaşlarda, sadece ve sadece anneler kaybetmiştir. Başka hiç kimseye bir şey olmamıştır. Hiçbir sonuç, annenin mezara kadar devam edecek olan yüreğindeki ateşe derman olmaz.", "Tanrı'dan ve tarihten saklanacak bir şey yoktur.", "Tarihteki eski şampiyonluklar yeni kupa getirmez.", "Siz ülkenin şerefini koruyun. O sizin geleceğinizi korur.", "General kesinlikle şüphe, hayal kırıklığı ve bitkinlik duymamalıdır."

Kara Tohum'a gelince, 10 Ocak 2006 tarihli *Yeniçağ*'da şunları yazmışım köşemde: "*Kara Tohum*, bir ilgilendirme, bilgilendirme ve güncel çözüm kitabı. Osman Paşa, savaşın felsefesini, insan, tarih ve doğa esaslarına göre yaptıktan sonra, sözü günümüz savaşlarına getirerek gayrinizami harbin yeni ve özel versiyonu olan ve adını kendisinin koyduğu Asya Tip Savaş'a çekiyor dikkatleri (...). Peter Ustinov'un "Büyük ülkelerin terörüne savaş, küçük ülkelerin savaşına terör denir" sözünü hatırlattıktan sonra Pamukoğlu Paşa, "Savaşı demir ağırlıklı, ruhu ikinci sırada sananlar için çok zor bir mücadele olacaktır," diyor.

Dünya gerillacılık tarihini ayrıntısıyla inceleyip bunlara kendi özel ve özgün deneyimlerini de katarak, dünyaya gerillacılık dersi verecek bir engin bilgi birikimine malik olmuş Osman

Paşa. Bunları Türk çocuklarıyla paylaşıyor bir karşılık beklemeden. Antep savunması ve bu savunmanın efsanevi önderlerini, başta Şeyh Şamil olmak üzere Kafkas Dağları'ndaki iman ve cesaret timsallerini anlattıktan sonra, "Sen istersen o bir hayal değildir sözünün ispatı olarak, Mussolini'yi kaçırıldığı yerden kaçıran Alman Subayı Skorzeny'nin heyecanlı öyküsünü aktarıyor. Che Guavara'yı başarı ve hatalarıyla irdeliyor. Psikolojik savaş ve propaganda hakkında bilmek istediğiniz ne varsa, hepsi var bu kitapta. Kitabın son sözü "Savaşma seviş" ya da "Savaşma savuş" diyenleri şok edecek ölçüde net, sert ve mert: "Dünyada güneşi kaldırmak ne anlama geliyorsa, sürekli barış da aynı manaya gelir. Barış bir idealdir ve insanların böyle hayallere ihtiyacı vardır. Her yaştaki yiğit harbiyeliler başta olmak üzere, *Kara Tohum*'u her Türke tavsiye ediyorum." Evet... Sanırım yeter bu girizgâh...

Biz sorduk Hak ve Eşitlik Partisi Genel Başkanı, bir zamanların "Efsane Komutanı" Osman Pamukoğlu yanıtladı. İşte o söyleşi:

CAZİM GÜRBÜZ: Paşam, son günlerde basında, ordumuzun "düzenli ordu konsepti"ne göre yapılandığı ve eğitim aldığı, gayrinizami harp tekniklerini bilmediği, bu işin ancak profesyonel ordu ile mümkün olabileceğine dair yazılar çıkıyor, yorumlar yapılıyor. Siz *Unutulanlar Dışında Yeni Bir Şey Yok* kitabınızda, Hakkari'de göreve başlarken silah arkadaşlarınıza Carlos Marighella ve Alberto Bayo'nun gerillacılığa dair eserlerinden söz ettiğinizi yazıyorsunuz. *Kara Tohum* adlı kitabınızda da gayrinizami harbin teknikleri ve tarihsel gelişimi var. Yani işin hem teorisini öğretip hem de pratiğini efsanevi bir başarıyla yerine getirerek PKK'yı dize getirmiş bir komutansınız. Şimdi birilerinin deyim yerindeyse yeni keşifler (!) yaparak ortaya iddialar atıp, bu türlü yorumlar yapmalarına ne diyorsunuz?

Mücadeleye hazır değillerdi.

OSMAN PAMUKOĞLU: Cazim Bey, Aristotales, Sokrates ve Makyavelli'den bugüne devleti ele alırsak, görünen şu ki: Devlet hazine, ekonomik güç ve ordudur (her türlü savaşa hazır güç). Rejimleri ne olursa olsun, hiçbir zaman dilimi bunu değiştirmez, çünkü insanların doğası değişmez. Albert Einstein'ın "Dünyaya hâkim olan, ahmaklık, korkaklık ve açgözlülüktür" değerlendirmesi, insanlık tarihi ve geleceğini tanımlayan, kavga çıkarmak için her zaman bahane bulacağını en kestirmeden anlatan sözlerdir. Savaşlar bundan sonra da olanca hızıyla devam edecek, daha çok bölgesel sorunlar çıkacak, insanlar kendi hakkını daha fazla arayacak ve kaynaklarına sahip çıkma duyguları çok fazla yükselecektir. Ama artık savaşlar Batı modeli (klasik) değil, Asya savaş tarzında yapılacak, demir değil ruh ağırlıklı olacaktır. Coğrafi alanların doğal yapısına veya şehirleşmenin yoğunluğuna uygun olarak, kır ve şehir gerillacılığı, biri diğerine göre daha ağırlıklı olarak uygulanacaktır. Bitirilmesi zor, uzun, yıkıcı ve kemirici savaşlar geleceğin modelidir.

Sorunuza doğrudan cevap vermeden bunları anlatmamın nedeni, işin aslı ve özü ile geleceğe de nasıl bakılması gerektiğinin bilinmesi ihtiyacındandır. Türk ordusu, eğitimi, öğrenimi, savaş doktrini ve donanımı itibariyle klasik bir NATO gücü olarak organize edilmiş ve Sovyet tehdidi esas alınarak, savunma ağırlıklı savaş hazırlığı sürdürülmüştür.

Tüm manevra ve tatbikatları; NATO veya milli; cepheler, hatlar, tutulmuş mevzilerin üzerine nasıl yürüneceği veya benzer düzenlerle bölgelerin nasıl savunulacağı esası üzerine çalışmalar yapmıştır. Klasik konvansiyonel, Batı tipi NATO ordularının tamamının hayatı da buna benzer çalışmalarla geçmiştir. Bu ordular "özel kuvvetler" adı altında kural dışı savaş olan "gayrinizami harp" için de örgütlenmişlerdir ama bu unsurlar doğaları nedeniyle küçük yapılardan öteye geçememişler. Büyük, yaygın ve geniş hareketlerin karşısında umulan ve beklenen başarıyı gösterememişlerdir.

PKK'nın 15 Ağustos 1984'te Şemdinli ve Eruh baskınlarından itibaren karşısına çıkan jandarma ve ordu birlikleri, konseptleri, teşkilatları ve eğitimleri itibariyle, başlayan ve sürecek olan mücadeleye hazır değillerdi. Sebebi ise, PKK yeni bir şey... Birkaç yıl içerisinde, PKK'nın faaliyetlerini yerinde izleyen biri, uyguladığı taktik ve tekniklerle kadrolarının nasıl bir eğitimden geçtiğini hemen anlayabilirdi.

İnsanoğlunun zayıf tarafı.

Ama bunun için Nugeyan Giap'ı, Alberto Bayo'yu, Carlos Marighella'yı, Mao Zedong'u, Fidel Castro'yu, Ernesto Che Guevara'yı, Şamil'i ve Hacı Murat'ı tanımak, kır ve şehir gerillasını, Makedon ve Kafkas dağlarını, Apenin Dağları'nda kurt ulumasını, Kongo ve Bolivya'nın ölüm ormanlarını, koskoca yılanı yok eden karıncaları, şeytan adamları, hayalet düşmanı okuyup öğrenmek ve uygulayabilme derecesine ulaşmak gerekiyordu. Olmadı...

Cazim Bey, savaş sanatı uçsuz bucaksız bir alandır. 5000 yıllık yazılı insanlık tarihinin sadece 236 yılı kesintisiz barış içerisinde geçmiştir. O nedenle, dediğiniz gibi iddialar ortaya atmak, yorumlar yapmak, kendini bilmek ve haddini bilmek ile ilgilidir. İnsanoğlunun en zayıf taraflarından biri de, az, hatta hiç bilmediği konularda daha fazla konuşmak isteğidir. Üstelik de savaş sanatı ve mesleği gibi liderine, coğrafyasına, milletin kültürüne, verilen eğitime, hasmın strateji ve taktiklerine bağlı olarak zaman ve mekâna karşı farklı kararların alınmasını gerektiren bir saha ise... Mevcut ordu yapısının bu mücadeleye uygun olmadığını geçen otuz yıla kadarki süre gösterdi. Uzun süre silah altında tutalım ve maaş ödeyelim, yani ordunun bir bölümü profesyonel olsun çalışması da bir çözüm olamaz, olmadığı da zaten ortada.

Yeniçağ
21.07.2011

ASKER DE GENERAL DE GENÇ OLACAK

Asker de genç olacak general de... Generallik yaşı 40-55 arasında başlayıp bitmelidir. Beden, zihin ve ruh gücü muharebede esastır. Efsane komutan Pamukoğlu, "Savaş genç insanların işidir. Bir general, yan yana dizilmiş tank taburunun ilk tankına sıçrayıp diğerlerinin bir bir üzerinden geçerek son tanktan yere atlayamıyorsa hemen emekli edilmeli," dedi.

Röportajımızın dünkü bölümünde, görev yaptığı yıllarda PKK'yı dize getiren efsane komutan Osman Pamukoğlu yaşadıklarını, deneyimlerini, profesyonel ordu teklifleri hakkındaki düşüncelerini anlattı.

Pamukoğlu paşamızın söylediklerine kaldığımız yerden devam ediyoruz:

"Mesele sadece ordu meselesi de değil, ülkeyi yöneten hükümetler de bu işlerden anlamadığı için orduya neyi, nasıl yapması gerektiği hususunda bir direktif de verilemedi. Birçok vatandaş bu ifadeyi yadırgayabilir. Anayasa ve yasalarımıza göre Türk Silahlı Kuvvetleri'nin harbe hazırlık çalışmalarından, bu vazifesini en iyi şekilde yerine getirmesinden, Türkiye Cumhuriyeti Hükümetleri, Türkiye Büyük Millet Meclisi'ne karşı sorumludur. Bu sorumluluk, ordunun teşkilat, eğitim ve öğrenimi, savaş doktrini yönetiminin liyakati, harp silah ve gereçlerinin nitelik ve yeterliliğini düzenlemeyi, tedbir almayı, denetlemeyi içerir.

Peki böyle bir ağır sorumluluğu hükümette kim, hangi bilgi, tecrübe ve kültürüyle yerine getirebilecek? Dünya bunun cevabını biliyor: "Devlet adamı yetiştirerek." Kastedilen şey, silah kullanarak, küçük birlik teknikleri, büyük birlik taktiklerinden anlamak değil... Dünya tarihinin genel savaş stratejilerine ve siyasi yapılarına ait bilgilere sahip olmak. Bu olmayınca ne oluyor? Düzenlemekten, tedbir almaktan ve denetlemekten sorumlu olduğu orduya, bir direktif ve talimat vermesi gerekirken onun kendisine sunduğu bilgiler çerçevesinde kendine göre bir günlük siyasi gerekçe bulup sanki her şey yolundaymış gibi hareket ediyor. İleriye doğru uygun fikirleri üretebilmenin yolu gayrinizami mücadelenin geçmişine dair eserleri okumaktan geçiyor.

Tersi, kendini tekrar olur. *Unutulanların Dışında Yeni Bir şey Yok* kitabımın ilk baskısı Kasım 2003, korsanları hariç halkta 500 bin adet var. Orada bugünler de anlatılmıştır aslında. *Kara Tohum* kitabı ise 2005'te yayımlandı. Dünyanın her yerinde gayrinizami harbin nasıl başladığı, sürdüğü ve sonuçlandığını anlatan bir eser. Halkın elinde bu kitaptan da 30 bin adet bulunuyor. Bu iki eserle ilgili, halktan bana 20 bini aşkın yorum ve görüş bildirildi.

Büyük bir kısmı ise bu iki kitabın bütün askeri okullarda okutulmasının şart olduğu yönündeydi. Oysa bırakın askeri okulları, inanılması zor ama kitap satan bazı askeri kurumlardaki aklı evvel idareciler bu kitapları oralara sokmadılar.

Tereyağı mı tüfek mi?

CAZİM GÜRBÜZ: Siz sürekli olarak ordu mevcudunun soğuk savaş dönemine göre tespit edilmiş olduğunu vurguluyorsunuz. Türkiye'nin daha çevik, daha iyi eğitimli 250.000 kişilik bir ordu ile hem daha iyi hizmet vereceğini hem de tasarruf sağlayacağını söylüyorsunuz. Son günlerde basında bu paralellikte yazılar ve yorumlar çıkıyor.Hatta bunlar Ergenekon, Balyoz ve diğer operasyonlarda 300'e yakın üst düzey komutanın tutuklanmasına karşın ordu komuta kademesinde bir zaaf oluşmamasının da bu fazlalığı yansıttığını ifade ediyorlar. Orduda üst düzey komutan sayısı gerçekten fazla mı? Sizce ideal ve optimum rakam nedir? Ve şu profesyonel ordu meselesi... Gönüllülük esası tamamen kalkmalı mı yani? Bu durum. "Mehmetçik ruhu"nu yok etmez mi? Türk ordusunun ruhu bozulmak mı isteniyor yoksa?

OSMAN PAMUKOĞLU: Bu konu *Unutulanların Dışında Yeni Bir Şey Yok* kitabımda çok açık bir şekilde yer almıştır. Tarih boyunca devletler ve uluslar bir çelişki yaşamıştır: "Tereyağı mı tüfek mi?" Tüfek meselesi sigorta primlerine benzer, evde yangın çıkıncaya kadar ödeyenlere zor gelir. Ama doğrusu korkulu rüya görmemektir. O nedenle, çelik çekirdek, süratli, zımba gibi bir ordu olmazsa olmaz. Sovyetler Birliği'ne göre organize olmuş, mevcutları o günkü koşullara göre yüksek tutulan bir orduya gerek yok. Para harcanacaksa niye personel giderlerine harcansın! Parti programında da var ama benim bütün TV programları ve gazete röportajlarımdan da bulunabilir.

750.000'i bulan ordu 250-300 bine indirilecek. General-amiral sayısı 300'lerden 100-120'lere düşürülecek. Askerlik 6 aya indirilecek, hak ve eşitliği bozan çeşitli askerlik tiplerine son verilecektir. Savaş genç insanların işidir. Asker de general de genç olacak. Generallik yaşı 40-55 arasında başlayıp bitmelidir. Beden, zihin ve ruh gücü muharebede esastır. Bir general 32 tankıyla yan yana dizilmiş tank taburunun ilk tankına sıçrayıp diğerlerinin bir bir üzerinden geçip, son tanktan yere atlayamıyorsa onu hemen emekli edeceksin. Profesyonel askerlik ihtisas isteyen, uzun süre istihdamı gerektiren silah ve araçlarının kullanımı için önemli ve gereklidir.

Hepsi bu kadar, kastettiğim uzman onbaşı ve çavuşlardır. Onun dışında manga, tim, takım, bölük ve bataryalarda kesinlikle milletin çocukları, gençler, onların vatan sevgisi, enerji ve irade gücü, kararlılıkları şarttır. Sakın, orduyu jandarma ve polis görevleriyle karıştırmamak ve benzetmemek lazımdır. Ordu, güvenlik görevleri de alabilir ama o bir iç güvenlik gücü değildir. Bütünüyle bu işlere bulaştırılır ve öyle zannedilirse, bunun yanlışlığı büyük bir acı çekilerek öğrenilir. Benim ısrarla söylediğim, "20.000 kişilik eşkıya takip kuvveti" ise, bir profesyonel savaş birliği değil ülkenin gençlerinden gönüllülük esasıyla seçilmiş, 4-6 ay süreyle dağcılık ve komando eğitimine tabi tutulmuş bekâr askerlerden oluşacak.

Jandarma Genel Komutanlığı'na bağlı, gayrinizami mücadeleye açıktan katılan ama kışla, sabit tesis kullanmayan, pusu ve baskını mükemmel uygulayabilen, kıyafet ve nişanları belli bir askeri örgüt yapılanması olacak. Her zaman, her yerde, dağlık ve kırsal alanda bir an görünüp bir anda kaybolabilirler. Tek komuta altındadırlar ve doğrudan Jandarma Genel Komutanlığı'na bağlıdırlar. Bu teşkilatın ne yeni bir silaha ne de yeni araç ve gerece ihtiyacı vardır. Bu yapılanma, Türk ordusunu da bu dipsiz kuyunun dışına çıkaracak, kendi çalışmalarına dönmesini sağlayacaktır.

Bu teşkilatın şundan bundan bilgi aktarımına, Heron'a merona ihtiyacı yoktur. Bu coğrafya, avucumuzun içi neyse bize göre odur.

Kimin nerede ne yaptığını, duruyor mu hareket halinde mi hepsini biliriz.

Yeniçağ
22.07.2011

TİTREK VE ÜRKEK ADIMLARLA
YOL GİDİLMEZ

Tam bir siyasi irade ortaya konulursa, istihbarat adam gibi çalıştırılırsa ve eşkıyaya uygun örgütlenmeyle mücadeleye girilirse, devletin terörü yok etmesi bir yılı almaz. Efsane komutan Pamukoğlu, terörün üzerine kararlılıkla gidilmesi gerektiğini söyledi. Bir zamanlar PKK'yı dize getiren efsane komutan Osman Pamukoğlu, terörle mücadelenin püf noktalarını anlatırken, "Bölgedeki PKK grupları oralarda her şeye hâkim ve üstün durumdalar. Biz onları bulacağımıza onlar bizi buluyor," dedi.

Pamukoğlu ile söyleşimize kaldığımız yerden devam ettik.

CAZİM GÜRBÜZ: Silvan'da 13 şehit verdiğimiz son olayda, gerçekten de bir istihbarat, komuta, inisiyatif ve personel eğitimi zaafı var mı? Siz hep, askerlerinize, "Toprak biti gibi olacaksınız, varlığınız bilinecek ama sizi kimse göremeyecek," diyordunuz. Buna ordumuzda pek uyulmadığı gibi bir kanı ve algı oluşuyor, ne dersiniz? Tam bir istihbarat garabeti Silvan bir sonuç... Ötesine bakmak lazım.

OSMAN PAMUKOĞLU: Silvan'da söylendiğine göre eylemi yapan grup 40-50 kişiden oluşuyor. Bu konuda sayı pek önemli olmamakla beraber, 20-30 kişi arasındaki bir askeri time özellikle de gündüz yapıldığı için 40-50 kişiyle saldırılması doğru gibi geliyor. Daha az sayıda olsalardı biliyorum buna cesaret edemezlerdi. Baskına uğrayan tim ve diğer timler ile baskından önce ayrı ayrı olsalar bile, baskın yeri ve saatinde bir noktada birleşen 40-50 PKK'lı da aynı bölgede. Bizim timin peşinde oldukları onları adım adım takip ettikleri belli. Gündüz gözüyle rahatlıkla kaçabileceklerine bile o derecede güvenliler.

Bu şunu gösteriyor: Bölgedeki PKK grupları oralarda her şeye hâkim ve üstün durumdalar. Burası Kuzey Irak'taki kamplar değil ki, daha güneydeki Irak topraklarına çekilsinler. Bu gruplar nisan, mayıs, haziran aylarında da oralardaydılar. Başka türlü bölgeye bu derece hâkim olamazlardı. Hangi taraftan bakarsanız bakın tam bir istihbarat garabeti. Biz onları bulacağımıza onlar bizi buluyor.

PKK'nın elinde güçlü telsizler dışında teknoloji olarak klasik eski Sovyet üretimi silahlar var. Başka bir şey de yok. Bizde de olmayan yok. Peki ya sonuç?

Genelde insanlarda yanlış bir kanı var: "Bu kadar yıllık tecrübe var." Bu laf skolastik mantığa uyan beş para etmez bir söz. Tecrübe, aynı şeyi yaşamış olsalar bile (ki herkes aynı yoğunlukta yaşamadı) onu yaşayan insanların kişilik ve zekâ düzeyleri kadardır.

CAZİM GÜRBÜZ: Terörle mücaledele ile teröristle mücadele arasında elbette fark var. Siz hep, "Coğrafya ve doğa teröristle mücadelede birçok kuralı zaten belirtiyor, onlar dün nerede yuvalanmışlarsa, gene orada olmak zorundalar. Mesele oraya gidebilmekte, giderseniz, o irade ve yürek varsa siz de gider ve alırsınız," mealinde yaklaşımlar sergiliyorsunuz. Bu irade bugün yok mu?

Özellikle şunu sormak istiyorum, Barzani'nin dediğini mi yapıyorlar şimdi başımızda bulunanlar? Yani "Kuzey Irak'a girmeyin, burası bizim topraklarımız, burada ne olursa olsun, sizi ilgilendirmez, terörist burada yuvalanmış olsa da sonuçta eylemi sizin topraklarınızda yapıyor, siz mücadeleyi orada yapın ve bu işi bitirebilirseniz orada bitirin." Barzani'nin arkasındaki gücün durumunu da belirterek cevap verirseniz çok memnun olurum.

Her şey var, yapacak adam yok

OSMAN PAMUKOĞLU: Bilerek ve bilmeyerek bazı kişiler "bu iş silahla çözülemez, başka seçenekler geliştirmek lazım" gibi sözler ediyorlar. Eğer işbirlikçi değillerse bu kişiler gerçekten bu mesele bağlamında sığ ve yavan beyine sahipler. Şu basit şeyi anlayıp kavrayamamakta ısrar ediyorlar. PKK siyasi bir örgüt. Bunun amacı derece derece Türkiye'den toprak kopararak burada bir devlet kurmak. Ama Türkiye'nin diğer bölgelerindeki nimetlerden de uzak kalmamak. Peki neye güveniyor? Anadolu ve Kuzey Irak'taki 5000 kişilik siyasi kadrolarına. Ne zamanki siyasi taleplerini parça parça ileri sürdüğünde baktı ki olmuyor, hemen savaş ve şiddet tehdidine başlamıyor mu? Bu ne demek? Her şeyde tek dayanağı bu güç. Dağdakilerin varlığı onun en büyük yeteneği. Bölge insanını da bunlarla tehdit ve şantaj halinde tutuyor.

Sonuç, Türkiye Cumhuriyeti Devleti'nin bu gücü yok etmesi bir yılı almaz. Yeter ki tam bir siyasi irade ortaya konsun. İstihbarat adam gibi çalıştırılsın ve eşkıyaya uygun örgütlenmeyle mücadeleye girilsin. Bir şey eksik ya da noksan olur da hadi yapamadık dersiniz. İnsan para, silah, araç her şey var ama yapacak adam yok. İnsan kayıplarımız Kurtuluş Savaşı'ndaki kayıplardan fazla (Kurtuluş Savaşı kayıplarımız 10.500 şehittir).

Kandil'de masa kuruyorlar

CAZİM GÜRBÜZ: Dediğiniz gibi adamlar Kandil'de masalar kurup yiyecekler ikram ederek basın toplantıları düzenliyorlar. Bu gazeteciler aracılığıyla doğrudan veya dolaylı silahlı ve siyasi eylemler ileri sürerek kabadayılık yapıyorlar ve herkes de bakıyor.

Barzani'nin toprağıymış, gidilemezmiş... Bu kamplara nasıl gidilmeli, kaçına gidilmeli, neyle gidilmeli orası da ayrı konular. 2008 Şubat'ında en yakın kamp olan Çukurca altındaki Zap (Shive) Kampına gidip de bir sürü saçma sapan beyanattan sonra ABD'nin üçüncü günkü talimatından sonra kaçarcasına geri çekilmek tam bir fiyaskodur. Şimdi gazeteciler soruyor o günkü genelkurmay başkanına: "Niye böyle acele ve tersyüz olup geri çekildik?" Cevap, ceddine rahmet okutacak düzeyde: "Çekilme çok zor bir iştir, bizi takip ederler, en çok zayiat o zaman verilir, onun için hızla döndük."

Tanrım sen aklımızı muhafaza eyle. Hani o kamp yerle bir edilmişti, hani hepsi ya öldürülmüş ya da Kuzey Irak içlerine kaçmıştı? Şubat soğuğu ve derin karda mekap ayakkabılı PKK'lılar bizi takip edemeyeceklerine, üstelik sizin ifadenize göre hepsi yok edilmiş ve derinliklere kaçmış olduğuna göre, sizin peşinize Yecüc-Mecücler mi takılacaklar? Artık "Bitirin şu PKK terörünü, temizleyin şu dağları," denmiyor. "Silahla çözüm olmaz, analar ağlamasın, bitirin artık şu terörü," deniyor.

Halkın mücadele azmi böylece, PKK'nın orada üstün ve belirleyici güç olduğu algısı yerleştirilerek kırıldı mı artık? Bu ağız ve söylemle mücadele olur mu? Olursa nasıl olur? O bölgede görev yapan TSK mensuplarının moral ve motivasyonlarını etkiler mi, etkiliyor mu?

Kendilerini asker gibi hissetmeliler

OSMAN PAMUKOĞLU: Bu bilerek yürütülen planlı bir psikolojik hareket. Bilinç geliştirmek suretiyle Türk milletinin "Yeter artık, ne istiyorlarsa verilsin, bırakın mücadeleyi, verin kurtulun," denilecek noktaya getirmeyi amaçlıyorlar. Tabii bu sadece milleti değil mücadelede görev alan asker, polis tüm insanlarımızı da olumsuz etkiler. Biliyorsunuz, insan psikolojik bir varlıktır.

Bugünkü yasal mevzuatta, Türk Silahlı Kuvvetleri insan

hakları ihlallerine yol açmadan terörle etkili mücadele yapabilir mi? Sözgelimi, her operasyondan önce vali ve kaymakamdan yazılı onay almak nasıl bir etki yapar? Olağanüstü hal ya da sıkıyönetim gerekiyor mu? Terörist cesetleri bile artık o bölgede törenlerle defnedilir oldu, bu durum nasıl bir zaaf oluşturur?

Benim önerdiğim "Eşkıya Takip Kuvveti", kendi yasası dışında yeni bir yasa istemez. Olağanüstü hal ve sıkıyönetim dünyada demokrasinin öncüleri olan devletlerin anayasalarında da var. Şartlar daha da ağırlaşır ve vahim bir hal alırsa ki bugün öyle görünüyor, bu tedbirleri istemeseler de almaya mecbur kalacaklar.

Basında çıktı, başbakan, genelkurmay başkanını çağırıyor ve, "Bizim PKK'yı kısa zamanda bitirebilecek gücümüz var mı? Buna evet diyebilir misiniz?" diye soruyor, o da, "Hayır," diyor. Bunun üzerine "Kürt açılımı"nın düğmesine basılıyor. Bir genelkurmay başkanı nasıl böyle konuşur, bu doğru mu sizce? Komutanın savaş yüzü olmalı. Gerçekten söylendiyse ve bu söz doğruysa (hayret, incir çekirdeğini doldurmayan sözlere bile balıklama dalan kişi ve kurumlardan en ufak bir tepki gelmiyor bu vahim ve kepazelik söze) o zat kimse, milletçe suratına tükürmek bile ona verilecek en basit ceza olur.

Cazim Bey, bu meselede bizim durumumuz, biraz Ömer Hayyam'ın o dörtlüğüne benzedi: "Ben gençliğimden beri her zaman / Çok şey dinledim hekimden, evliyadan; / Hangi konuda olursa olsun / Çıktım hep girdiğim kapıdan."

CAZİM GÜRBÜZ: Hükümetin teröristlerle mücadele konusunda kafası hâlâ karışık mı? Hükümetin ABD ile istihbarat paylaşımı ve teröristle mücadelede işbirliği söyleminin ardında ne var? Son aylarda "çuvalcı general" başta olmak üzere çok sayıda (bunların içinde CIA başkanları da var) üst düzey ABD yetkilisi gelip, bizim yetkililerle günlerce konuşuyorlar ve biz her geçen dize gelmiş bir pozisyona düşüyoruz.

ABD'nin onayı olmadan bir şey yapılamayacağına askerler de mi inanıyor artık?

OSMAN PAMUKOĞLU: Ben kimsenin bir şey bilmediğini sanmıyorum. Hâlâ anlamadılarsa şaşarım. ABD'ye söylenecek tek söz var, Diyojen'in o ünlü sözü: "Gölge etme başka ihsan istemem." Hükümet ve ordu bu cesareti gösterebilsin yeter.

Yeniçağ
25.07.2011

AH, TÜRKİYE!

Pamukoğlu: "Aynı sahnede 30 yıldır kendisine yazılan senaryoyu oynamaya devam eden PKK'nın başını çektiği Kürt şovenlerinin dışında, Kürt vatandaşlarımız dahil, hiç kimsenin ülkesi ve bayrağıyla bir sorunu yok." Cazim Gürbüz etnik bölücülüğün siyasi ve ideolojik yanını HEPAR lideri Osman Pamukoğlu ile konuştu.

CAZİM GÜRBÜZ: Paşam, Batı'nın bir "oynak yer" politikası var, biliyorsunuz. İnsanın oynak yerlerine, yani dirsek ve dizlerine sopa ile vurulduğunda, bir süre kollar ve bacaklar hareketsiz halde kalıyor ve o insanı evire çevire dövebiliyorsunuz. Ülkelerin de oynak yerleri var; günümüzde böylesi durumlar daha çok etnik ve dinsel kışkırtmalar yoluyla oluyor. Batı, bizim oynak yerimiz olarak zaman zaman Alevi-Sünni ayrılığını, dinsel gericiliği, ama daha çok da Kürtleri görüyor. 150 yıldır bu böyle. Çok gerilere gitmeye gerek yok. Bugünkü PKK hareketinin temeli, ülkemizde 1965'lerde TİP'in doğu mitingleriyle "Azadi Kürdari", "Kürtlere Özgürlük", "Doğu'da Milli Zulme Son" sloganlarıyla başladı, önce sol fraksiyonlara yapışık olarak giden Kürtçülük, daha sonra ayrılarak Devrimci Doğu Kültür Ocakları'yla (DDKO) sürdü.

12 Eylül İhtilali'ne yakın günlerde bu hareketin içinden o günkü deyimle "Apocu"lar çıktı. Seri cinayetler işliyorlardı ama çok fazla etkili değillerdi Kürt hareketi içinde, sonra 12 Eylül oldu, yanlış işler oldu, bu yanlış işlerin kucağında PKK adlı örgüt

büyüdü, boy attı, Suriye'ye giderek orada yuvalandı ve baş belası oldu. Paşam, önce buraya kadarını sorayım, buraya kadar biz, bizim devletimiz ne yaptı. İşin asayiş boyutunu sormuyorum. Bu sorunun özünü kavrayıp buna göre kısa, uzun ve orta vadeli politika ve senaryolar üretebildik mi? Yani bir Kürt politikamız oldu mu? Olduysa neydi, Tanrı aşkına? Bunu şunun için de soruyorum, başımız döndü devletimizin zikzaklarından; önce "Kürt yoktur, Kürtler Türktür" dedik, Kürt demeyi suç saydık, Kürtçeyi yasakladık. Sonra silahlı eylemler Doğu'yu sarınca, "Kürt realitesini tanıyoruz," dedik.

PKK'ya, "Üç beş eşkıya," diyen Turgut Özal, "federasyonu tartışmalıyız," diyecek konuma geldi. Sonra gün oldu, TRT Şeş'i açtık, o Kürt realitesi, Türk realitesini inkâr edecek, ettirecek boyuta geldi...

OSMAN PAMUKOĞLU: Her ülkenin de oynak yeri var. Üzerine gider güçlü bir mali destekle propagandayı yoğunlaştırır, parayla çalıştırdığınız sivil toplum kuruluşlarını da o ülkenin etnik ve mezhep yapılarına odaklarsınız, zaman içerisinde sonuç almamanız mümkün değildir. Milliyet ve din dünyanın tüm coğrafyalarında istismara, sömürülmeye en açık duygulardır. Damlanın sabırla taşta delik açıp sonunda onu çatlatması ne ise bu konu da aynıdır.

Dünyanın her yerinde rejimlerin ismi, monarşi, aristokrasi, demokrasi, ne olursa olsun, nasıl hâkim kuvvetler varsa; ekonomik ve askeri güç olarak yükselen devletlerin de ulusal çıkarlarına fayda sağlayacaklarını düşündükleri coğrafyalarda menfaat girişimleri kaçınılmazdır. Bu ihtiras karşısında, ne hukuk ne de rejimin şu veya bu oluşunun bir anlamı yoktur. Ulusal çıkar her şeydir, onun dışında hiçbir şeyin zerrece kıymeti yoktur. Bu hep böyle mi oldu? İnsan düşünce kültürü ve gücü arttıkça değişir mi? Hayır! Hiçbir şey değişmeyecektir.

Çağlar değişir de, insanın doğası değişmez. Dünya oldum

olası, kaynak neredeyse, onu paylaşmanın türlü dalavereleriyle uğraşıyor. Sebebi tek ve basittir: İnsanın kötü huylarının ilk sırasında ikiyüzlülük ve açgözlülüğün yer almasıdır. "Devlet" ve "devlet adamlığı" bir ulus için hayatidir. Çıraklıktan itibaren sanat, kültür, bilim, tarih ve doğa yasaları gibi alanlarda yetiştirip hazırlanmaları şarttır. Başka örneklere gerek yok; kendi tarihimize bakalım. Osmanlı şehzadeleri, Amasya, Manisa, Trabzon gibi şehirlerde zamanın en kültürlü, her biri kendi alanında üstat hocalar tarafından felsefe, edebiyat, fizik, astronomi, siyaset, savaş sanatı, dünya tarihi, yabancı diller konularında altı yaşından itibaren yetiştirildikten sonra, devletin başına zamanı geldiğinde geçmişlerdir. 1595 yılına kadar da, daima ordularının başında generallik yapmışlardır. Hem siyasi hem de askeri liderdirler.

Politika iflas ettiği zaman savaş kaçınılmazdır. Dün aynıydı, bugün aynı, yarın da böyle olmaya devam edecektir. Bunları neden anlattım. Sorunuzun cevabının asıl sebepleri bunlar da onun için. Sezgi yok ön alamıyor, cesaret yok üstüne gidemiyor, entelektüel değil, neyin nasıl olduğunu kestiremiyor. Ülke olarak eksik bir şeyimiz mi var? Kesinlikle yok... Ama zihin ve ruh olarak güçlü hissetmedikleri için kendilerini, boyun eğmeye, "yabancılar ne diyecek?" diye dokuz doğurmada üzerlerine yok... Türkiye'de devlet yönetim sistemi, acemi nalbantın devlet harasında öğrenmesi gibi... Konuşmalarına bakın, "çıraklık, kalfalık" laflarını görürsünüz.

Devleti insanoğlunun var etme sebebi, güvenlik ve adaletin sağlanmasıdır. Devletin gücü; siyasi, mali ve askeri unsurlardan oluşur. PKK meselesi, devletin siyasi ve güvenlik konuları içerisinde en başta gelenidir. Sorunuzda da belirttiğiniz gibi aşama aşama, beceriksizce, bir sivilcenin önce yaraya, sonra da kangrene doğru yol almasına neden olmuştur. Soruna içeriden önce, dışarıya bakmaları gerekiyordu. Her şey Ortadoğu'da söz sahibi olmak ve siyasi yapıları etkilemekten geçiyordu. Tanım basitti; Türkler, Araplar, İran ve İsrail bölgenin güçleridir. Dördünün de aralarında dolaylı dolaysız, açık kapalı ihtilaf ve çıkarları mevcuttur. İsrail hariç, dördünde de bir etnik halk yaşamaktadır. Batı, Türkler, Irak ve Suriye Arapları ile ve İran'la hiçbir dönemde, kendilerine göre güvenli bir siyaset yürütememiştir. Sonuç: PKK sahnededir...

30 yıldır da aynı sahnede kendisine yazılan senaryoyu oynamaya devam etmektedir. İşler "Türk realitesini inkâr edecek, ettirecek boyuta geldi" ifadesine gelince, 6-7 yıl önce Türkiye'de etnik meseleleri saplantı haline getiren ülkelerden birine ait kurumun yaptığı araştırma aynen şöyle: Türkler 50 milyon, Kürtler 12 milyon, Çerkezler 2 milyon, Boşnaklar 1.700.000, Arnavutlar 1.300.000, Gürcüler 870.000, Araplar 805.000, Çingeneler 700.000, Lâzlar 80.000, Ermeniler 60.000, Yahudiler 20.000, Rumlar 15.000. Türkiye'de 8 ile 10 milyon arasında da Alevi mevcut. Tablo net ve su götürmez. Üstelik yapanların niyeti de belli. Kaldı ki PKK'nın başını çektiği Kürt şovenlerin dışında Kürt vatandaşlarımız dahil hiç kimsenin ülkesi ve bayrağıyla bir sorunu da yok. "Hak ve eşitlik" konusundaki alacak ve hesap sormalarına gelirsek, bu tüm yurttaşlarımız için zaten temel mesele. Çenebazları, demagogları ve şaklabanlarıyla yaşamaya çalışan yozlaşmış demokrasi; rüşvet ve talanla yürütülmeye çalışılan devlet düzeni, bu topraklarda yaşayan bütün insanlarımızın sorunu. "Türkiye" sözcüğünün nereden geldiğini de bir kere daha herkese anlatmakta yarar görüyorum: Bu söz ilk kez 1090 yılından itibaren Anadolu'ya giren Haçlı Orduları tarafından kullanıldı. Üst üste 11 kez bölgeye girdiler. Geldiklerinde de karşılarında Müslüman Selçuklu Türklerini buldular. Haçlıların başlarına gelenler tarihte bellidir.

Haçlı orduları geçmek zorunda kaldıkları Anadolu coğrafyasındaki halkı tanımlamak için, Türkçe konuşan insanların yaşadığı alanlar anlamında "Turciye" adını verdiler. 1908'e kadar pek kullanılmayan bu sözcük, o tarihten itibaren "Türkiye" olarak günlük yaşama girdi ve halkın her kesiminin dilinde yer aldı.

CAZİM GÜRBÜZ: Paşam Devlet Planlama Teşkilatı 1984 yılında yayımladığı bir raporunda "Ülkemizde genel ve yaygın kültür birliği ve bütünlüğü sağlanması şarttır. Ulaşım ve haberleşme imkânlarının sınırlı ve gelişmemiş olması yüzünden, çeşitli yerlerde birliği bozucu mahiyette kültür farklılıkları baş göstermiştir," diyor. Antoine Roger adlı Batılı biliminsanı ve yazar ise: "Toplumsal hareketlenme ile toplumsal benzeşiklik (asimilasyon) arasında 'optimal bir denge" (critical balance) bulunmalıdır. Toplumsal benzeşiklik yeteneği en azından toplumsal hareketlenmeye denk olmalıdır.

Ulusal kimlik billurlaştığında toplumsal benzeşiklik toplumsal hareketlenmeden büyük yahut buna eşittir. Homojen ve kusursuz biçimde eşgüdümlü bir 'haberleşme ağı' tedrici olarak oluşur. Etnik milliyetçilik, bu ağların birbirine engel oldukları ve akışkan bir iletişime izin vermedikleri zaman ortaya çıkar. O zaman toplumsal hareketlenme toplumsal benzeşmeyi aşar," diyerek ölçüyü veriyor. Sizce, biz, Kürtçü bölücülük açısından bu ölçüyü kaçırdık mı, yani etnik hareketlenme; toplumsal benzeşikliği aştı mı? DPT'nin 1984'teki tespit ve teşhislerine acaba neden kulak verilmedi? Siyasal iktidarlar kulaklarının üzerine yattılar diyelim, peki o ünlü "derin devlet" ne yapıyordu o sıralarda?

OSMAN PAMUKOĞLU: İletişim, ülke yurttaşlarının kültürel anlamda kaynaşmaları, sorunlarını birbirine aktarıp çareler aramaları, kaderde ve kıvançta bir olmaları için elbette şarttır. Ama Türkiye Cumhuriyeti 90 yıla yaklaşan yaşıyla henüz fidedir ve ağaç olup köklerini güçlendirmesi için zamana ihtiyacı vardır. Şu unutulmasın, 10 yıl aralıksız savaşmış bir ulus, eğitilmiş gençlerini cephelerde kaybetmiş, okuma-yazma oranı konuşulmaya değmeyecek ölçülerde; bankaları, madenleri, limanları yabancılarda, tarlalarını yarı aç yarı tok işlemeye çalışıyor, sanat kollarının nerede ise tamamı Hıristiyan ve Musevi tabanın elinde, Yunanlılar nerede ise Ankara'ya girmek üzere...

Bütün olumsuzluklara rağmen Birinci Dünya Harbi galiplerinin kaybeden ülkelere dayattığı antlaşmaları reddeden ve boyun eğmeyen tek ulus biziz... Her çağ, her devir onu yaşayan nesle en iyi gelir. İnsan hafızası işte budur. Bilmez ki, bir sonrakiler de onu eleştirecek, hatta yerden yere vurabilecektir. Buna düşük ve zayıf bilinç denilebileceği gibi, nankörlük dense de yanlış olmaz. Bakınız benim babam 101 yaşında. Önce Osmanlı delikanlısı sonra Cumhuriyet vatandaşı... Her gün ilk işi halen nedir biliyor musunuz? Kendisinin "ajans" dediği haberleri TV'den izlemek ve değerlendirme yapmak. İmparatorluğun nasıl çöktüğü, kurtuluş savaşının çileleri, Atatürk dönemini. 10 Kasım 1938'den bugüne kadar da bu ülkede olup biten her şeyi kıyaslayarak, haberleri yüzünü buruşturarak öfkeyle izlemeyi sürdürüyor.

En sık kurduğu cümleler şunlar: "Bu adamlarla devlet olunmaz, memleketi batırdılar", "Her gün askerlerin ve polislerin şehit edildiği topraklarda hükümet yoktur." "Derin devlet" lafı ütopik bir kavram... Şöyle de denilebilir: "Demek ki yokmuş." Şayet hükümet dışında birtakım kişiler, illegal yapılar, çıkar çeteleri kastediliyor ve faaliyet gösteriyorlarsa, bu hükümetlerin acizliğidir. Ülkenin güvenliğinde bir başıbozukluk olduğunu gösterir. Siyasi kararlılık göster, mahkemeleri hızlı çalıştır, sonunu getir...

Devletler de ikiyüzlüdür. Her hükümetin bir "örtülü ödeneği" vardır. Ne işe yarar bu para? Birbirlerinin menfaat alanlarına çomak sokmaya... Para tek başına ne yapsın? Örgüt kuracaksın, ajan besleyeceksin, adam satın alacaksın, silah ve teçhizatla donatacaksın, önüne derin lafı konacaksa, devletin değil hükümetin önüne konularak "Derin Hükümet" yapılmalıdır, çünkü bu faaliyetleri sadece hükümetler planlar, yürütür ve finanse ederler.

Devletin diğer unsurları, başta halk olmak üzere hiçbiri bilemez "Derin Hükümet"i PKK işine bağlarsak; ne derini! Sığ ki ne sığ... Gelinen yere baktığımızda her şey ortada değil mi?

Türkiye'de devlet yönetim sistemi, acemi nalbantın devlet harasında öğrenmesi gibi... Konuşmalarına bakın "çıraklık, kalfalık" laflarını görürsünüz. Çenebazları, demagogları ve şaklabanlarıyla yaşamaya çalışan yozlaşmış demokrasi, bu topraklarda yaşayan bütün insanlarımızın sorunu...

Bunlar akıllı, koca millet aptal

Ülke topraklarının bir bölümünde ayrı devlet kurmaya kalkışmanın mevcut devleti yıkmak anlamına geldiğini söyleyen Pamukoğlu, "Federe, federasyon, özerk yapı, konfedere, demokratik cumhuriyet lafları, yol yapma ağızlarıdır," dedi.

CAZİM GÜRBÜZ: Etnik milliyetçilik (yahut mikro milliyetçilik) "Bir alt kimliğin (ya da azınlığın), üst kimlik (ya da millet) olma iddiasından kaynaklanan bir düşüncedir" diye tanımlanıyor. Buna katılır mısınız? Kürtler bir alt kimliklerse, bir kısmının amacı da millet olmaksa, buna ne karşılık verilecek? Siz bana yıllar önce bir sohbetimizde, "Bu ülkenin iki millete ve toprak kaybına asla tahammülü yoktur, bunları vermek, bu ülkenin sonunu getirir. Kürtler bu topluma entegre olacaklarsa bize uymalıdırlar" demiştiniz. O zaman siyasete atılmamıştınız, şimdi hangi noktada duruyorsunuz?

Bunu biraz daha açayım. Atatürk döneminin bilimadamlarından Ord. Prof. Dr. Sadri Maksudi Arsal, *Milliyet Duygusunun Sosyolojik Esasları* adlı eserinde şöyle diyor: "Bugün mevcut milli devletlerden hemen hiçbirinin ahalisi yalnızca çoğunluğu oluşturan unsurdan ibaret değildir. Çoğunda, asıl milletten başka, bu milletten dil, kültür veya din bakımından farklı ve devlet içinde azınlık oluşturan etnik ya da dinsel topluluklar vardır.

Gerçekte, dünyadaki bütün etnik grupların devlet sahibi olması imkânsızdır, çünkü milletlerin bağımsız devlet sahibi olabilmesi birtakım şartlara bağlıdır. Geçmişte devlet sahibi olmuş olması, belirli bir alanda toplu olarak yaşamakta olması, devlet olarak yaşamasını mümkün kılacak kadar kalabalık nüfusa sahip bulunması, bu şartların en önemlilerindendir.

Milliyet prensibi adıyla ifade edilen esas, bütün milletlerin mutlaka 'devlet sahibi olma hakkı' demek değildir: Milletlerin milli din, milli kültür, milli dil, milli gelenek konularında özgür ve serbest olması, bu konularla ilgili işleri, devlet müdahalesi dışında, kendilerinin yönetmesi demektir. Bugün başka bir milletin çoğunluk oluşturduğu bir devlet içinde azınlık olan gruplara milli din, milli dil, milli kültür alanlarında özgürlükler ve haklar sağlanmıştır. Bu haklara azınlık hakları adı verilir.

Azınlık hakları şöyle özetlenebilir:

1. Bir milli devlet içinde azınlık oluşturan milletler kendi dinlerine, kendi dillerine, kendi kültürlerine ait işleri kendileri istedikleri gibi yürütürler.
2. Milli okullar açabilirler. Bu okullarda devlet dili de öğretilmek şartıyla kendi dillerinde öğretim yaparlar.
3. Kendi dillerinde her tür kitap, dergi ve gazete yayımlayabilirler.
4. Bu haklardan yararlanma, azınlığa mensup bireylerin yaşadığı memleketteki diğer vatandaşların sahip oldukları haklardan yararlanmasına engel değildir."

Arsal'ın bu görüşlerine ne dersiniz? Yukarıdaki 4 madde olarak sayılan hakların ne kadarı bugün verilebilir? Ve bu haklar, PKK örgütünün başı ezilmeden, altyapıdan, mantıktan yoksun açılımlar yoluyla verilirse ne olur?

OSMAN PAMUKOĞLU: Bir devletin yurttaşı olan tüm insanların önünde; adalet, eşitlik, hak arama, söz ve yazıda özgürlük, dini gerekleri yerine getirme, eğitim alma, ticari girişimlerde bulunma konularında kesinlikle bir engel olmamalıdır. Saltanatın, buyrukçu yönetimlerin olduğu ülkelerde birey ve halk bir hiçtir. Şartlanmışlık ve baskının olduğu yerde düşünce gelişmez, bilim ve felsefe felce uğrar. Halkı mütecanis, tamamı aynı soy ve kavimden gelen dünya devleti yok ki... Dinleri aynı olsa da mezhepleri farklı.

Genel devlet düzenlerinin hepsi böyle. Ama bir İngiliz ulusunun İngiltere, Alman ulusunun Almanya, Fransız ulusunun Fransa devleti var. Nüfus çoğunluğu ile devletlerin başlangıç felsefeleri bunu gerektirmiştir. Ülkemin mevcut topraklarının bir bölümünde ayrı bir devlet kurmaya kalkarsanız, bu mevcut devleti yıkmak anlamına gelir. Mevcut devletin halkı ve kurumları tarihin hiçbir döneminde buna müsaade etmemişlerdir. Ne zaman kabul ederler devletlerinin yıkılması ve bölünmesini? Ancak yenildikleri, çaresiz kaldıkları, teslim oldukları, pes ettikleri zaman... Araya sokuşturdukları, federe, federasyon, özerk yapı, konfedere, demokratik cumhuriyet lafları, yol yapma ağızlarıdır. Bunlar akıllı, koca millet aptal!

Bu dolabı yabancılar çeviriyor, doğu batı, kuzey, güney, hepsi bu sirkin palyaçoları. Herkes aklında şunları tutmalıdır: Dış siyaset coğrafyadır ve jeopolitiktir. Politikalar buna göre çizilir ve yürütülür. Ordunuzun ve ekonominizin gücü neyse, dış siyasette gücünüz de o kadar... Kürtlerin yaşadığı coğrafyaya bir bakınız. Fiziki karakteri kapalı ve kuşatmalı. Ekim alanı var mı? Yok. Bugün onları kışkırtanlardan destek almak için sınırları var mı? Yok. Liman ve su yoluyla başka ülkelere açılabilir mi? Hayır. Devlet anane ve kültürü var mı? Yok. En büyük tehdit nereden gelecek -diyelim devlet oldular-? Doğudan Farslardan, kuzeyden Türklerden, güney ve batıdan da Araplardan...

Hep onların hükümetlerinin ve halklarının tutum ve tavırlarından, beklenmedik zamanlardaki kararlarından ürkerek, onları kızdırmamaya çalışarak yaşayacaklar denilebilir. Bugünkü destekleri var ya, o zaman söyleyeyim. Böyle zamanlara tarihte "zat-ı gafil" denir. PKK'nın siyasi kanadının kodamanlarına bakın. Villa ve yazlıkları Ege ve Akdeniz sahillerinde... Hiçbir zaman olmayacak ya, farz edelim ki Dicle'nin doğusunda böyle uyduruk bir yapı oluştu, Türkiye Cumhuriyeti Devleti'nden pasaport mu alacaksınız?

PKK ve siyasi uzantıları Kürt vatandaşlarımızla oyun oynuyorlar, oyun da ateş çemberinden geçmek. Kürt vatandaşlarımız eğer bunlara itibar edip kansaydı, çoktan o bölge kopmuştu. Bunu 30 senede beceremediler. Aldıkları oy %5-6'yı bile geçemiyor. Batı'daki işbirlikçilerinin oyları da dahil... Eğer mevcut hükümetler dağlardakileri etkisiz hale getirmeyi becerebilselerdi, oyları taş çatlasa %1-2 olacaktı. Halkımız bu oyuna gelmemiştir, tepesindeki silah zoruna ve her türlü baskıya rağmen. Gerisi boştur. Ama ülkeye nifak sokmuşlardır.

CAZİM GÜRBÜZ: Paşam, Atatürk'ün Türk Milleti tanımı herkesin dilinde, herkes işine geldiği gibi yorumluyor, altına ve üstüne bakmıyor. O tanımda "Türkiye Cumhuriyeti'ni kuran Türkiye halkına Türk Milleti denir," deniliyor ya birileri öyle sanıyor ve sayıyorlar ki Atatürk, elma armut, ayva, nar ve üzümleri bir kaba koyup, "Efendiler işte bu garip karışıma meyve denir," demiş.

Türk Dil Kurumu ve Türk Tarih Kurumunu kuran Atatürk, milletleşmenin Türk dili ve Türk tarihi üzerinden olmasını islemiyor muydu? Daha da açayım, şu "Türkiyelilik" konusu, Atatürk milliyetçiliğinin milletleşme yöntemi "Çoğunluğun adı adımız, çoğunluğun dili dilimiz" değil miydi?

Bütün bunları bilgiçlik taslamak için söylemiyorum, bu konuları iyice anlatasınız, ayrıntılayasınız, kafa karışıklığı giderilsin diyedir. Milliyetçiyim diyenlerin bile kafası karışık. Net olamıyorlar. Kürtçü bölücülerle tartışırken herkes sizin gibi net olamıyor. "Kartları açıp oynayalım," diyemiyorlar. Milletleşme sürecini sekteye uğratacak saplantıları, takıntıları, halkımızın kafasından nasıl silebiliriz?

OSMAN PAMUKOĞLU: Selçuklular ve Osmanlılarda bir zaman kendini bilen, sonra bir zaman kendini inkâr eden, medreselerin kapısından Türk sözünü, Türk tarihini, Türkçeyi sokmayan, ama bir gün gelip gene kendini arayan, bulmak isteyen bir Türk ulusu vardı. Osmanlı Türklerinde millet bilinci ve milliyetçilik fikri veya akımı, ancak genç (Jön) Türkler ve 1908 İhtilali'nden sonra harekete geçer. Çin sınırından Akdeniz'e kadar uzanan yüksek yaylalardaki tarihi yoğruluş içerisinde Türkler daha ziyade milleti değil, devleti benimsediler.

Onun için bizde, imparatorluktan devraldığımız bir millet tarifi yoktur. Tarih, dil, kültür ve amaçta birlik olmasına karşın "millet" varlığı öne çıkarılmamıştır. Halbuki Batılı ve diğer ülkelerin tarihçi, yazar ve düşünürleri bir hanedanın adıyla "Osmanlı" diye anılan baştan devlet sonra imparatorlukla ilgili; savaşlar, antlaşmalar, mali ve idari her faaliyeti anlatırken hep "Türkler" diye bahsetmişlerdir.

1908 hareketinin öncü ve önderleri, "Ey Türk uyan! Aç bağrını biz geldik! Yaşasın millet, yaşasın vatan!" diyerek, millet ve vatan uğruna saç sakal ağartarak yarı kül yarı kor halindeki ateşi dev alevler haline getirmişlerdir.

1923'ten itibaren, milletin şahsiyeti ve bağımsızlığı sağlandıktan sonra da gururlu, başı dik cumhuriyet nesli: "Başka bir aşk istemez, aşkınla çarpar kalbimiz / Ey vatan gözyaşların dinsin, yetiştik çünkü biz" diyerek, insanı yoksul, gençlerini savaşlarda yok etmiş, sermayesiz, eğitimsiz bir toplum ve hazinesi tamtakır, toprakları baştan aşağı çorak bir devletle; "dürüst insanların öfkesi ağır olur" ve "onurlu insanları yollarından hiçbir şey döndüremez" sözlerini kanıtlarcasına ileri atılmışlardır.

Mevcut hükümet ve meclisteki muhalefetin bu anlamda donanımlı olmadıklarına inanıyorum. Yolun nereye doğru gittiğini ve sonunda neyle karşılaşacaklarını tayin ve tespit etmekte zorlanıyorlar. Sıradan günlük laflarla "halk avcılığı" yapmaktan öte bir şeyleri ortada görünmüyor. Devletin egemenliği ve tepki gösterme gücü zayıflatılmıştır. Devlet içinde boşluklar ve düzensizlikler doğduğundan, milletin en büyük serveti olan toplum güveni sarsılmıştır. PKK ve siyasi uzantıları Kürt vatandaşlarımızla oyun oynuyorlar, oyun da ateş çemberinden geçmek.

Kürt vatandaşlarımız eğer bunlara kansaydı, çoktan o bölge kopmuştu. Mevcut hükümet ve meclisteki muhalefetin donanımlı olmadıklarına inanıyorum.

Yolun nereye doğru gittiğini ve sonunda neyle karşılaşacaklarını tayin ve tespit etmekte zorlanıyorlar.

PKK'lıların %70'i neden Türkçe konuşuyor? Kürtçe bilmelerine rağmen neden birbirleriyle Türkçe gibi rahat anlaşamıyorlar? Sebebi açık: O dilde birlik ve kültür yapısı yok da ondan. Devlet okullarına gitmeden yaşamı sürdürmek mümkün değildir.

CAZİM GÜRBÜZ: Bir "anadilde eğitim" tutturmuş gidiyoruz. Bu işin "İskender düğümü" bu galiba. Evet, bir etnik dilin konuşulmasından ve öğrenilmesinden korkmamak gerek.

Zaman içinde hâkim kültür öbürünü içine alır, eritir, özümler. Yani Kürt kültürü, Türk kültürüne renginden katar ve onun içinde erir gider. Dinci-Kürtçü Altan Tan bile Kürtlerin bir gün asimile olacaklarını, bu asimilasyonun "acısız" olması gerektiğini ifade etmektedir.

Yılmaz Erdoğan'sa, Kürtlüğü bâki kalmak üzere, asimile olduğunu itiraf ediyor, bundan memnun da üstelik: "Ben, Kürt olarak doğdum. Türkleştim ama bu benim Kürtlüğümü yok etmedi. Kürt olmam, Türk kimliğimi de yok etmiyor. Kürt olmam, Türk olmama mani olmadı. Türklük hepimizin, ortak kimliğimizdir.

Türkiye'de yaşayan herkes, Türkçe hayat yaşayan herkes Türktür. Bu bir asimilasyon politikası sonucu bile olsa, sonuçta başarılı olduğu ortadadır. Artık bu politika ile kavga etmenin anlamı yoktur. Bitti geçti. Benim bununla bir kavgam yok. Kendi büyüklüğünü bilmeli Türkiye.

Paşam, HEPAR yarın iktidara geldi diyelim, Yılmaz Erdoğan'ın yaklaşımını yeterli bulacak mı bu anlamda? Anadilde eğitim, bireysel bir hak mıdır sizce, yoksa kolektif hak mıdır? Kolektif hak verilirse, bu iş bir Kürt milleti oluşumuna, sınırları belirlenmiş bir Kürdistan'a yol açmaz mı? Yani nerelerde bu eğitime izin verdiyseniz, orada Kürt egemenliği vardır, oralar Kürdistan'dır anlamı çıkmaz mı?

Bu dediklerim bir komplo teorisi, bir saplantı paranoya değil paşam, KADEP adlı oluşumun başı -ki bu adam bir TV programında, "ABD, Irak'ı özgürleştirdi," demişti- şunları yazıyor bir internet gazetesinde: "Bu meşru ve doğal hak davranışı, Kürt hükümeti, Kürt valisi, Kürt kaymakamı, Kürt bayrağı, Kürt ulusal marşı, Kürt cumhurbaşkanları, Kürt başbakanları, Kürt siyasi partileri, Kürt ordusu, Kürdistan'ın parçalanmış bir sömürge olma karakterinden dolayı kuzey, güney, doğu ve batı olarak nitelendirilmesi, Kürt dilinin resmi dil olması, Kürt televizyonu ve radyosunun sınırsız özgürlüğü, Kürtlerin sömürgeci bir orduda askerlik yapmaması, Kürtlerin vergi vermemesi ve verdiği vergilerin kendi ülkesinde harcanmasını istemesi, Kürtlerin Türk Devleti'ni, ordusunu, parlamentosunu, hükümetini, bayrağını, millî marşını, Türk ulusu ve devletinin diğer değerlerini kendi değerleri saymaması gibi kavramları özgürce ifade etmesi de meşru ve doğal bir haktır."

OSMAN PAMUKOĞLU: Dil konusunda çelişki içinde çelişki var. Türkiye Cumhuriyeti yurttaşı olarak Türkçe öğrenmemiş ve konuşamıyorsanız, nasıl yaşayacak, topluma nasıl uyum sağlayacak, geçiminizi nasıl sağlayacaksınız? Devlet okullarında ilköğretim dahil okumanız şart. Kürtçeyi Kürt yurttaşlarımızın hepsi çocukluğundan başlayarak kendi aile ve çevresinden öğrenmedi mi? Öğrendiler ve konuşuyorlar. Eğer devlet okulları yerine Kürtçe öğrenim yapacaksanız, ilköğretim ve lise gibi devam eder giderse, Türkçeyi kimden, ne zaman öğrenecekler?

PKK'lıların konuşmalarının %70'i neden Türkçe? Kürtçe bilmelerine rağmen neden birbirleriyle Türkçe gibi rahat anlaşamıyorlar? Sebebi açık: O dilde birlik ve kültür yapısı yok da ondan. Devlet okullarına devam etmeden yaşamı sürdürmek mümkün değildir. Ancak Kürtçenin de eğitimini bir programla almak isteyenler, dershaneler veya kurs planlamalarıyla bunu yapabilirler. Dilden kopan, milletin bir parçası olmaktan da, yurttaşlıktan da kopacaktır. Devletin resmi dili esastır ve Türkçedir.

CAZİM GÜRBÜZ: PKK'yı bu ülkede herkes tanıdığını sanıyor paşam, diğer yönleri üzerinde, sizinle temmuz ayında yaptığım röportajda birazcık durmuştuk. Ben pek değinilmeyen yanını sormak istiyorum. PKK'nın siyasi, diplomatik, ekonomik yanları nelerdir? Benim bildiğim, bu yanları silahlı yanlarından daha güçlü, örgüt olarak kalabiliyorlarsa, bu yanlarını güçlü tuttukları içindir. Ne dersiniz?

OSMAN PAMUKOĞLU: PKK'nın kuruluş dokümanlarına baktığınızda Marksist-Leninist bir öğreti ile ortaya çıktığı görülecektir. En ileri siyasi hedefi, Kürtlerin yaşadığı bölgelerde birleşik Kürt devletini kurmaktır. Zaman zaman bunu sulandırarak, kendine göre fincancı katırlarını ürkütmemek için federasyon, demokratik cumhuriyet gibi söylemlerle, sel önüne düşmüş kütük misali yalpalayıp durmaktadır. Dağ kadrosu iyi siyasi ve askeri eğitimden geçirilmiştir. Başlangıçtan itibaren İran, Talabani, Barzani ve Suriye'den destek almıştır. İlk kadroları Filistin kamplarında yetiştirilmiştir.

İsrail, ABD ve AB üyesi ülkelerden dolaylı ve dolaysız siyasal ve finansal destek sağlamıştır. Uyuşturucu ve silah ticaretinin içindedir. Yurtiçinden Kürt vatandaşı işadamları ve sanatçılardan baskı veya gönüllü para yardımı almıştır. Avrupa'da adamları vasıtasıyla haraç toplar. Türk-İran, Türk-Irak sınırlarından karşılıklı kaçak mal götürüp getiren herkesten gümrük kapısı tabir ettiği noktalarda haraç alır, adına da vergi der. Siyaset üçgenin tepe noktasıdır.

Üçgenin bir kenarında dağ kadrosu, diğer kenarında yerleşim alanındaki milisler vardır (KCK denilen yapılanma). Tabanda ise halk bulunur. Daha önce de söylediğim gibi, öldürmeye, yaralamaya, her türlü korkuya rağmen tabanı tutturamamıştır. Üçgenin kenarlarını kırın, geriye hiçbir şey kalmadığını görürsünüz. Bölgede yapılması gereken, sosyal ve ekonomik yönden çok iş vardır ama bunların başında bana göre ilk yapılacak şey toprak reformudur. Mevcut feodal yapı bugüne dek siyasilerin işine gelmiş, ağayı, aşiret reisini tavla, oylarını al... Yürütülen işlem budur. Şimdi de masal okuyun, yok işsizlikmiş, yok ekonomiymiş, yok sosyal konularmış. Mesele bunlar bile değil, daha farklı bir yaklaşım ve ilgi bile her şeyi kurtarabilirdi.

CAZİM GÜRBÜZ: Bu ülkede silahlı ve silahsız propaganda yöntemlerini de çoğu kimse veya kuruluşlar biliyorum sanıyorlar. Ben sizin *Kara Tohum* kitabınızı okuduktan sonra, bildiğimin kırıntı olduğunu anladım. "Ölüm Busesi Metodu", "Kötülercesine Övme Metodu", "Hedefi Gülünç Duruma Düşürme Metodu", "Dozaj Yasası" gibi yöntem ve taktikleri bu ülkede duyan, sanırım bir avuç insan vardır. Oysa bunlar bilinmeden, etnik kışkırtma ve bölücülük faaliyetleri kavranamaz paşam, "kitap da yazdım" denemez.

Bu konuyu *Yeniçağ* okurlarına da anlatınız. Anlatımlarınıza psikolojik harbi, asimetrik savaşı da katınız. Bunları, bu ülkeyi yönetenlerin birçoğunun, bu milleti mecliste temsil edenlerin kahir ekseriyetinin de bildiğini sanmıyorum. Onlar da istifade etsinler, merak etsinler en azından, kitabınızı okusunlar, bizim de böylece büyük bir hizmetimiz olsun, ne dersiniz?

OSMAN PAMUKOĞLU: Hangi mücadeleye girerseniz girin, iki şey lazımdır. Ustaca yürütülecek propaganda ve disiplinli bir örgüt. Propaganda araçları sonsuzdur; bir taşa, bir kartona yazılacak slogandan tutundan da, en teknolojik aracı kullanmaya kadar uzanır. Propagandanın tek merkezden yürütülmesi ama çok koldan da sahaya sürülmesi şarttır. Zekâ ve uzmanlık ister, tekrar şarttır, hedef kitlenin kültürü ve geleneklerinin dikkate alınması esastır. İnsan doğası ve insanbilimi üstadı olmayan kimselere propaganda merkezi teslim edilmemelidir. Çarpıcı gelebileceğini düşündüğüm için bir örnek vereyim.

Prensiplerden iki tanesi şudur: İnsanlara büyük yalanlar söyleyin, çünkü "halk büyük yalanlara küçük yalanlardan daha fazla inanır", "Suçlandığınız ne varsa ısrarla inkâr edin, bir bahane uydurup karşı tarafa saldırın ve sürekli tekrar edin..." Niye gülüyorsunuz Cazim Bey! Bu propaganda ilkeleri evrensel ama bizde bunlardan geçilmiyor diye mi? PKK ilk hareketlerine, 1984'ten itibaren silahlı propaganda ile başladı.

Kırsalda kendilerince güvenli hissettikleri köy ve mezralarda halkı bir yere toplayıp kitap okudular ve bildiri verdiler. 6-8 kişilik gruplar halinde geziyorlardı, zayıftılar kendilerini hiçbir yerde güvenli hissetmiyorlardı. Sonunda gelinen yeri görüyorsunuz. Bu tarz mücadelenin hiçbir boyutuna hazır olmayan devlet, tam olarak ne istihbaratı, ne uygun mücadeleye uygun örgütlenmeyi ne de propagandayı etkili ve sonuç alıcı bir tarzda yapamadı. Güç ve imkân olarak eksik var mıydı? Hayır yoktu!

Özellikle dış desteğin kesilmesi konusunda zayıf, çaresiz ve korku içindeydiler. Bu ne demek mi?

Siyasi ve ekonomik bağımsızlık olmadan bu işler olmaz.

Barzani çayın taşıyla çayın kuşunu vurmayı iyi bilir.

Bölgesindeki petrol çıkarma yetkilerinin de %70'ini ABD şirketlerine verdiği için, sırtını dayayarak sizi oynatır. ABD insansız hava aracını Türkiye'ye niye veriyor? "Ben gidiyorum, kolonimle iyi geçin," diye. Bekleyin görün bölgede neler olacak!

CAZİM GÜRBÜZ: Tarih merakınızı biliyorum. Tarihin önemine dair de değerli sözleriniz var kitaplarınızda, mesela "Tarihten ve Tanrı'dan saklanacak bir şey yoktur," diyorsunuz. Batılı ülkeler bu bölücülük işinde tarihi de bir unsur olarak değerlendiriyorlar.

Ülkemizdeki bölücülere AB fonlarından "yerel tarih araştırmaları" adı altında yardımlar yapılıyor, bunlar yalanları araştırma adı altında yazıp yayımlıyorlar, bir süre sonra da bu yalanları tek ve tartışılmaz doğru olarak savunuyorlar. Peki, bizim onca üniversitemiz var paşam, buralarda tarih bölümleri var, bunlar ne yapıyorlar? Siz çok az istisnalar dışında bunların bu bağlamda ciddi bir araştırmasına tanık oldunuz mu? Mesela bir Kürtleşen Türkler gerçeği var, birçok insan kendini Kürt sanıyor Kürt olmadığı halde (Kürt yoktur demek istemiyorum, Kürt var elbette). Bunu onlar araştırmayınca, yazmayınca, iş bir gazeteciye benim kardeşim Macit Gürbüz'e düştü, o yazdı.

Kürdoloji adı altında birçok yalan ve abartılar ortaya atıldı, bunları da yazmak, yayımlamak lazımdı, buna da girmediler, yayıncı-yazar Ahsen Batur üstlendi bu işi. Paşam öte yandan, Mardin Artuklu Üniversitesi'nde Kürdoloji bölümü açılıyor, açılsın elbette, biz bundan korkmayız, açılsın da işin doğrusunu yazan ve savunanların elinden kim tutacak? Paşam, iyi okuyan bir insansınız, kaleminiz de silahınız kadar güçlü. HEPAR, bu konulara bundan böyle ciddi olarak eğilecek mi? Mesela eğitim çalışmalarınızda bunları gençlere anlatacak mısınız?

Osman Pamukoğlu: Cazim Bey, bütün bunlar doğru da benim inancım şudur: Bir devlette her birey, devletin başına gelen her şeyden sorumludur. Bu ülkede yurttaş bilinci olması gereken yerde değil. Hakkını arayıp, hesap sormayı beceremeyen bireylerden meydana gelen bir toplumdan bir şeyler beklemek ve ummak boşuna. Bizim partiye gelince, mensupları ve sempatizanlarının %70'i 30 yaşın altında gençler.

Şu son iki ayda partiye katılan gençlerin yaşları 17-18'e kadar indi. Kesinlikle her şey iyiye gidecek. Düzenin işleyişini ve ülkenin halini gördükçe, daha hırslı ve azimkâr olduklarını görüyorum. Şu anayasa çalışmaları, sonuçları, ABD'nin Irak'tan ayrılışıyla gelişecek siyasi olaylar, Suriye gerginliği ve meydana gelecek durumlar, İran'ın PJAK'la anlaşması, PKK'ya af çıkarma, dayatma ve talepleri, iç ve dış baskılar mevcut hükümeti akıl bile edemedikleri hallere sokacak.

Barzani, Türkiye'ye geldi birkaç gün önce. Bu hükümetin ondan taleplerini görüyorum. Yazık, 15 yıl önceki işbirliği konuları... Hepsi fiyaskoyla sonuçlanmıştı. Barzani, çayın taşıyla çayın kuşunu vurmayı iyi bilir. Bölgesindeki petrol çıkarma yetkilerinin de %70'ini ABD şirketlerine verdiği için, sırtını dayayarak sizi oynatır. ABD insansız hava aracı ve üç silahlı helikopteri size niye veriyor? "Ben gidiyorum, kolonimle iyi geçin-" diye. Bekleyin görün bölgede neler olacak!

CAZİM GÜRBÜZ: Sözü AKP Hükümeti'ne getireyim. PKK'nın ne menem bir örgüt olduğunu, devletin belgesi ve bilgisi 10 yıldır önlerinde olduğu halde yeni öğrenmeye başladılar, tam öğrenebilmeleri için belki bir 10 yıl daha gerekecek. Bu bir yana, işin siyasal ve ideolojik boyutudur asıl vahim olan. Bunlar Ümmetçi geleneğin içinde yetiştiler, bunlara şunlar öğretildi yıllarca: "Bu Türkiye Cumhuriyeti iki esasa göre kuruldu, biri ırkçılık (yani milliyetçilik), öbürü dinsizlik (laikliği kastediyorlar). Kürtlerin hem ırkı ile uğraştı bu TC hem de dinleriyle, onlar da haklı olarak isyan ettiler. Bu iki yaklaşımdan vazgeçersek, sorun kendiliğinden çözülecektir." AKP geldi geleli bunu yapmaya çalışıyor, milliyetçilik ve laikliğe vuruyorlar, devleti temelinden yıkıp yeniden inşa etmek istiyorlar. Fakat bunlar böyle yaptıkça, Kürtçülük azalmıyor, azıyor gittikçe.

Geçen gün Saadet Partisi de, "Terörü İslam kardeşliği önler," diyordu. Araplar, 500 yıl bizimle aynı devletin içinde yaşadılar, biz bizliğimizi kaybettik, onlar Araplıktan Arapçılıktan zerre taviz vermediler, Kürtlerle 1000 yıldır birlikte yaşıyoruz, hadi Atatürk Cumhuriyeti'nde ırkçılık yapıldı, e peki Selçuklu ve Osmanlı döneminde bu İslam kardeşliği neredeydi? İmparatorluk zayıflar zayıflamaz bu kardeşlik neden rafa kalktı? Sizin bu bağlamda görüşünüz, karşı savlarınız nelerdir? Şu meşhur "vatandaşlık bağı"nı da anlatınız bu arada, o bağ bizi bağlayabilir mi birbirimize?

OSMAN PAMUKOĞLU: Bugün ne dünya devleti hâkimiyeti, ne hükümeti ne de Avrupa devletleri ve hükümetleri kurulsa bile, AB gibi geleceği ve devamlılığı olamaz. AB fikrini ısrarla ortaya atan ve kurulmasına çalışan Napolyon Bonapart'tı. Bunun en ateşli ve iddialı sahibi kendisi olmasına ve gücü de bulunmasına rağmen ilerleyen zaman içinde ulusların karakterlerine nüfuz ettikçe bundan vazgeçti. İşte Fransa ve Almanya'nın birbirlerine karşı tutumu, işte Yunanistan'ın hali... Arkası da gelecek. Dünya politikalarının temel birimi millettir. Ve millet egemenliğini herhangi bir biçimde kısıtlayabilecek bir kararı uluslararası alanda uygulama imkânı yoktur.

Dünkü sömürge politikalarının adı bugün, "yenidünya düzeni" olarak hükmünü yürütmeye çalışıyor. Kuzey Afrika'da olanlar da yerel işbirlikçilerle o topraklarda kendi ulusal çıkarlarının peşinde koşan emperyalist, bilinen devletlerdir. Demokrasi naslarıyla avutun ahaliyi, gidenlerin yerlerine gelenlerin nasıl bir rejim kurmaya başladıkları işte ortada...

Bağımsız devletler korkusu vardır bunlarda. Olup biten her şeyin sebebi budur. Eğer özgürlüğü arayan, özgürlüğe koşan, ulus ve yurt sevgisi yüksek bir halk olmazsa; gelgit tepedekiler aynı, getir götür diptekiler aynı olmaya devam edecektir.

Bütün suç dağda kandırılmış Kürt çocuklarının mı?

CAZİM GÜRBÜZ: Farklı bir soru soracağım şimdi de. Bizim subayımız, astsubayımız, uzmanımız ve polisimizin imanına, kahramanlığına elbette sözümüz olamaz, başında iyi bir komutan olduğunda onlar harikalar yaratırlar. Fakat düşmanın savaş doktrini, ideolojisi, siyasal taktikleri konusunda ne ölçüde bilgileri vardır, bunlar üzerinde kafa yoracak durumda mıdırlar? Sözgelimi, bir PKK'lı mı bu anlamda daha bilgili ve bilinçlidir, bizim güvenlik güçleri mensuplarımız mı? Bu olgu, sizce bir zaaf mıdır?

OSMAN PAMUKOĞLU: Tarihin her döneminde başlarına dert açmak için ısrar eden kesimler ve toplumlar var olmuştur. Silahlı mücadeleleri insanın doğası başlatır, insan doğası bitirir. Silahlı mücadeleler günün araçlarına ve imkânlarına bağlı olarak son buzul çağı-mağara zamanından bu yana 35.000 yıldan beri süregelmektedir. Yazılı 5000 yıllık tarihin 236 yılı hariç, bu insanoğlu açgözlülüğü yüzünden savaşır durur. Demokrasi bile hep var olan savaş gücünün gerçekliğini gizlemek için ortaya attıkları, sığındıkları son körfezdir. Dalgaların yönü nasıl değiştirilemezse insanoğlunun bu tabiatı da değiştirilemez.

Türk ordusu halk çocuklarından oluşur. Subayı, astsubayı, uzmanı, erbaş ve erleri halk çocukları, halkın ta kendisidir. Asalet unvanları, soyluluk, asilzadelik bağları yoktur. Her zorluğa katlanır, asla sızlanmazlar, üniforma altında terbiye ve sadakatleri hiçbir milletin askeriyle kıyaslanamaz. Ancak her şey lidere, başındakinin tutumuna bağlıdır. İyi giden de, kötü giden de her şeyin sebebi, lider konumuna getirilmiş kişi veya kişilerin savaşçı bir karaktere sahip olup olmadığına bağlıdır. Hiyerarşik yapı lider yetiştirmez, sadece konumlandırır.

PKK'nın mücadele tektik ve teknikleri düzenli olmayan savaş tekniklerinden oluşur. Dünyada nerede yapıldıysa da hep aynı yöntemler kullanılmıştır. Pusu atmak ve baskın yapmak. İşi bilenler bilir ki, o da hep aynı hareketleri tekrar eder. Bir baskın veya pusuda aldığı düzen, grupların tertiplenmesi, ateş açma sırası, yanıltıcı ters hareket ve sızma, grupların hedefe yaklaşması, 30 yıldır aynıdır.

Bunun öğrenilecek, doktrine edilecek tarafı mı kalmış?

CAZİM GÜRBÜZ: 1839 yılından beri Anayasa yapıp beğenmiyor değiştiriyoruz paşam. Tanzimat Fermanı ilan edip, "Bundan böyle gâvura gâvur denmeyecek," demiştik. 1908'de hürriyet ilan etmiş, bütün halkların Osmanlı kimliğine sımsıkı sarılacağını sanmıştık. Şimdi yine anayasa. Bu kez her şeyi değiştirecekler. Zaten 10 yıldır, milli bünyeyi "Türkü, Kürdü, Lazı, Çerkezi, falanı, filanı" diye saya saya ayrıştırdılar, bu iş nereye gider paşam? Deyin ki değişti anayasa, bunların rejimi geldi, yani çok kültürlülük, belki çok hukukluluk, yerel özerklik bu, bu ülkeden yeni ülkeler çıkarmaz mı Yugoslavya gibi? Bu devleti yönetenler (bunların içinde MGK'lara katılan generalleri de sayıyorum) bunu bilmiyorlar mı? Bir gün Tanrı korusun bunlar olursa, bunlar bunun bedelini nasıl ödeyecekler? Yoksa ilk onlar mı koyup kaçacaklar?

OSMAN PAMUKOĞLU: Anayasa deyince. İsa'dan 2500 yıl önce Aristo. Atina'daki akademisinde Atina için yeni bir anayasa çalışmasına başlarken, Akdeniz Havzası'ndaki 128 site-şehir devletinin anayasalarını toplayıp inceledi. Bu ülkede sayısız kuruluş var, bağımsız oldukları söylenemez, ama gene de fikirleri, görüşleri alınmalıdır. 6-7 milyon oy kullanmayan var. Hiçbir parti bunları temsil etmiyor. Resmi siyasi partiler var, bazıları 30-40 yıllık partiler ama mecliste temsil edilemiyorlar.

Çalışmalarda bunlar nerede? "Ben yaptım oldu" kafası... Kötü şey iki defa yapılır. Bu dediklerim yaklaşım ve yöntemlerinin zayıflığını gösteriyor. Çalışma geliştikçe maddeleri de, hükümleri de göreceğiz. Zor bir geçitten tepelerin düşecek kayaları tahmin edebiliyorum. Hükümetin kurnazlığı hepsini işin içinde tutarak, yarınki tepkilere tek başına değil de, öbürlerini de ortak etmek. O nedenle de hiçbir şey öne sürmüyor. Cambaz oyunları.

PKK ve Kürt sorununu "milli birlik projesi" kıvamında fırına vermek. Böyle işi bağlayacağım sanıyor. Yürümez ve yutturamazsınız. "İdeoloji" Fransızca bir sözcük. Siyasal ve toplumsal öğreti, ilkeler demek. Bunlarınkinde olmayacakmış! Nasreddin Hoca'nın göle maya çalması bile olasılık olarak bunlarınkinden daha akıllıca... Yavan olacağını kendi ağızlarıyla söylüyorlar.

CAZİM GÜRBÜZ: Son günlerde yapılan KCK operasyonlarını değerlendirir misiniz? İlginç isimler gözaltına alınıp tutuklandı, mesela Hasan Cemal'in, "Tanırım iyi çocuktur," dediği yazar Ragıp Zarakolu, mesela BDP'nin anayasa taslak uzmanı Profesör Büşra Ersanlı (bu hanım, Yahudi asıllı spekülatör George Soros'un Helsinki Yurttaşlar Derneği'nin kurucularından). Bunların tutuklanması, ülkemizdeki liberal-dinci ittifakını da çatlattı.

Ali Bayramoğlu, Baskın Oran, Cengiz Çandar gibi isimler, AKP'ye "O eski milliyetçi-muhafazakâr dalga yeniden kabarıyor... Fikir özgürlüğü elden gidiyor... Açılım bitti..." gibi kalıp suçlamalarla saldırmaya başladılar. Bunlara bakılırsa, bu gibi isimler birer aydındırlar, ellerine silah almamışlardır, bunlara dokunmak faşizmdir.

Zaman gazetesi yazarı Hüseyin Gülerce cevap verdi köşesinden bunlara sertçe: "KCK ne, PKK ne? İkisinin de başında "Önder Öcalan" var. Doğu'daki PKK'lıların lideri de, KCK yürütme Konseyi Başkanı Murat Karayılan..." Şimdi paşam, Gülerce doğru demiyor mu, ha KCK, ha PKK ne farkı var ki? Bu Zarakol'lar, Ersanlı'lar, bunların her melaneti işleme özgürlükleri mi var, yani bütün suç o dağdaki kandırılmış Kürt çocuklarında mıdır? Onları bu yola itenlere operasyon yapıldığında, bu gibiler neden feryat ederler?

OSMAN PAMUKOĞLU: KCK, PKK'nın şehir örgütlenmesi. PKK'nın döktüğü kanları düşününce hemen herkes dağ kadrosundaki eli silahlı oğlan ve kızları akla getiriyor. Doğru, tetiği çeken onlar ama onların zihnini, ruhunu zehirleyenler, ülkeyi hızla bölünmeye götürenler kimler? Propagandayı yerleşim alanlarında yürütenler kimler? Milisler, yani KCJK mensup ve üyeleri. Mesele unvan, sıfat, statü, meslek, yaş baş değildir. Şayet yıllardır süren silahlı kalkışmanın bir parçası oldukları kanıtlanır ve deliller sağlamsa, kim olursa olsun yargılanacak ve cezasını çekecektir. Bunları savunanlara gelince; geçin hepsini, tencere varsa kapak da olacaktır. Ruh sağlığı esastır.

CAZİM GÜRBÜZ: Paşam son soru, *Ey Vatan* kitabınızda "Milliyetler, asırlardan akıp gelen sellerdir / Önlerine ne çıkarsa; sürüp, yıkar devirir," diyorsunuz. Türk milliyeti, bu seli koparan mı olacak, bu sele kapılan mı? Umutlu olsun mu bu ülkeyi ve bu milleti sevenler?

OSMAN PAMUKOĞLU: Halkın gücü ve ısrarı olmadan hiçbir şey olmaz. Kendi gücünün farkında olmayan halk, hiçbir şey yaptıramaz. Türkiye'nin kaybettiği en kıymetli şey duyarlılıktır. Duyarlılık olmadan milli heyecan harekete geçirilemez. Türk ulusu, kötü giden her şeyi tersyüz edecektir. Her geçen gün bilincin yükseldiğini görüyorum. Sonunda kimse acınacak mazeretlere sığınmasın.

Kaçarak özgür olunmaz...

Yeniçağ
06-13.11.2011

BEDELLİNİN, BEDELİ

Bugün birçok insanın dört gözle beklediği bedelli askerlik için ne diyor? Vicdani ret onun için ne ifade ediyor? AKP Türkiye'yi nereye götürüyor? HEPAR Genel Başkanı Osman Pamukoğlu gündemdeki konuları muhalifgazete.com'a değerlendirdi.

AZAT ALTUN: "Halkçıyız, Milliyetçiyiz, Yurtseveriz ve Sosyal Adaletçiyiz," diyorsunuz. HEPAR kendini siyasi yelpazenin neresinde görüyor?

OSMAN PAMUKOĞLU: HEPAR merkezdedir ve sosyal demokrat bir partidir. Hiç kimsenin programında toprak reformu var mı? Bizim programımızda var. Biz bağımsızlığı, özgürlüğü severiz. Bizde ekonomik ve siyasi bağımsızlık esastır.

AZAT ALTUN: Bedelli ve vicdani ret gündemde, siz de karşı kampanya başlattınız. Osman Pamukoğlu bedelli ve vicdani ret için ne diyor?

OSMAN PAMUKOĞLU: Bedelli askerlik, asker kaçakları ve zenginlere parayla teskere vermektir. Vicdani ret'e gelince ilk başta hümanist bir hareketmiş gibi gözükse de bunlar, "Üniforma giymem elime silah almam," diyerek yurt savunmasından kaçıyorlar. Bunlara silah vermeye üniforma giydirmeye gerek yok.

Bunlar geri hizmette çalışsın. Verirsin işçi tulumunu bir akü fabrikasında çalıştırırsın.

AZAT ALTUN: Türkiye'nin en önemli gündem konularından olan açılım bugün ne noktada? İlk noktayla bugün gelinen süreçe bakıldığında nasıl değerlendiriyorsunuz?

OSMAN PAMUKOĞLU: Taviz ve müzakereden sonra gelinen nokta budur. Tayyip Erdoğan şu an çaresiz. Baştan yaptığı da kötüydü şu an yaptığı da kötü. Bunlar bu işleri beceremiyorlar. Bunlar doğal milli bir hükümet değil. Bölgede yürütülen süreçte AKP, Amerika'nın taşeronudur. ABD maşa olarak kullanıyor bunları.

AZAT ALTUN: Erdoğan sık sık Suriye lideri Esad'a sert mesajlar gönderiyor. Bu mesajlara baktığınızda Suriye'ye karşı bir müdahale söz konusu mu?

OSMAN PAMUKOĞLU: Suriye senin neyine, sana ne Suriye'den... Türkiye Suriye'yle savaşamaz. Senin memleketinde var mı demokrasi? Suriye'ye demokrasi götürecekmiş... Kaç tane gazetecinin işine son verildi. Tutukluları bırak, işine son verilenleri söylüyorum. Gazete patronlarını toplayıp hepsini asker gibi hazır ola çekti. Bir asker bile onlar kadar Erdoğan'a karşı selama durmadı. İşçi yürüyemez, öğrenci yürüyemez, sonra da demokrasi derler. Bırak demokrasiyi bunların kendilerine güveni de yok. Korkaklar... Sıkışınca hemen beyaz kefen sırtımızda diyorlar. Bu söylemlerin hepsi korkudan kaynaklanıyor. Erdoğan, Bedevileri, Arapları bırakıp kendi ülkesine baksın.

AZAT ALTUN: Yaptığınız bu açıklamalar ışığında Türkiye'yi nerede görüyorsunuz ya da nereye doğru gidiyor?

Osman Pamukoğlu: Hiçbir şeye tahammülleri yok Bunların. Kendilerine bile güvenleri yok. Ülke daha totaliter bir yapıya doğru gidiyor.

Azat Altun: Sizin gözünüzde toplum nerede? Türkiye'de politik bir toplum var mı?

Osman Pamukoğlu: Türkiye'de toplum politik değil. Tek derdi ve önceliği var toplumun, barınmak ve kendini doyurmak. Bunun dışında korkuyor. Sinmiş, sindirilmiş.

Azat Altun: Ergenekon operasyonları konusunda sizden çok az şey duyduk. Siz de emekli bir askersiniz ve çok sayıda asker cezaevine konuldu. Sizin gözünüzde Ergenekon nedir, nasıl görüyorsunuz?

Osman Pamukoğlu: AKP'nin bir geçmişi var. Bir ideoloji partisi. Sadece bunlar değil, bunların ustaları da orduyu kendileri için tehlikeli görmüştür. Hasım görmüştür... Sadece orduyla değil düşüncelerinin önünü kesecek bütün kurumlarla uğraşıyorlar. Bu kurum ordu da olabilir, medya da olabilir. Birtakım sivil toplum kuruluşları da olabilir. Bunların önünü kesecek ne varsa resmi, gayriresmi ne varsa hepsiyle uğraşıyorlar.

Azat Altun: Güncel konuları konuşmuşken, son günlerde CHP içinde yaşanan 'Dersim' tartışmasına ne diyorsunuz?

Osman Pamukoğlu: CHP'de disiplin yok. Partide bir dağınıklık var. Partinin doktrini vardır. Öyle herkes ülkenin en önemli meselesi hakkında gelişigüzel konuşup bireysel fikir beyan edemez. Partide disiplin yok bütünlük yok.

Azat Altun: Fethullah Gülen cemaati ile ilgili ne düşünüyorsunuz?

OSMAN PAMUKOĞLU: Fethullah Gülen'in bir gücü var o belli. Birincisi ABD desteği var arkasında. İkincisi de Türkiye'deki siyasi hareketleri de yönlendiriyor. Bu çok açık ortada, Gülen Amerikancıdır.

AZAT ALTUN: Baktığımızda Osman Pamukoğlu asker, siyasetçi, yazar 3 kimlikle karşımıza çıkıyor. Pamukoğlu'nda hangisi daha ağır basıyor? Kimdir Pamukoğlu?

OSMAN PAMUKOĞLU: Ben teğmenliğimden beri düzeni ve kalıpları kabul etmedim. Düzenin askeri-sivili olmaz ben kalıplara karşı geldim.

AZAT ALTUN: Düzene karşısınız, kalıpları kabul etmiyorsunuz, siz anarşist misiniz?

OSMAN PAMUKOĞLU: (Gülümsüyor) Sözünü ettiğim şey disiplin. Çocukluğumdan beri ben kalıplarla mücadele ettim, karşı çıktım. Özgürlüğü savundum. Düzen her şeyi kendine uydurur. Ben buna hep karşı durdum. Bunun üniforması falan olmaz.

AZAT ALTUN: Hem bir yazarsınız hem de ülkenin yönetimine talip olduğunuzu söylüyorsunuz... Bunu biraz açar mısınız?

OSMAN PAMUKOĞLU: İlhan Selçuk, ilk kitabım için üç makale yazdı. Dedi ki bir makalesinde; Osman Pamukoğlu'nun kitapları edebiyatın bütün türlerine posta koyar. Bir edebiyatçı nasıl olur da ülke yönetir diye akıllara gelebilir. Ben sadece yazar değilim ki. Zorlanacak bir şey göremiyorum.

AZAT ALTUN: Sizce Türkiye'de bir liderlik sorunu var mı? Liderler hangi durumlarda ortaya çıkar? Var mı aklınızdan geçen bir isim?

Osman Pamukoğlu: Korkudan kurtulmanın bir yolu vardır, o da topluma korkulacak bir şeyin olmadığını anlatmaktır. Bunu topluma anlatacaksın. Buna da önderlik denir. Şu an bunu yapacak bir isim yok. Zaten şu anki isimler, siyasetçi ya da lider değil. Lider rüzgârın meltem olduğu dönemde ortaya çıkmaz. Lider fırtınalar başlayınca zor dönemlerde ortaya çıkar. Şu andakiler parası olan parti genel başkanlarıdır. Bunlardan lider olmaz.

Azat Altun: Türkiye'deki bu siyasi mevzuları konuşurken, toplumun içinde olduğu kimi kaygı verici durumlardan da söz ettiniz. Toplum korkuyor dediniz, neden?

Osman Pamukoğlu: Korku bir şey getirmez, korku geciktirir, daha çok kayıplara sebep olur.
Korkuyu abartıp ona sarılırsan o korktuğun neyse o olursun. Korkuyu hiç dillendirmeyeceksin. Korku zihinde bir endişe sızıntısıdır. Yeryüzünde korkmaya değer bir şey yok. Ölüm avcıdır, zamanı da yeri de belli değil. Öyleyse korkacak ne var? Ben çocukluğumdan beri korkunun ne olduğunu öğrenemedim gitti. İnsanlarımız da çok mal mülk var mı ki bunun için korkuyorlar? Kaybedecekleri çok bir şey mi var?
Yolsuzlukta dünyada ilk 5 içeresindesiniz, belediyeleriniz rüşvet vermeden iş yapmıyor. Her şeyi satıp savdılar. Şimdi meraları, dağları, taşları ve ovaları satıyorlar. Şimdi buradan baktığında korkacak neyimiz kaldı. Bizim insanımız hep bahanelerle yaşıyor.

Azat Altun: Peki toplum bu sözüne ettiğiniz korkuyu nasıl aşacak?
Osman Pamukoğlu: Talan yağma düzeni ve bu politikalar oldukça muhalifler artacak. Konuşma özgürlüğünü, basın özgürlüğünü, toplantı ve yürüyüş özgürlüğünü daralttığınız sürece, muhaliflerin sayısı da artacaktır. Bu bir vidayı ısrarla sağa

sıkmaya benzer, kesinlikle kırılacaktır bu vida. Bu da insanın doğasının ta kendisidir. İnsanlar özgürlüğü sever, özgürlüklerine düşkündürler. Ancak düz ovadaki keklik sürüsü gibi birdenbire kalkamazlar. Sen bu durumu, yani vidayı sağa büktükçe hızlandırırsın. Şuan muhalifler küçük gibi görünebilir ama genişleyecek, çoğalacak. Dalganın yönünü değiştirmek mümkün mü?

www.muhalifgazete.com
19.12.2011

OSMAN PAMUKOĞLU

angut

AKILLI OL!

İNKILÂP

OSMAN PAMUKOĞLU

AKILLI OL!
Güç ve Zekâ için Yaşam Rehberiniz

İNKILÂP